Informatik – Fachberichte

Band 53: Programmiersprachen und Programmentwicklung. Fachtagung der GI, München, März 1982. Herausgegeben von H. Wössner. VIII, 237 Seiten. 1982.

Band 54: Fehlertolerierende Rechnersysteme. GI-Fachtagung, München, März 1982. Herausgegeben von E. Nett und H. Schwärtzel. VII, 322 Seiten. 1982.

Band 55: W. Kowalk, Verkehrsanalyse in endlichen Zeiträumen. VI, 181 Seiten. 1982.

Band 56: Simulationstechnik. Proceedings, 1982. Herausgegeben von M. Goller. VIII, 544 Seiten. 1982.

Band 57: GI-12. Jahrestagung. Proceedings, 1982. Herausgegeben von J. Nehmer. IX, 732 Seiten. 1982.

Band 58: GWAI-82. 6th German Workshop on Artificial Intelligence. Bad Honnef, September 1982. Edited by W. Wahlster. VI, 246 pages. 1982.

Band 59: Künstliche Intelligenz. Frühjahrsschule Teisendorf, März 1982. Herausgegeben von W. Bibel und J. H. Siekmann. XIII, 383 Seiten. 1982.

Band 60: Kommunikation in Verteilten Systemen. Anwendungen und Betrieb. Proceedings, 1983. Herausgegeben von Sigram Schindler und Otto Spaniol. IX, 738 Seiten. 1983.

Band 61: Messung, Modellierung und Bewertung von Rechensystemen. 2. GI/NTG-Fachtagung, Stuttgart, Februar 1983. Herausgegeben von P. J. Kühn und K. M. Schulz. VII, 421 Seiten. 1983.

Band 62: Ein inhaltsadressierbares Speichersystem zur Unterstützung zeitkritischer Prozesse der Informationswiedergewinnung in Datenbanksystemen. Michael Malms. XII, 228 Seiten. 1983.

Band 63: H. Bender, Korrekte Zugriffe zu Verteilten Daten. VIII, 203 Seiten. 1983.

Band 64: F. Hoßfeld, Parallele Algorithmen. VIII, 232 Seiten. 1983.

Band 65: Geometrisches Modellieren. Proceedings, 1982. Herausgegeben von H. Nowacki und R. Gnatz. VII, 399 Seiten. 1983.

Band 66: Applications and Theory of Petri Nets. Proceedings, 1982. Edited by G. Rozenberg. VI, 315 pages. 1983.

Band 67: Data Networks with Satellites. GI/NTG Working Conference, Cologne, September 1982. Edited by J. Majus and O. Spaniol. VI, 251 pages. 1983.

Band 68: B. Kutzler, F. Lichtenberger, Bibliography on Abstract Data Types. V, 194 Seiten. 1983.

Band 69: Betrieb von DN-Systemen in der Zukunft. GI-Fachgespräch, Tübingen, März 1983. Herausgegeben von M. A. Graef. VIII, 343 Seiten. 1983.

Band 70: W. E. Fischer, Datenbanksystem für CAD-Arbeitsplätze. VII, 222 Seiten. 1983.

Band 71: First European Simulation Congress ESC 83. Proceedings, 1983. Edited by W. Ameling. XII, 653 pages. 1983.

Band 72: Sprachen für Datenbanken. GI-Jahrestagung, Hamburg, Oktober 1983. Herausgegeben von J. W. Schmidt. VII, 237 Seiten. 1983.

Band 73: GI-13. Jahrestagung, Hamburg, Oktober 1983. Proceedings. Herausgegeben von J. Kupka. VIII, 502 Seiten. 1983.

Band 74: Requirements Engineering. Arbeitstagung der GI, 1983. Herausgegeben von G. Hommel und D. Krönig. VIII, 247 Seiten. 1983.

Band 75: K. R. Dittrich, Ein universelles Konzept zum flexiblen Informationsschutz in und mit Rechensystemen. VIII, 246 pages. 1983.

Band 76: GWAI-83. German Workshop on Artificial Intelligence. September 1983. Herausgegeben von B. Neumann. VI, 240 Seiten. 1983.

Band 77: Programmiersprachen und Programmentwicklung. 8. Fachtagung der GI, Zürich, März 1984. Herausgegeben von U. Ammann. VIII, 239 Seiten. 1984.

Band 78: Architektur und Betrieb von Rechensystemen. 8. GI-NTG-Fachtagung, Karlsruhe, März 1984. Herausgegeben von H. Wettstein. IX, 391 Seiten. 1984.

Band 79: Programmierumgebungen: Entwicklungswerkzeuge und Programmiersprachen. Herausgegeben von W. Sammer und W. Remmele. VIII, 236 Seiten. 1984.

Band 80: Neue Informationstechnologien und Verwaltung. Proceedings, 1983. Herausgegeben von R. Traunmüller, H. Fiedler, K. Grimmer und H. Reinermann. XI, 402 Seiten. 1984.

Band 81: Koordinaten von Informationen. Proceedings, 1983. Herausgegeben von R. Kuhlen. VI, 366 Seiten. 1984.

Band 82: A. Bode, Mikroarchitekturen und Mikroprogrammierung: Formale Beschreibung und Optimierung, 6, 7-227 Seiten. 1984.

Band 83: Software-Fehlertoleranz und -Zuverlässigkeit. Herausgegeben von F. Belli, S. Pfleger und M. Seifert. VII, 297 Seiten. 1984.

Band 84: Fehlertolerierende Rechensysteme. 2. GI/NTG/GMR-Fachtagung, Bonn 1984. Herausgegeben von K.-E. Großpietsch und M. Dal Cin. X, 433 Seiten. 1984.

Band 85: Simulationstechnik. Proceedings, 1984. Herausgegeben von F. Breitenecker und W. Kleinert. XII, 676 Seiten. 1984.

Band 86: Prozeßrechner 1984. 4. GI/GMR/KfK-Fachtagung, Karlsruhe, September 1984. Herausgegeben von H. Trauboth und A. Jaeschke. XII, 710 Seiten. 1984.

Band 87: Musterkennung 1984. Proceedings, 1984. Herausgegeben von W. Kropatsch. IX, 351 Seiten. 1984.

Band 88: GI-14. Jahrestagung. Braunschweig. Oktober 1984. Proceedings. Herausgegeben von H.-D. Ehrich. IX, 451 Seiten. 1984.

Band 89: Fachgespräche auf der 14. GI-Jahrestagung. Braunschweig, Oktober 1984. Herausgegeben von H.-D. Ehrich. V, 267 Seiten. 1984.

Band 90: Informatik als Herausforderung an Schule und Ausbildung. GI-Fachtagung, Berlin, Oktober 1984. Herausgegeben von W. Arlt und K. Haefner. X, 416 Seiten. 1984.

Band 91: H. Stoyan, Maschinen-unabhängige Code-Erzeugung als semantikerhaltende beweisbare Programmtransformation. IV, 365 Seiten. 1984.

Band 92: Offene Multifunktionale Büroarbeitsplätze. Proceedings, 1984. Herausgegeben von F. Krückeberg, S. Schindler und O. Spaniol. VI, 335 Seiten. 1985.

Band 93: Künstliche Intelligenz. Frühjahrsschule Dassel, März 1984. Herausgegeben von C. Habel. VII, 320 Seiten. 1985.

Band 94: Datenbank-Systeme für Büro, Technik und Wirtschaft. Proceedings, 1985. Herausgegeben von A. Blaser und P. Pistor. X, 519 Seiten. 1985

Band 95: Kommunikation in Verteilten Systemen I. GI-NTG-Fachtagung, Karlsruhe, März 1985. Herausgegeben von D. Heger, G. Krüger, O. Spaniol und W. Zorn. IX, 691 Seiten. 1985.

Band 96: Organisation und Betrieb der Informationsverarbeitung. Proceedings, 1985. Herausgegeben von W. Dirlewanger. XI, 261 Seiten. 1985.

Informatik-Fachberichte 142

Herausgegeben von W. Brauer
im Auftrag der Gesellschaft für Informatik (GI)

Hans-Joachim Novak

Textgenerierung aus visuellen Daten: Beschreibungen von Straßenszenen

Springer-Verlag
Berlin Heidelberg New York
London Paris Tokyo

Autor

Hans-Joachim Novak
IBM Deutschland GmbH, WT LILOG
Postfach 80 08 80, 7000 Stuttgart 80

CR Subject Classifications (1987): I.2, I.2.7, I.2.10, I.4.8

ISBN-13:978-3-540-18026-5 e-ISBN-13:978-3-642-72808-2
DOI: 10.1007/978-3-642-72808-2

2145/3140-543210

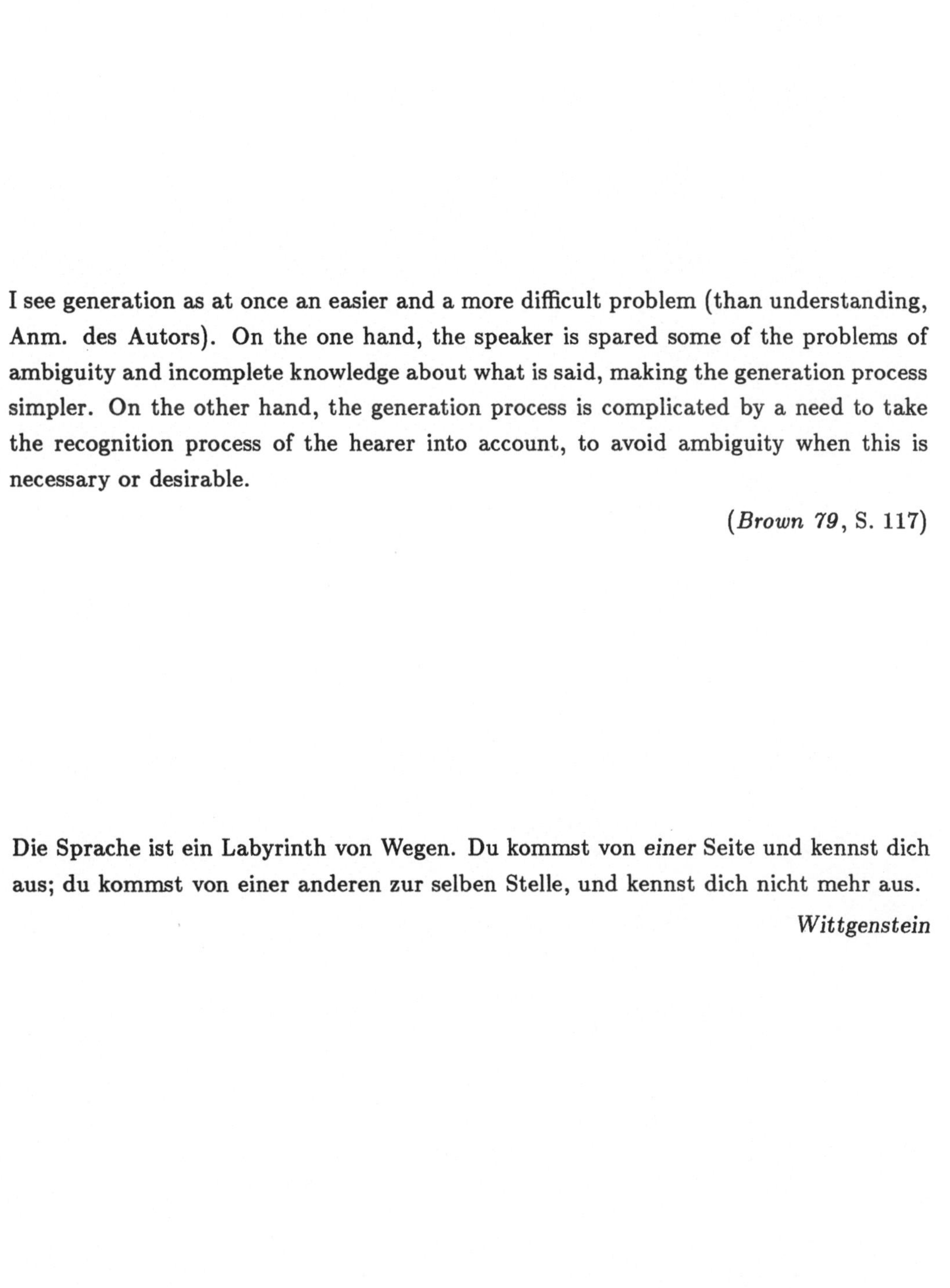

I see generation as at once an easier and a more difficult problem (than understanding, Anm. des Autors). On the one hand, the speaker is spared some of the problems of ambiguity and incomplete knowledge about what is said, making the generation process simpler. On the other hand, the generation process is complicated by a need to take the recognition process of the hearer into account, to avoid ambiguity when this is necessary or desirable.

(*Brown 79*, S. 117)

Die Sprache ist ein Labyrinth von Wegen. Du kommst von *einer* Seite und kennst dich aus; du kommst von einer anderen zur selben Stelle, und kennst dich nicht mehr aus.

Wittgenstein

Vorwort

In dieser Monographie, einer überarbeiteten Fassung meiner Dissertation *Textgenerierung auf der Grundlage visueller Daten: Beschreibungen von Straßenszenen* am Fachbereich Informatik der Universität Hamburg, werden sowohl theoretische Überlegungen als auch ein implementiertes System vorgestellt. Das Thema der Untersuchungen ist die Erweiterung eines Maschinensehsystems, das bedeutungsvolle, durch ein Verb beschreibbare Teilbereiche einer Bildfolge (Straßenszene) erkennt, zu einem System, mit Namen NAOS, das ausgehend von einer Bildfolge eine kohärente natürlichsprachliche Beschreibung der Szene erstellt. Damit werden zwei Teilbereiche der Künstlichen Intelligenz verbunden, *Maschinensehen* und *Verarbeitung natürlicher Sprache.*

Nach einer Einführung in den Untersuchungsgegenstand und einer Darstellung der wesentlichen Probleme im ersten Kapitel wird im zweiten Kapitel das wissenschaftliche Umfeld bezüglich der Konzeptualisierung und Erkennung von Bewegungen, psychologischen Aspekten der Wahrnehmung und Techniken der Text- und Oberflächengenerierung analysiert.

Im dritten Kapitel werden das NAOS-System, dessen theoretische Grundlagen sowie die verwendeten Repräsentationen und Algorithmen vorgestellt. Anschließend werden im vierten Kapitel theoretische Aspekte der Textgenerierung behandelt. Dabei wird für die Textsorte *Beschreibung*, unter spezieller Berücksichtigung der Beschreibung visueller, zeitveränderlicher Daten, ein Verfahren zum Erzeugen kohärenter Texte vorgelegt. Dem Verfahren liegt der Gedanke zugrunde, dem Hörer den Aufbau einer Vorstellung von den beschriebenen Bewegungen zu ermöglichen.

Im fünften Kapitel wird die prototypische Implementation des Ansatzes beschrieben. Spezielle Techniken der Beschreibung ansonsten gleichartiger Objekte durch ihre vorher durchgeführten Bewegungen werden vorgestellt. Dabei treten komplexe syntaktische Konstruktionen, insbesondere restriktive Relativsätze im Aktiv und Passiv, auf sowie Negationen, die der Generierung eindeutiger Objektdeskriptionen dienen. Die Implementation integriert alle wesentlichen Prozesse, von der Ereigniserkennung bis zur Ausgabe des Beschreibungstextes, in einem System. Abschließend werden im sechsten Kapitel Grenzen des Ansatzes gezeigt und Erweiterungsmöglichkeiten dargestellt.

Mein besonderer Dank gilt Herrn Prof. Dr. Bernd Neumann, der die Dissertation betreute. Unsere Diskussionen über verschiedene Aspekte der Problematik führten zu wertvollen Einsichten und trugen wesentlich zum Gelingen bei. Herrn Prof. Dr. Christopher Habel danke ich für die Hinweise und Anregungen sowie für sein Interesse, mit dem er die Dissertation verfolgte. Meiner Frau Barbara danke ich für die moralische Unterstützung.

Das Manuskript für diese Monographie wurde mit Hilfe des LaTeX-Macro Pakets von Leslie Lamport und des TeX-Textverarbeitungssystems von Donald Knuth erstellt. Für die Unterstützung, die mir nicht nur bei diesen Arbeiten zuteil wurde, danke ich den Mitgliedern der Arbeitsgruppe Kognitive Systeme und den Mitarbeitern des Rechenzentrums des Fachbereichs Informatik.

Für Anregungen, Fragen, Kommentare und Kritik stehe ich gern zur Verfügung.

Hamburg/Stuttgart, April 1987 Hans-Joachim Novak

Inhaltsverzeichnis

Anhang

Verzeichnis der Abbildungen

Kapitel 1

Einleitung

Die Wahrnehmung visueller Reize und deren Verstehen, das sich im Handeln und Sprechen äußert, werden traditionellerweise in der Kognitionspsychologie und der Linguistik untersucht. Beiden Disziplinen ist eine phänomenologische, deskriptive Vorgehensweise zu eigen, die durch das Aufkommen der Informatik und die Übernahme des Informationsverarbeitungsparadigmas einer prozeßorientierten Analyse Raum gibt. In der Künstlichen Intelligenz (KI), dem Teilgebiet der Informatik, in dem die Verarbeitung von Wissen und die Simulation kognitiver Prozesse im Vordergrund stehen, werden ebenfalls Fragen der visuellen Wahrnehmung und der Sprachverarbeitung untersucht; den drei oben genannten Problemkreisen Wahrnehmung, Sprechen und Handeln entsprechen grob die Teilgebiete der KI, maschinelles Sehen, natürlichsprachliche Systeme (NSS) und Robotik.

Bisher wurden die genannten Teilgebiete nahezu unabhängig voneinander untersucht, jedoch werden gegenwärtig und sicher auch zukünftig die Interdependenzen der Gebiete verstärkt zum Forschungsgegenstand. Dies liegt vor allem an den weitreichenden Perspektiven, die sich aus einem grundlegenden Verständnis des wechselseitigen Einflusses von Wahrnehmung und Sprache wie auch von Wahrnehmung und Handeln ergeben. Sprache und Handeln sind dabei als zwei Aktionsmöglichkeiten zu sehen, denen ein *Verständnis* der visuellen Daten zugrundeliegt. Um z.B. zukünftige Industrieroboter mithilfe natürlichsprachlicher Anweisungen für eine neue Aufgabe einzusetzen, ist die Beziehung zwischen sprachlichen Ausdrücken und räumlichen, physikalischen Größen zu spezifizieren, d.h. eine Referenzsemantik für einen eingeschränkten Weltausschnitt anzugeben. Für die Konstruktion flexibler Sicht- und Handhabungssysteme, sowie für autonome Fahrzeuge, die beide aufgrund von Kameradaten auf neue Situationen angemessen reagieren sollen, ist ebenfalls ein grundlegendes Verständnis wahrgenommener visueller Daten nötig.

Außer diesem anwendungsbezogenen Ziel, bei dem ingenieurmäßiges Vorgehen und die Konstruktion eines konkreten Systems im Vordergrund stehen, besteht auch akademisches Interesse an der Untersuchung des Grenzgebietes zwischen Sprache und Wahrnehmung. Durch die KI ist es möglich, Prozeßabläufe zu simulieren und somit auch innerhalb einer Theorie zu validieren. KI-Methoden können bei dieser Sichtweise im Rahmen der Kognitionswissenschaft als neue Art der Überprüfung von Theorien herangezogen werden. Wenn z.B. im Rahmen eines Modelles der Sprachgenerierung bestimmte Prozesse zwischen verschiedenen Repräsentationen angenommen werden, so kann eine Implementation dieser Annahmen zeigen, ob sie gerechtfertigt sind, wenn durch sie z.B. der intendierte Sprachausschnitt erzeugt werden kann.[1]

Der Aufbau experimenteller Systeme, deren Performanz von Menschen gut beurteilt werden kann (wenn z.B. die Ausgabe natürlichsprachlich erfolgt), dient somit auch der Theoriebildung. Speziell

[1] Im allgemeinen wird bei dieser Vorgehensweise **schwache psychologische Äquivalenz** angestrebt (vergl. *Winograd 78*), d.h. die Performanz des Programmes soll der menschlichen Verhaltens in derselben Situation entsprechen, wobei die Organisation des Programmes nichts über die vermutete menschliche Verarbeitung aussagt (vergl. aber auch **starke Äquivalenz** a.o.a.O.).

im Bereich Wahrnehmung-Sprache ist bisher kaum versucht worden, ein System aufzubauen, in dem von der Wahrnehmung bis hin zur Sprache alle notwendigen Verarbeitungsschritte einmal beispielhaft integriert sind (siehe auch Kapitel 2).

Eine zentrale Rolle spielen bei einem solchen System erstens systeminterne Repräsentationen, die sowohl Ergebnis der Eingabedatenverarbeitung als auch Ausgangspunkt für weitere Verarbeitungsschritte sind und zweitens, die Prozesse, die mithilfe dieser Repräsentationen Ausgabedaten erzeugen.[2]

Für das NAOS-System[3] (die Abkürzung steht für **NA**türlichsprachliche Beschreibung von **O**bjektbewegungen in einer **S**traßenszene) wurde eine systeminterne Repräsentation einer Szene entworfen, die für das Erkennen und Verbalisieren von Bewegungen geeignet ist. NAOS ist ein Ansatz zur Integration von maschinellem Sehen und der Verarbeitung natürlicher Sprache. Genau genommen ist NAOS an der Grenze zwischen den Gebieten Bildverstehen und natürlichsprachliche Systeme anzusiedeln. Ein Ergebnis der bisherigen Arbeiten sind Modelle und Algorithmen zur Erkennung zeitlich zusammenhängender Bereiche einer Szene, die mit einem Verb beschrieben werden können.[4] In NAOS sind diese Bereiche die Trajektorien bewegter Objekte, und die Verben sind somit Fortbewegungsverben. Bereiche, die mit einem Verb beschrieben werden können, werden als Relation repräsentiert, z.B. (FAHREN PKW1 0 30). Eine solche Relation gibt an, für welches Objekt (hier PKW1) und welches Zeitintervall (hier von 0 bis 30) das Verb zur Beschreibung der Objekttrajektorie anwendbar ist.

Die vorliegende Arbeit wurde vollständig in das NAOS-System integriert und behandelt grundsätzliche Überlegungen sowie algorithmische Lösungen zur Generierung kohärenter Beschreibungstexte für Bildfolgen. Obwohl ein konkreter Anwendungsfall zugrundegelegt ist, die Beschreibung von Straßenszenen, wird gezeigt, daß die entwickelten Vorstellungen und Algorithmen darüberhinaus Gültigkeit haben. Die Arbeit stellt sicherlich keine vollständige Lösung für die sprachliche Beschreibung visueller, zeitveränderlicher Daten dar; sie ist jedoch ein zu einem implementierten System konkretisierter Diskussionsbeitrag zur Lösung dieser Problematik.

Im folgenden werden die Aufgabenstellung und relevante Teilprobleme programmatisch beschrieben.[5]

1.1 Aufgabenstellung

Für den Entwurf und die Implementation einer Generierungskomponente für natürlichsprachliche Beschreibungen gehen wir von der bereits erkannten Anwendbarkeit von Verben aus. Im konkreten Fall bedeutet dies, daß für ein Szenenobjekt, das z.B. durch den symbolischen Bezeichner PKW1 repräsentiert sein kann, eine Menge von Verben anwendbar ist, deren Gültigkeitsbereiche sich nicht entsprechen müssen.

---

[2] Zur Vielfalt der Prozesse, die mit diesen Repräsentationen arbeiten, siehe auch *Charniak und McDermott 85*, S. 7.

[3] In NAOS wird ebenfalls schwache Äquivalenz angestrebt.

[4] In Kapitel 3 werden die in NAOS verwendeten Repräsentationen und Algorithmen genauer beschrieben.

[5] Einige linguistische Begriffe, die im folgenden verwandt werden und deren Kenntnis nicht allgemein vorausgesetzt wird, sind in Anhang D erklärt.

Wir haben somit eine Situation vorliegen, die in fast allen Generierungssystemen auftritt, nämlich eine interne Repräsentation von Fakten über einen Diskursbereich, von denen einige zur Verbalisierung ausgewählt werden müssen. Der Unterschied des vorliegenden Ansatzes zu bisherigen Systemen (*Davey 78, Mann und Moore 81, McDonald 83, Hoeppner et al. 83, Hußmann und Schefe 84, McKeown 85*), in denen ebenfalls interne Repräsentationen sprachlich ausgedrückt werden, läßt sich folgendermaßen charakterisieren:

- es liegt keine Dialogsituation vor;
- die zeitliche Gültigkeit erkannter Konzepte ist explizit repräsentiert und wird bei der Verbalisierung ausgenutzt;
- die erkannten Konzepte stehen in algorithmischer Beziehung zu konkreten Situationen, d.h. NAOS definiert eine Referenzsemantik.

Aufgrund der fehlenden Dialogsituation müssen für die Generierung eines Beschreibungstextes bestimmte a priori Annahmen über den erwarteten Hörer (Leser) getroffen werden, da, wie z.B. in *Novak 83* ausgeführt wird, der situative Kontext sowie die Annahmen über den Hörer die Beschreibungsgenerierung beeinflussen. Für den vorliegenden Ansatz werden folgende Annahmen über den Hörer getroffen:

- Er/Sie kann die Szene selbst nicht sehen;
- Er/Sie kennt den statischen Hintergrund der Szene[6], d.h. die Umgebung mit den Straßen, Häusern, Bäumen, etc.;
- Er/Sie hat keine besonderen Interessen geäußert, außer: *Beschreibe die Szene!*

Dieser quasi neutrale Kontext, der dem Hörer keine bestimmten Ziele oder Absichten unterstellt, legt die Initiative in die Hände des Sprechers. Unterstellt man, daß der Sprecher eine **Beschreibung** der Szene anstrebt, so muß man fragen: *Welche Ziele kann ein Sprecher sinnvollerweise mit der Generierung einer Beschreibung verfolgen, wenn er nichts weiter über den Hörer weiß?*

Im vorliegenden Fall definieren wir das Ziel des Sprechers wie folgt:

- Der Sprecher versucht, mithilfe der Beschreibung zu erreichen, daß der Hörer dieselbe **Vorstellung** von der Szene hat wie er selbst.

Die Konsequenzen dieser Zielvorstellung bezüglich der Beschreibungsgenerierung und der Architektur eines entsprechenden Programmsystems werden in der vorliegenden Arbeit thematisiert. Dabei wird jedoch nicht versucht, bildhafte geometrische Vorstellungen aus sprachlichen Eingaben zu erzeugen. Vielmehr werden Anforderungen an einen Beschreibungstext formuliert und daraus Algorithmen zur Verbwahl und zur Wahl optionaler Tiefenkasus abgeleitet, die eine Erzeugung derartiger Vorstellungen möglich erscheinen lassen.

Im folgenden gehen wir kurz auf typische Teilprobleme ein, die in der einen oder anderen Form in jedem Generierungssystem auftreten und auch in diesem Ansatz behandelt werden.

---

[6] *Kennen* bedeutet in diesem Zusammenhang, daß wir dem Hörer dasselbe Wissen über den statischen Hintergrund der Szene unterstellen, das auch dem System zur Verfügung steht (siehe auch 4.1.2).

1.1.1 Auswahl lexikalischer Einheiten

Ein grundlegendes Problem der Sprachgenerierung ist das Auswahlproblem, das darin besteht, zu entscheiden, was gesagt werden soll. Die Komplexität dieses Problems hängt unmittelbar von der Repräsentation der zur Verbalisierung bereitgestellten Daten ab. Geht man von einer eins-zu-eins Entsprechung von Repräsentationsprimitiven und lexikalischen Einheiten aus, so liefert eine Entscheidung über den zu verbalisierenden Teil der Repräsentation gleichzeitig die zu benutzenden Wörter. Abstrahiert dagegen der Repräsentationsformalismus von der Sprache, müssen zwei Entscheidungen gefällt werden, erstens, welcher Teil der internen Darstellung soll verbalisiert werden und zweitens, welche Wörter sollen dazu benutzt werden.

Wie bereits eingangs erwähnt, sind in NAOS Verben in bezug auf konkrete Szenen definiert, d.h. die Anwendbarkeit eines Verbs für die Beschreibung eines Szenenteiles kann berechnet werden. Trotzdem ergibt sich das Auswahlproblem, da im allgemeinen mehrere Verben zur Beschreibung desselben Szenenteiles anwendbar sind. In der vorliegenden Arbeit wird zur Verbwahl eine Spezialisierungshierarchie benutzt. Diese Hierarchie gibt an, welche allgemeineren Verben durch den Gebrauch eines spezielleren Verbs impliziert werden. Ein weiteres Auswahlkriterium ist die Forderung nach einer zeitlich vollständigen Beschreibung. Das Zeitintervall, währenddessen ein Objekt in der Szene sichtbar und bewegt ist, soll lückenlos beschrieben werden. In der Arbeit wird ein algorithmisches Verfahren vorgestellt, das unter Ausnutzung der Verbhierarchie zu einer Auswahl von Verben führt, die eine zeitlich lückenlose Beschreibung einer Objekttrajektorie ermöglicht.

Das Auswahlproblem ist nur durch die Verbwahl nicht gelöst. Weitere Entscheidungsprobleme werden in den folgenden Abschnitten dargestellt.

1.1.2 Nominalphrasengenerierung

Die Anwendbarkeit eines Verbs zur Beschreibung eines Teiles der Trajektorie eines Objektes wird in NAOS relational repräsentiert, wobei die Objekte, die an der Bewegung beteiligt sind, durch symbolische Bezeichner dargestellt werden, wie folgendes Beispiel zeigt:

(FAHREN PKW1 0 40)
(UEBERHOLEN PKW1 PKW2 (15 20) (23 40))[7]

Nach der Verbwahl ergibt sich nun das Problem, für die symbolischen Bezeichner eindeutige, referenzierende Nominalphrasen zu generieren. Dazu müssen die Klassenzugehörigkeit (sie entspricht der typischen ISA-Beziehung) und Eigenschaften der Referenten der symbolischen Bezeichner im System repräsentiert sein.

In der Arbeit wird verdeutlicht, daß die bisher vorgeschlagenen Algorithmen zur Nominalphrasengenerierung (*Goldman 75, Wahlster et al. 78, McDonald 78*) nicht ausreichend sind, um eindeutige Referenzierungen für dynamische Objekte zu generieren. Es wird gezeigt, daß komplexe syntaktische Konstruktionen, wie passivische oder negierte restriktive Relativsätze, als Konsequenz der Generierung eindeutiger Nominalphrasen auftreten können.

[7] Die hier verwendete Notation für die zeitliche Gültigkeit wird in Kapitel 3 genau eingeführt.

Die Verbwahl zusammen mit der Nominalphrasengenerierung versetzen uns in die Lage, einfache Aussagesätze zu generieren. Für obiges Beispiel etwa:

Ein großer PKW fährt.
Der große PKW überholt einen grünen PKW.

Für das oben definierte Ziel (siehe Abschnitt 1.1), eine Beschreibung so zu erstellen, daß der Hörer sich die Bewegungen vorstellen kann, sind die bisherigen Angaben noch nicht ausreichend. Es fehlen weitere Angaben darüber, wie die Trajektorie bezüglich des ihm bekannten statischen Hintergrundes der Szene verläuft, d.h. Ortsangaben.

1.1.3 Tiefenkasuswahl

Wir betrachten nach *Fillmore 68* einen Satz als bestehend aus dem Verb und den von ihm regierten Tiefenkasus (im vorliegenden Fall sind besonders die räumlichen Tiefenkasus SOURCE, LOCATIVE, PATH und GOAL von Bedeutung). Dabei unterscheiden wir zwischen obligatorischen und optionalen Tiefenkasus. Die Frage nach den Ortsangaben lautet dann: *Welche optionalen Tiefenkasus sollen mit dem Verb generiert werden?*

Das Ziel, dem Hörer eine Vorstellung zu ermöglichen, erweist sich auch hier als grundlegendes Entscheidungskriterium. Der Verstehensprozeß des Hörers wird bei der Generierung berücksichtigt. Wir bezeichnen diese Vorgehensweise als **antizipierte Visualisierung**. Dabei streben wir keine explizite Modellierung des Verstehensprozesses des Hörers an, sondern gehen von einem sprecher/systeminternen Modell des Hörers aus, dem Partnermodell. In diesem Partnermodell wird auch der Kenntnisstand des Hörers über den statischen Hintergrund der Szene (vergl. 1.1) repräsentiert. Es steht auf der Sprecherseite stellvertretend für den Hörer und ist nicht mit dem tatsächlichen Hörer und dessen interner Repräsentation von Äußerungen zu verwechseln.

Die Algorithmen zur Tiefenkasuswahl berücksichtigen vor dem Hintergrund des Partnermodelles, welche Vorstellung sich der Hörer von einer Äußerung machen kann und wählen optionale Tiefenkasus danach aus, den Trajektorienverlauf einer Bewegung so zu beschreiben, daß dem Hörer eine klare Vorstellung ermöglicht wird.[8]

Dieses grundlegende Prinzip führt dazu, die Abhängigkeit der Tiefenkasuswahl von verbinhärenten Eigenschaften, wie z.B. der Aktionsart, zu erkennen.

1.1.4 Textkonstitution

Mithilfe der bisher getroffenen Entscheidungen sind wir in der Lage, einzelne Aussagesätze so zu generieren, daß sich der Hörer eine Vorstellung von der Bewegung machen kann. Eine Aneinanderreihung einzelner Sätze ergibt jedoch noch keinen zusammenhängenden Text.

Die Texte, die von der hier beschriebenen Generierungskomponente erzeugt werden, haben folgende strukturelle Gemeinsamkeiten:

[8] Eine explizite Repräsentation bildhafter geometrischer Vorstellungsbilder wird hierbei nicht angestrebt (vergl. auch 1.1).

- das Tempus ist Präsens, wie dies für Beschreibungen üblich ist[9];
- der erste Satz beschreibt, wieviele bewegte Objekte in der aktuellen Szene vorhanden sind und nennt die Klassenzugehörigkeiten der Objekte;
- im weiteren wird jeweils auf ein Objekt fokussiert, und dessen Bewegungen werden in chronologischer Reihenfolge beschrieben;
  - im allgemeinen wird Sequentialität der einzelnen Bewegungen angenommen, ist dies nicht der Fall, werden Temporaladverbien zur Verdeutlichung der zeitlichen Abfolge der Bewegungen benutzt.

Zur Kohärenz des Textes tragen die sukzessive Fokussierung sowie Pronominalisierung und die Benutzung von Temporaladverbien bei, wie folgender Beispieltext verdeutlicht:

[DSKLOG started: 11-4-85 7:01 PM on file (TEXT1 . VRB)]
18. ,ausgabe text
DIE SZENE ENTHAELT VIER BEWEGTE OBJEKTE: DREI PKWS UND EINEN FUSSGAENGER.
EIN GRUENER VW NAEHERT SICH DEM FUSSGAENGER AUS RICHTUNG HALLERPLATZ. ER FAEHRT AUF DER SCHLUETERSTRASSE.
EIN GELBER VW FAEHRT VON DER ALTEN POST VOR DIE AMPEL. DABEI ENTFERNT ER SICH VON DEM GRUENEN VW.
EIN SCHWARZER BMW FAEHRT IN RICHTUNG HALLERPLATZ. DABEI UEBERHOLT ER DEN GELBEN VW VOR DEM FACHBEREICH INFORMATIK. DER SCHWARZE BMW ENTFERNT SICH VON DEM GRUENEN VW.
DER FUSSGAENGER GEHT IN RICHTUNG DAMMTOR AUF DEM SUEDLICHEN FUSSWEG WESTLICH DER SCHLUETERSTRASSE. DABEI ENTFERNT ER SICH VON DEM FACHBEREICH INFORMATIK.
NIL
19. ,logout
[DSKLOG finished: 11-4-85 7:10 PM]

1.2 Aufbau der Arbeit

Im folgenden Kapitel betrachten wir Arbeiten, die einerseits das Spektrum der vorliegenden Aufgabenstellung beleuchten und andererseits motivierend auf die eine oder andere Entscheidung gewirkt haben. Im dritten Kapitel wird das NAOS System, die verwendeten Repräsentationen und die Systemarchitektur beschrieben, die den Rahmen für die vorliegende Arbeit bilden. Kapitel vier enthält einige grundsätzliche Überlegungen zur Generierung von Beschreibungen und zum Einfluß des gedachten Hörers sowie der Sprecherabsichten. Im fünften Kapitel wird die algorithmische Realisierung einer Verbalisierungskomponente vorgestellt. Das letzte Kapitel schließlich baut auf den Erkenntnissen, die durch die Implementation gewonnen wurden auf, diskutiert den vorliegenden Ansatz und zeigt weiterführende Untersuchungen auf.

---

[9]Die Generierung anderer Tempora an der Oberfläche ist problemlos in den vorliegenden Ansatz zu integrieren, vorausgesetzt es existieren geeignete Auswahlmechanismen.

Kapitel 2

Relevante Arbeiten benachbarter Disziplinen

In diesem Kapitel stellen wir Konzepte und Ansätze vor, die als Ergebnis bisheriger Forschungsarbeiten entstanden und für die vorliegende Arbeit von Interesse sind. Die Auswahl der Arbeiten verdeutlicht die Breite und Interdisziplinarität der Aufgabenstellung, erhebt aber keinen Anspruch auf Vollständigkeit.

2.1 Vorbemerkungen

Die Generierung einer kohärenten sprachlichen Beschreibung der Objektbewegungen in einer Szene ist ein interdisziplinäres Vorhaben, zu dem Arbeiten aus der Künstlichen Intelligenz (KI), der Linguistik und der Psychologie beitragen. Dieses Vorhaben läßt sich grob in die beiden Teilaufgaben Erkennen der Bewegungen und Verbalisieren der Bewegungen aufteilen. Die erste Teilaufgabe wird traditionellerweise im Arbeitsgebiet maschinelles Sehen behandelt, wohingegen die zweite Teilaufgabe in den Bereich der sprachorientierten KI fällt. Der Teilbereich **Bildverstehen** aus dem Arbeitsgebiet des maschinellen Sehens befaßt sich mit der Deutung der Ergebnisse elementarer Bildverarbeitungsprozesse wie Kantenfinden und Segmentieren und darauf aufbauender Objekterkennung. Beim Übergang von der Bild- zur Szenenanalyse rückt das Erkennen zeitlich veränderlicher Vorgänge in den Vordergrund. In diesem Kapitel interessieren wir uns insbesondere für die zu erkennenden Bewegungskonzepte. Aus dem Bereich der sprachorientierten KI interessieren wir uns im weiteren für natürlichsprachliche Systeme (NSS), die entweder einen Zugang zu Bild-, Szenenanalysesystemen ermöglichen, aus natürlichsprachlichen Eingaben Bilder generieren oder Sprachgenerierung zum Ziel haben.

Bevor wir detaillierter auf Arbeiten aus den genannten Gebieten eingehen, werden die Begriffe *Bildverstehen*, und *Zugangssystem* expliziert.

Bildverstehen betrifft den Bereich des maschinellen Sehens, bei dem Methoden der Künstlichen Intelligenz benutzt werden. Insbesondere handelt es sich bei den Methoden um Techniken der Wissensrepräsentation, so daß unter Zuhilfenahme von Vorwissen über Zusammenhänge oder typische Abläufe in der Domäne die algorithmische Analyse der Bilder wissensbasiert erfolgt.

Von einem NSS wollen wir nach *Wahlster 81* (Seite 51) dann sprechen, wenn

- *"eine Teilmenge der in das System eingegebenen oder vom System ausgegebenen Nachrichten natürlichsprachlich codiert ist und*
- *zur Verarbeitung der Nachrichten syntaktische und semantisch-pragmatische Verfahren zur Analyse und Generierung natürlicher Sprache eingesetzt werden."*

Unter einem *Zugangssystem* verstehen wir ein Frage/Antwort- oder Dialogsystem, das es ermöglicht, in natürlicher Sprache mit einem Hintergrundsystem zu kommunizieren. Ein derartiges

System wird auch oft als *natürlichsprachliche Schnittstelle* bezeichnet. Bisher wurden Zugangssysteme zu den folgenden Systemklassen untersucht:

- Datenbanksysteme und Methodenbanksysteme
- Wissensbasierte Experten- und Beratungssysteme
- Tutorielle KI-Systeme
- Theorembeweiser
- Szenenanalysesysteme
- Graphik-Systeme

Aus dem inzwischen sehr umfangreichen Gebiet der NSS[1] werden drei Arten von Systemen herausgegriffen und besprochen, die für die vorliegende Arbeit relevant sind. Es handelt sich um Zugangssysteme zu Bild-, Szenenanalysesystemen, um Systeme, die aus einer natürlichsprachlichen Eingabe Bilder generieren und um Sprachgenerierungssysteme.

Im folgenden gehen wir zuerst auf grundlegende Arbeiten zur Erkennung und anschließenden Verbalisierung von Bewegungskonzepten ein. Danach werden anhand zweier Beispiele natürlichsprachlicher Schnittstellen linguistische Probleme bei der Beantwortung von Fragen über Szenen aufgezeigt. Weiterhin wird gezeigt, welche a priori Annahmen notwendig sind, um aus einer natürlichsprachlichen Beschreibung eine statische Szene zu erzeugen.

Der Abschnitt Sprachgenerierung behandelt zum einen Ansätze zur Lösung des Auswahlproblems und zum anderen Techniken der Oberflächengenerierung. Anhand der vorgestellten Arbeiten wird die Vielschichtigkeit des Auswahlproblems deutlich; verschiedene textkonstituierende Einflüsse werden aufgezeigt.

2.2 Erkennen und Verbalisieren von Bewegungskonzepten

Eine der ersten und grundlegenden Arbeiten, in der untersucht wurde, wie Objektbewegungen konzeptuell beschrieben werden können, ist von Badler (*Badler 75*). Seine Ausgangsdaten bestehen aus einer Serie von computergenerierten Strichzeichnungen. Eine dieser Serien zeigt die Annäherung an einen unbeschrankten Bahnübergang, der mit wenigen Strichen dargestellt ist, das Vorbeifahren eines Zuges und die anschließende Überquerung der Gleise. Badler wählte Strichzeichnungen, um von Problemen der Verarbeitung von Realweltbildfolgen wie Kantenfinden und Objekterkennung zu abstrahieren. Er setzt voraus, daß die in der Szene vorkommenden Objekte bereits bekannt sind und die Szene durch eine Datenbasis repräsentiert ist, die den Ort und weitere Merkmale jedes Objektes für jedes Bild enthält. Ausgehend von dieser Repräsentation schlägt er eine Ereigniserkennung vor, die annähernd wie folgt arbeitet: die Bewegungen der Objekte werden verfolgt und es werden jeweils solche Teilbereiche zu einem Ereignis zusammengefaßt, die zwischen signifikanten Änderungen der Bewegung des Objektes liegen. Solche signifikanten Änderungen können bezüglich der Bewegungsrichtung, der Geschwindigkeit und der Beschleunigung eines Objektes auftreten. Ereignisse werden auf dieser Verarbeitungsebene mit adverbialen Ausdrücken beschrieben, z.B. *nach rechts, aufwärts*, etc. Um zu einer Beschreibung durch Bewegungsverben

[1] Einen Überblick über Methoden und Zielsetzungen der sprachorientierten KI-Forschung sowie eine weiterführende Bibliographie gibt *Wahlster 82*.

zu gelangen, schlägt Badler vor, mithilfe von Dämonprozeduren zu prüfen, ob in der bisherigen Beschreibung Adverbiale vorkommen, die von einem Bewegungsverb subsumiert werden. Ein Beispiel hierfür ist *hoch und runter*, das von *springen (bounce)* subsumiert wird. In diesen Fällen kann das Verb zur Bewegungsbeschreibung benutzt werden.

Badler benutzt zur Repräsentation der Verben deren Tiefenkasusstruktur, wie dies von *Fillmore 68* vorgeschlagen wurde. Er greift dazu auf eine Untersuchung englischer Bewegungsverben zurück, die von *Miller 72* durchgeführt wurde.

Seine Arbeit beschäftigt sich nicht mit generierungsspezifischen Problemen wie der Auswahl lexikalischer Einheiten, Problemen der Pronominalisierung und der Erzeugung von Präpositionalphrasen zur Generierung sprachlicher Ausdrücke für räumliche Tiefenkasus wie z.B. Lokativ. Der dekompositionelle Ansatz zur Repräsentation von Fortbewegungsverben ist nur innerhalb einer eng umgrenzten Diskurswelt tragbar, für die man Verben eindeutig in adverbiale Ausdrücke zerlegen kann. Im allgemeinen sind zur Darstellung der Verbsemantik multiple Wissensquellen notwendig (siehe *Waltz 81, Novak 82*), die außer Angaben über mögliche Trajektorien auch Angaben über Standardwerte für Geschwindigkeit sowie weitere situationsabhängige Angaben enthalten.

Tsotsos erweiterte und implementierte in seinen Arbeiten (*Tsotsos 80, Tsotsos et al. 80*) den Ansatz von Badler. Insbesondere stellt er eine diskursweltunabhängige Hierarchie von Bewegungskonzepten vor, die in der obersten Ebene Konzepte wie **Translation, Rotation** und **Flächenänderung** enthält. Aus diesen allgemeinen Konzepten lassen sich domänenspezifische Konzepte ableiten, wie sie für seinen Anwendungsbereich, die Bewegungen der linken Herzkammer eines Menschen (*Tsotsos 81*), nötig sind. Tsotsos benutzt Schemata (auch Frames genannt) zur Repräsentation seiner Bewegungshierarchie und der vorkommenden Objekte. Die Schemata modellieren abstrakte temporale Konzepte wie **EXPANSION** und **KONTRAKTION** sowie Objekte wie **HERZ** und **LINKES-VENTRIKEL**. Als Relationen zwischen den Frames benutzt Tsotsos **ISA, PART-OF, TEMPORAL-NEXT** und **SIMILARITY**.

Die **PART-OF** Relation setzt einen Frame in Beziehung zu seinen Teilen. Die durch diese Relation induzierte Teil-von Hierarchie wird besonders bei der Erkennung temporaler Konzepte wie **KONTRAKTION** ausgenutzt. In Tsotsos' Anwendungsbereich z.B. dadurch, daß verschiedene Teilbewegungen beobachtet (instantiiert) werden müssen, bevor eine Kontraktion der linken Herzkammer vorliegt.

Die **ISA** Relation ist neben **PART-OF** die zweite primitive Relation zur Organisation der Frames. Durch **ISA** wird eine Ober- Unterbegriffshierarchie aufgebaut, deren Vorteil in der Vererbung von Eigenschaften der Oberbegriffe an die Unterbegriffe besteht.

Die **TEMPORAL-NEXT** Relation gibt an, in welcher Reihenfolge Teilbewegungen instantiiert werden müssen, um dann in einem gemeinsamen Konzept zusammengefaßt zu werden.

Die **SIMILARITY** Relation dient der Erkennung temporaler Konzepte. **SIMILARITY**-Kanten verbinden Frames, die nur geringfügig verschieden sind. Im Normalfall sind diese Kanten inaktiv. Sie werden aktiviert, wenn beim Erkennungsprozeß der Slot eines Frames nicht instantiiert werden kann; in diesem Fall weist die Kante auf den Frame, dessen Instantiierung nun versucht wird. Eine aktive **SIMILARITY**-Kante impliziert, daß sich die mit ihr verbundenen Frames wechselseitig ausschließen. **SIMILARITY**-Kanten können Konzepte verschiedener Äste des Hierarchiebaumes verbinden und ermöglichen es, den Baum quer zu traversieren ohne vorher zurück an die Wurzel zu gehen, was zu einer effizienten Verarbeitung führt.

Zur Erkennung einzelner Konzepte der Hierarchie schlägt Tsotsos ein datengesteuertes Verfahren vor. Ausgehend von den ersten aufeinanderfolgenden Bildern einer Sequenz werden Hypothesen für eine mögliche Bewegung generiert. Die Grundlage für die Hypothesengenerierung bildet die Bewegungshierarchie. Sie wird vom Wurzelknoten **Bewegung** aus entlang der Relationen zwischen den einzelnen Konzepten verfolgt. Die Kontrollstruktur des Erkennungsverfahrens folgt der "hypothesize-and-test" Strategie, d.h. zu Beginn des Verfahrens werden Hypothesen über die in der Bildsequenz vorliegende Bewegung aufgestellt, z.B. kann es sich in Tsotsos' Anwendungsbereich um Diskinesie oder Hypokinesie der Herzbewegung handeln, im weiteren Verlauf der Ereigniserkennung werden die Hypothesen anhand der Eingabebilder überprüft. Dazu müssen z.B. die Teilbewegungen, die ein allgemeineres Bewegungskonzept ausmachen, instantiiert werden. Können Teile einer Hypothese nicht instantiiert werden, so wird diese Hypothese nicht weiter verfolgt, sondern es werden noch aktive Alternativen verfolgt oder neue Hypothesen generiert, z.B. indem man einer **SIMILARITY**-Kante des gerade gescheiterten Frames folgt.

Das Erkennungsverfahren von Tsotsos hat folgende Eigenschaften:

1. Alle Bewegungen in der Bildfolge, für die ein Bewegungskonzept vorhanden ist, können erkannt werden;
2. Der Benutzer kann eine Anfangshypothese eingeben;
3. Ist die Anfangshypothese identisch mit der aufgetretenen Bewegung, so wird die Hypothese schnell verifiziert;
4. Ist die Anfangshypothese nicht korrekt, so wird sie im Verlauf der Ereigniserkennung falsifiziert und es werden neue Hypothesen generiert, von denen schließlich eine zutrifft, d.h. durch falsche Wahl der Ausgangshypothese verlangsamt sich der Erkennungsprozeß;
5. Der Anwendungsbereich, Bewegungen der linken Herzkammer, bei dem sichergestellt wird, daß eines der Bewegungskonzepte zur Beschreibung der Herzbewegung zutrifft, garantiert, daß das Erkennungsverfahren erfolgreich abbricht.

Tsotsos' Beitrag besteht in der Entwicklung der Bewegungshierarchie und der darauf aufsetzenden Kontrollstruktur zur Ereigniserkennung. Er beschäftigt sich nicht mit der Generierung sprachlicher Beschreibungen von Bewegungen. Eine Analyse seiner Kontrollstruktur in Hinblick auf eine Verbalisierung findet sich in *Neumann und Novak 83a*.

Tsuji und Mitarbeiter (*Tsuji et al. 77*) beschreiben ein Frage/Antwort System, das einfache Fragen über Bewegungen eines Frosches in einer Sequenz von Strichzeichnungen beantwortet. Der Frosch (der Name des Frosches ist BESI) ist der einzige Aktor in den betrachteten Zeichentrickfilmen. Für die Filme gelten folgende Einschränkungen:

- Die Fernsehkamera steht während der Aufnahmen still oder bewegt sich horizontal mit konstanter Geschwindigkeit;
- Die beweglichen Objekte führen nur Bewegungen in zwei Dimensionen aus.

Das System besteht aus vier Komponenten:

1. der Szenenanalyse zur Objektidentifikation;
2. der Bewegungsanalyse;
3. dem Deduktionssystem zur sprachlichen Beschreibung der erkannten Bewegungen;
4. einem Modell des gesamten Films, das aufgebaut und jeweils aktualisiert wird.

Die Szenenanalysekomponente greift auf Wissen über die Gestalt der vorkommenden Objekte zu und erstellt für jedes Bild einen Frame, in dem die erkannten Objekte sowie ihr Ort repräsentiert sind.

In der Bewegungsanalyse werden der Standpunkt des Aktors und der Objekte in aufeinanderfolgenden Frames verglichen, um ihre Bewegungen zu berechnen. Bewegen sich alle Objekte in dieselbe Richtung, wird angenommen, daß sich der Kamerastandpunkt verändert, und der Ursprung des Koordinatensystems wird entsprechend angeglichen. Anschließend werden die Frames gruppiert. Jede Gruppe besteht aus aufeinanderfolgenden Frames, in denen sich die Ortsveränderung des Aktors in gleicher Weise vollzogen hat. Eine Gruppe wird jetzt durch relationale Ausdrücke wie (MOVE BESI RIGHT) oder (NEAR BESI TREE) notiert und in das Modell des Films eingetragen.

Im Deduktionssystem wird nach dem Vorschlag von Badler vorgegangen und versucht, mehrere relationale Ausdrücke durch ein höheres Konzept, z.B. *gehen*, zusammenzufassen. Dabei wird auf Einträge aus dem Szenenmodell zugegriffen, die mit vordefinierten Aktionsmustern verglichen werden. Bei erfolgreichem Vergleich schließen sich weitere Tests an, z.B. wird (MOVE BESI RIGHT) erfolgreich mit einem Aktionsmuster (M X Y) verglichen, daraufhin wird überprüft, ob "X is animate" gilt. Ist das der Fall, wird (WALK BESI RIGHT) abgeleitet und in das Szenenmodell eingetragen.

Der Grundgedanke bei diesem System ist wiederum, Verben aus Primitiven zusammenzusetzen. Man kann jedoch auch bei diesem System nicht von Generierung sprechen, da weder vollständige Sätze erzeugt werden, noch Probleme der Auswahl lexikalischer Einheiten behandelt werden.

Eine Erweiterung dieses Ansatzes (*Abe et al. 81*) führte zu einem System, das einfache Geschichten *verstehen* kann. Die Eingabe zu diesem System besteht sowohl aus einer Serie von Strichzeichnungen als auch aus einfachen englischen Sätzen. Der Begriff *verstehen* bedeutet in diesem Zusammenhang die Konstruktion eines internen Modells, in dem mithilfe der CD-Theorie (*Schank 75*) die Bedeutung der Eingabesätze dargestellt wird, und die aus den Strichzeichnungen ermittelte Position der einzelnen Objekte bezüglich eines festen Koordinatensystems repräsentiert wird.

Ein Ziel des Systems ist die Untersuchung der Verbindung von sprachlicher und visueller Information, die dem System als Eingabe dient, um ein internes Weltmodell aufzubauen.

Das System besteht aus folgenden Komponenten:

- einem ATN-Parser;
- einem semantischen Netzwerk, das Wissen über Objekte und ihre Beziehungen zueinander repräsentiert;
- einer Datenbasis, die Objektmodelle enthält, wodurch die Szenenanalyse modellgesteuert ablaufen kann; in den Modellen wird dargestellt, aus welchen Teilen ein Objekt besteht, welche Farbe die Teile haben und an welcher Stelle sie mit dem Objekt verbunden sind; die genaue

Form der Objekte wird nicht repräsentiert; es wird davon ausgegangen, daß Bewegungen nur in zwei Dimensionen vorkommen und keine Rotationen stattfinden;

- einem Lexikon, das syntaktische Informationen wie Wortklasse und Kasusrahmen enthält;
- einem CD-Lexikon, in dem für jedes Verb Produktionsregeln angegeben sind, mit deren Hilfe ein Oberflächensatz, in dem das Verb auftritt, in die entsprechende CD-Repräsentation überführt werden kann;

Wird dem System eine einfache Strichzeichnung und ein zugehöriger Satz eingegeben, so findet zuerst eine Analyse der sprachlichen Eingabe statt, die vom ATN-Parser durchgeführt wird. Danach wird versucht, die im Satz genannten Objekte in der Strichzeichnung zu finden, wobei die Objektmodelle herangezogen werden. Wenn die Objekte erkannt sind, wird ihre Position bestimmt und mithilfe des CD-Lexikons eine CD-Repräsentation des Eingabesatzes erzeugt. Die Position und die CD-Repräsentation werden ins Weltmodell eingetragen. Um den korrekten Aufbau des Weltmodells überprüfen zu können, verfügt das System über eine einfache Frage/Antwort Komponente. Die Beantwortung der Fragen geschieht anhand des Weltmodells, so daß die Antworten mit den ursprünglichen sprachlichen und visuellen Eingaben verglichen werden können.

In dem Beitrag wird eine Vereinfachung des Bild- und Sprachverstehensprozesses durch Eingabe sowohl einer Strichzeichnung als auch eines einfachen Satzes angestrebt, der die Zeichnung beschreibt. Der Eingabesatz folgt der Struktur Subjekt - Prädikat - Objekt, wobei das Subjekt und das Objekt aus einfachen Nominalphrasen bestehen. In dem vorgestellten Beispiel nähert sich ein Agent einem Tisch, auf dem eine Schale mit Äpfeln steht, ergreift einen Apfel und gibt ihn einem zweiten Agenten. Die Einfachheit dieser Folge von Strichzeichnungen erlaubt es, jedes Bild durch einen einfachen Satz zu beschreiben.

Beim Übergang von einfachen Strichzeichnungen zu Realweltszenen wird die Problematik dieses Ansatzes deutlich. In Realweltszenen treten im allgemeinen mehrere Bewegungen gleichzeitig auf, was dazu führt, daß Einzelbilder einer derartigen Szene nicht mehr durch einfache Sätze obiger Struktur beschrieben werden können. Das verhindert dann auch die von den Autoren angestrebte Vereinfachung des Bildverstehensprozesses.

Eine weitere Arbeit, deren Ziel die verbale Beschreibung einer Serie von Strichzeichnungen ist, stammt von Okada (*Okada 80*). Sein Ansatz basiert auf einer linguistischen Untersuchung der grundlegenden Konzepte von ca. 5000 japanischen Verben. Okada betrachtet Bildverstehen von einem linguistischen Standpunkt aus. Eine Folge von Strichzeichnungen wird *verstanden*, wenn zugrundeliegende Verbkonzepte in der Szene gefunden werden. Okada ordnet jedem Verb einen Merkmalsvektor zu, mit dem die dem Verb zugehörigen Konzepte repräsentiert werden. Elemente eines solchen Vektors sind z.B. **Agent, Objektiv, Anfangszeit, Endzeit, Ort, Art und Weise,** etc; sie bilden die möglichen Tiefenkasus des Verbs.

Eines der von Okada untersuchten Bildpaare zeigt im ersten Bild einen Vogel, der über dem Erdboden neben einem Baum ist. Im zweiten Bild ist er auf der Baumkrone. Das System SUPP (**S**ystem for **U**nderstanding **P**icture **P**atterns) (*Okada 79*) erzeugt nun einen Satz mit jedem Verb, dessen Konzepte in dem Bildpaar zu finden sind. Für obiges Beispiel werden die folgenden vier Sätze erzeugt:

1. The bird touches the tree.
2. The bird sticks to the tree.
3. The bird overlaps with the tree.
4. The bird gets on the tree.

Okadas Ansatz scheint vom Paradigma des Merkmalsraumes der Mustererkennung beeinflußt zu sein. Den Merkmalsvektoren wird keine klare Semantik zugeordnet. Für die Verbalisierung einer Bildsequenz sind zusätzliche Untersuchungen der Gebrauchsbedingungen der Verben sowie Annahmen über den Gesprächskontext und den Gesprächspartner nötig.

Die bisher diskutierten Arbeiten aus dem Teilgebiet Bildverstehen verdeutlichen, daß zur Erkennung und Verbalisierung von Objektbewegungen eine konzeptuelle Gliederung verschiedener Formen wahrnehmbarer Bewegung nötig ist. Okada schlägt vor, die für das Sprachverstehen notwendigen Konzepte auf das Bildverstehen anzuwenden. Tsotsos geht ebenfalls von einer linguistischen Kategorisierung von Fortbewegungsverben aus, bemüht sich jedoch um eine allgemeine, diskursbereichsunabhängige Bewegungshierarchie, deren Konzepte z.T. direkt verbalisierbar sind (z.B. **expand**) als auch aus anderen, für die Hierarchie nützlichen Einheiten bestehen (z.B. **posterior-rapid-fill**), die keiner direkten Verbalisierung zugänglich sind. Tsuji und Mitarbeiter beziehen sich in ihrem Ansatz ebenfalls auf Badler und zeigen, daß mithilfe der Tiefenkasustheorie von Fillmore innerhalb eines bestimmten Diskursbereiches mit einfachen Mitteln eine Verbalisierung einzelner Ereignisse erzeugt werden kann.

Von den hier besprochenen Arbeiten betont besonders Badler die Interdisziplinarität seines Ansatzes. Beim Entwurf seiner Szenenrepräsentation ließ er sich von den grundlegenden kognitionspsychologischen Arbeiten zur visuellen Wahrnehmung von Gibson leiten (*Gibson 50, Gibson 66*). Ebenso berücksichtigt er die psycholinguistische Untersuchung Millers der englischen Bewegungsverben bei der Wahl der zu erkennenden Bewegungskonzepte. Jede der obigen Arbeiten stellt aus der Sicht des Informationsverarbeitungsparadigmas einen Beitrag dar zu den grundlegenden Wahrnehmungsproblemen und zum Verhältnis von Sprache und Wahrnehmung.

Im folgenden werden einige Arbeiten der Nachbardisziplinen Psychologie und Linguistik vorgestellt, die Ansätze zur Sprachgenerierung und speziell zur sprachlichen Beschreibung visueller Daten beeinflußt haben. Dabei stellen die hier erwähnten Arbeiten nur einen Ausschnitt aus der Fülle des vorliegenden Materials dar.[2] Ein umfassender Überblick wird im Rahmen dieser Arbeit nicht angestrebt.

In der Kognitionspsychologie wird der Erkennungsprozeß als Vergleich zweier Repräsentationen verstanden. Zuerst wird der perzeptive Stimulus repräsentiert und danach mit der Repräsentation im Gedächtnis gespeicherter Konzepte verglichen. Der Vergleich wird von Erwartungen und vom Kontext beeinflußt und liefert als Ergebnis entweder eine Ähnlichkeitsentscheidung (*sowas habe ich schon mal gesehen*) oder eine Klassifikation (*das ist ein Buch*) bzw. Identifikation (*das ist mein Buch*). Die Entscheidung über die Ähnlichkeit mit bereits bekannten Konzepten hängt dabei von der Vollständigkeit und Komplexität des Vergleichs ab (siehe *Glass et al. 79* S. 60ff).

Die Erwartungs- und Kontextabhängigkeit menschlicher Wahrnehmung ist allgemein bekannt und

[2] Weitere Arbeiten, die sich mit Teilaspekten der Beschreibungsgenerierung, Hörermodellierung und Repräsentationsproblematik aus linguistischer, informatischer und psychologischer Sicht beschäftigen, finden sich in *Waltz 78*.

wird beispielsweise durch die Experimente von *Bugelski und Alampay 61* und *Warren und Warren 70* für visuelle, beziehungsweise akustische Stimuli verdeutlicht. Daß jedoch die Erwartungsabhängigkeit so stark sein kann, daß Menschen kaum noch die Ungleichheit zwischen erwartetem und präsentiertem Stimulus unterscheiden können, wurde eindrucksvoll von Bruner und Postman gezeigt (*Bruner und Postman 49*)[3].

In dem umfangreichen Werk von *Miller und Johnson-Laird 76* wird die Beziehung von Sprache und Wahrnehmung thematisiert. Wir können hier nicht das gesamte Buch zusammenfassen, daß unzählige Aspekte zwischen Wahrnehmung und Sprache behandelt, sondern versuchen, einen Überblick über das Vorgehen der Autoren zu geben.

Sie beginnen ihre Untersuchung mit der Annahme, daß Wörter und Dinge der Welt in direkter Beziehung zueinander stehen, einer Annahmen die im weiteren Verlauf sukzessive verändert wird. Ihre Vorgehensweise orientiert sich an der prozeduralen Semantik, d.h. die Bedeutung eines Wortes wird als eine Menge mentaler Prozesse aufgefaßt, die notwendig sind, um das Wort angemessen zu benutzen. Da die Benutzung vieler Wörter von wahrgenommenen Situationen abhängt, stellen sie zuerst psychologische Untersuchungen und Ergebnisse zur menschlichen Wahrnehmung dar.

Miller und Johnson-Laird stellen im weiteren fest, daß die Bedeutung von Wörtern ebensosehr von funktionalen wie von perzeptuellen Attributen abhängt, insbesondere von der Stelle, die ein Wort innerhalb eines Systems von Konzepten einnimmt. Sie wenden sich deshalb im weiteren Verlauf ihrer Untersuchung den konzeptuellen Beziehungen zwischen Wörtern zu und der Bestimmung und Beschreibung von Bedeutungsfeldern. Das wesentliche Ergebnis ihrer Untersuchung liegt in der Feststellung, daß die Beziehung zwischen Wörtern und Dingen und Ereignissen in der Welt nur indirekt ist, insofern als sowohl Wahrnehmungen als auch Wörter in einen gemeinsamen konzeptuellen Bereich führen.

Für die vorliegende Untersuchung wollen wir festhalten, daß Miller und Johnson-Laird den Begriff *Ereignis* (engl. *event*) benutzen "*...to denote changes of the kind people talk about.*" (S. 79), genauer noch "*... some pattern of change may be regarded as an event simply because that is how we talk about it, not because we perceive it that way.*" (ibid., S. 90). Diese Definition berücksichtigt den Einfluß von Sprachkonventionen auf die Wahrnehmung und unterstützt den Ansatz sprachbasierter Ereigniserkennung (*Neumann und Novak 83b*).

Miller und Johnson-Laird fordern von einer umfassenden Wahrnehmungstheorie unter anderem, daß sie die extensionalen Relationen zwischen sprachlichen Ausdrücken und der realen Welt erfaßt, eine Forderung, der in den nachfolgend zitierten Arbeiten teilweise nachgegangen wird.

Eine der Folgerungen von Miller und Johnson-Laird besagt, daß sowohl Sprache als auch Wahrnehmung in denselben konzeptuellen Bereich führen. In gleicher Weise schlägt *Pylyshyn 78* eine symbolische Repräsentation vor, eine Lingua Mentis, in der sprachliche und visuelle Daten dargestellt werden können. Pylyshyn spekuliert, daß ein Teil dieser mentalen Konzepte direkt aus Wörtern besteht.

Derzeit herrscht unter Psychologen, Philosophen und Linguisten jedoch keine Einigkeit darüber,

[3] Eine detaillierte Beschreibung des Experimentes findet sich auch in *Kuhn 79* (S. 75f). Weitere Untersuchungen des wechselseitigen Einflusses von Sprache und Wahrnehmung sind in *Ulmann 75* in systematischer Weise zusammengefaßt.

wie interne, mentale Repräsentationssprachen aufgebaut sind. In der *Imagery Debatte*[4] kreist die Diskussion um analoge versus propositionale Repräsentation mentaler Vorstellungsbilder. Die Existenz derartiger Vorstellungsbilder, die, wie in *Block 81* eindrucksvoll gezeigt wird, viele Eigenschaften direkter Wahrnehmung aufweisen, ist jedoch unbestritten.

Weber (*Weber 83*) untersucht in seiner Dissertation erstmals, in welcher Weise Bewegungsverben mental repräsentiert sein können. Seine Untersuchung zeigt, daß Merkmalsansätze zur Darstellung von Bewegungsverben wie *Miller 72* und *Gerling und Orthen 79*, bei denen die vergebenen Merkmale statisch sind, psychologisch nicht haltbar sind. Will man dennoch am Konzept der semantischen Merkmale festhalten, so schlägt Weber vor, sog. probabilistische Merkmale einzuführen, die durch den Kontext gewichtet werden. Weiterhin zeigt die Untersuchung, daß eine Repräsentation von Bewegungsverben durch Vorstellungsbilder psychologisch plausibel ist. Weber hebt hervor, daß die Bedeutungsdarstellung nach seiner Untersuchung in verschiedenen Modalitäten vorzuliegen scheint und daß ihr nicht nur ein einziger propositionaler Code zugrundeliegt.

Gerade diese letzte Auffassung von der Vielfalt mentaler Repräsentationen wird auch in *Anderson 83* vertreten. Er schlägt eine einheitliche Theorie des Geistes vor und legt seinem Ansatz die Annahme zugrunde, daß Gedächtnis, Sprache, Problemlösen, Imagery, Deduktion und Induktion verschiedene Manifestationen des gleichen zugrundeliegenden Systems sind. Anderson schlägt folgenden allgemeinen Rahmen für eine Modellierung kognitiver Fähigkeiten vor. Im wesentlichen unterscheidet er drei verschiedene Teilbereiche des Gedächtnisses:

1. den Arbeitsspeicher; er enthält die Information, auf die gegenwärtig zugegriffen werden kann, d.h. das aktive Wissen;
2. den Produktionenspeicher; er enthält das Regelwissen;
3. den Langzeitspeicher; dieser enthält in deklarativer Form das permanente Wissen des Systems;

Wahrnehmungen der Außenwelt werden im Arbeitsspeicher kodiert abgelegt, sowie Handlungen, die in der Außenwelt durchgeführt werden sollen.

Produktionen werden angestoßen, indem Elemente des Arbeitsspeichers mit den Bedingungsseiten der Produktionen verglichen werden. Bei erfolgreichem Vergleich wird die Produktion ausgeführt, wobei entstehende Wissenselemente in den Arbeitsspeicher eingetragen werden.

Elemente aus dem Arbeitsspeicher werden bei Bedarf in den Langzeitspeicher eingetragen und umgekehrt.

In seinem ACT Modell (Adaptive Control of Thought), einer Implementation seiner allgemeineren Rahmenvorstellungen, benutzt Anderson drei verschiedene Repräsentationen:

- Zeitketten,
- Vorstellungsbilder,
- Propositionen.

Vorstellungsbilder repräsentieren dabei die räumliche Anordnung einer Menge von Elementen.

Anderson unterstreicht, daß die verwendete Notation für diese Repräsentationen keine Rolle spielt, solange ihre grundlegenden Eigenschaften erhalten bleiben. Die Eigenschaften beziehen sich darauf,

[4] Einen Überblick über die Imagery Debatte geben *Block 81, Yuille 83*.

was abgespeichert wird, wie es gespeichert wird und wie darauf zugegriffen wird. So kodieren in seinem Modell Zeitketten eine zeitliche Abfolge, Vorstellungsbilder eine räumliche Anordnung und Propositionen semantische Relationen. Speicherung und Zugriff ist in seinem Modell so organisiert, daß entweder alle oder keine Einheit der jeweiligen Repräsentation in den Speicher eingetragen oder gelesen wird. Anderson führt entsprechende psychologische Untersuchungen an, die diese Organisation erhärten, auf die jedoch hier nicht weiter eingegangen wird.

Die zuletzt genannten Arbeiten stellen den psychologischen Hintergrund des in der vorliegenden Arbeit dargestellten Ansatzes der antizipationsgesteuerten Verbalisierung visueller Daten dar.

Eine empirische psycholinguistische Untersuchung zur Verbalisierung visueller Daten beschreibt Chafe (*Chafe 79*). Er untersucht gesprochene Nacherzählungen eines kurzen, siebenminütigen Films, in dem selbst nicht gesprochen wird, um Prozesse der Sprachproduktion zu beschreiben. Ziel der Untersuchung ist es, aus sehr genauen Transkriptionen der Nacherzählungen, in denen auch alle Pausen zwischen den Wörtern enthalten sind, Rückschlüsse auf die Gedächtniseinheiten zu ziehen, die zur Verbalisierung herangezogen werden. In erster Linie geht es Chafe um ein Modell für die Verbalisierung erinnerter Erfahrung. Er untersucht Satzgrenzen, Intonation, Hesitation und die Benutzung von Konjunktionen in den Nacherzählungen. Anhand der Intonationskurven und Hesitationsphänomene können zusammenhängende Phrasen ermittelt werden. Chafe geht davon aus, daß diesen Phrasen auf der sprachlichen Ebene Gedächtniseinheiten auf der konzeptuellen Ebene entsprechen.

Er schlägt vier Gedächtniseinheiten vor, Erinnerungen, Episoden, Gedanken und Foki. Die entsprechenden sprachlichen Korrespondenzen dieser vier Einheiten sind eine Geschichte, ein Paragraph, ein Satz und eine Phrase. Die Pausen der Nacherzählungen interpretiert er als Transitionen des Sprechers zwischen den Gedächtniseinheiten. Die untersuchten Äußerungen zeigen deutlich, daß Sprecher fortwährend Sätze abbrechen, um neu anzufangen, daß Sätze revidiert und expandiert werden. Chafe faßt diese Beobachtungen folgendermaßen zusammen:

> *"The general picture is of a speaker who not only has things to say, partly at least things recalled from memory, but who is also at the same time constantly concerned with how well what is being said is getting these things across - how well the decisions regarding verbalization are communicating to another mind what is in the speaker's mind."*
>
> (*Chafe 79*, S. 167)

Diese Untersuchung unterstreicht die Bedeutung des Hörers bei der Sprachproduktion und weist auf eine sprecherseitige Antizipation des Hörerverständnisses zur Steuerung der Sprachgenerierung hin.

2.3 Natürlichsprachliche Schnittstellen

Natürlichsprachliche Systeme, die der oben angegebenen Definition genügen und über die Entwurfsphase hinaus zu implementierten Systemen weiterentwickelt wurden und weiterhin Zugang zu Bildverarbeitungs- oder Szenenanalysesystemen bieten, gibt es nur sehr wenige. Von den vier in

Bolc 84 vorgestellten Arbeiten erfüllt nur das System SWYSS (*Hußmann und Schefe 84*) die Anforderungen obiger Definition. Das System ISOBAR (**I**nformation understanding **S**ystem **O**f **BA**sic weather **R**eport) von *Yokota et al. 84* unterstützt zwar die Ein/Ausgabe natürlichsprachlicher Sätze, jedoch erfolgt die Verarbeitung gänzlich über Satzmuster. Man kann bei diesem Vorgehen nicht von semantisch-pragmatischen Verfahren zur Analyse und Generierung natürlicher Sprache sprechen (vergl. obige Definition).

Die beiden anderen Arbeiten von *Lee und Fu 84* sowie *Eriksson et al. 84* erlauben weder natürlichsprachliche Eingabe noch Ausgabe.

SWYSS (**S**ay **W**hat **Y**ou **S**ee **S**ystem) ist ein Dialogsystem, mit dem man sich über die Objekte, deren Eigenschaften sowie ihre räumlichen Relationen zueinander, innerhalb einer statischen Szene (eines Bildes) unterhalten kann. Dabei wird angenommen, daß das Bild von einem Analysesystem (beschrieben in *Neumann 78*) verarbeitet und in eine interne Repräsentation überführt wurde, die es gestattet, in natürlicher Sprache einen Dialog über den Bildinhalt zu führen. Hauptuntersuchungsgegenstand der Arbeit ist die Auflösung anaphorischer Ausdrücke, die Rekonstruktion von Ellipsen sowie die Behandlung natürlichsprachlicher Quantoren und vager Prädikate. Eine typische Dialogsequenz ist die folgende (BEN steht dabei für den Benutzer):

BEN: Ist der Tisch klein?
SWYSS: Welchen Tisch meinst Du? (Es gibt 4!)
BEN: Den langen Tisch.
SWYSS: Nein, der lange Tisch ist nicht klein.
BEN: Also groß?
SWYSS: Ja, der lange Tisch ist groß.
BEN: Sehr?
SWYSS: Ja, der lange Tisch ist sehr groß.

(*Hußmann und Schefe 84*, S. 149)

Da statische Szenen Grundlage dieses Ansatzes sind, treten Probleme der Zeitreferenz und der Semantik von Bewegungsverben, wie sie im vorliegenden Ansatz im Vordergrund stehen, nicht auf. Ebenso kann im Generierungsteil das Problem der Auswahl lexikalischer Einheiten dadurch vereinfacht werden, daß Heuristiken wie *Benutze zur Beantwortung der Frage das Verb, das in der Frage enthalten war* herangezogen werden. Die Benutzung dieser oder ähnlicher Heuristiken findet sich in allen Frage/Antwort- und Dialogsystemen.

Eine Implementation eines Zugangssystems zu einem Bildfolgenanalysesystem beschreiben *Marburger und Novak 81*. Dieses System, das vollständig in HAM-ANS (*Hoeppner et al. 83*) integriert ist, ermöglicht die Beantwortung einfacher Entscheidungsfragen über Bewegungen in einer Straßenszene wie:

BEN: Ist ein großer LKW abgebogen?
SYS: Ja.
BEN: Ist danach ein gelber PKW auf der Schlüterstraße angefahren?
SYS: Nein.

Grundlage für die Beantwortung der Entscheidungsfragen ist eine Repräsentation der Szene, in der für jedes Einzelbild die darin vorkommenden Objekte, ihre Eigenschaften wie Farbe, Größe, etc., ihre Klassenzugehörigkeit sowie die Position des Schwerpunktes der Objekte angegeben ist.

Zur Beantwortung obiger Fragen werden mithilfe einer kasusrahmengesteuerten, ATN-basierten Analyse (*Hoeppner 82*) aus einer Frage drei Arten von Beschränkungen bezüglich des Trajektorienverlaufes der Objekte abgeleitet. Diese Beschränkungen sind erstens das Betrachtzeitintervall, das sich aus der Verbzeit und eventuell vorhandenen Temporaladverbien ergibt. Es gibt an, innerhalb welchen Intervalls der Szene die Bewegung gesucht werden soll. Die zweite Beschränkung betrifft den zeitlichen Verlauf der Trajektorie, wie er sich aus der Aktionsart des Verbs bestimmt. Sie gibt an, ob nach einer beginnenden, fortdauernden oder endenden Bewegung gesucht werden soll. Die dritte Beschränkung betrifft die Lage der Trajektorie im Raum, die vom Verb der Frage und eventuellen Tiefenkasus bestimmt wird. Diese Beschränkung bestimmt die räumliche Umgebung der Trajektorie (vergl. auch *Marburger et al. 81*). In diesem System werden auch zeitliche Bezüge zwischen den Ereignissen, wie in obigem Beispiel durch das Temporaladverb *danach* ausgedrückt, behandelt. Die einzelnen Verben sind als Prozeduren repräsentiert, deren optionale Parameter aus den möglichen Tiefenkasus bestehen, die mit dem Verb stehen können und aus der Frage abgeleitet werden.

Eine freie Verbalisierung, d.h. eine Beschreibung der Szene, die durch eine Frage wie: *Was geschieht in der Szene?* initiiert werden könnte, ist mit diesem System nicht möglich. Das liegt zum einen daran, daß die verschiedenen Verben nicht in eine Hierarchie eingebettet sind, sondern der referenzsemantische Gehalt eines jeden Verbs durch eine Prozedur dargestellt ist. Zum anderen war das Erstellen einer Bewegungsbeschreibung nicht Gegenstand der Arbeit, weshalb die weiteren Voraussetzungen für eine Generierung nicht untersucht wurden.

Eine Erweiterung dieses Ansatzes zur Generierung kooperativerer Antworten auf die gestellten Entscheidungsfragen ist in *Wahlster et al. 83* beschrieben. In dieser Erweiterung sind die Verben in eine Hierarchie eingebettet, die mithilfe des FLAVOR Formalismus (*Weinreb und Moon 81, DiPrimio und Christaller 83*) repräsentiert wird. Eine Behandlung von Bewegungsverben, zu deren Verarbeitung komplexere Wissensquellen, wie Wissen über domänenabhängige Standards oder situationsabhängige Gebrauchsbedingungen nötig sind (*Novak 82*), wird jedoch ebenso wie eine freie Verbalisierung der Szene nicht angestrebt.

Dieser Ansatz ist für die vorliegende Arbeit insofern relevant, als aufgezeigt wird, welche Verarbeitungsschritte bei der Fragebeantwortung nötig sind, wenn die Eingabe Quantoren enthält oder aus einer elliptischen Äußerung besteht. Ebenso werden Pronomen in der Eingabe aufgelöst und Präsuppositionen überprüft. Damit eröffnet sich dem Benutzer eines Systems zur Generierung einer Szenenbeschreibung die Möglichkeit, Nachfragen an das System zu stellen, wenn ihm etwas unklar ist. Das vorliegende System ist deshalb auch so ausgerichtet, daß prinzipiell die Ausgabe des HAM-ANS Parsers bei Eingabe einer Frage nach einer Bewegung zur Steuerung der Auswertung benutzt werden kann.

Außer Zugangssystemen zu Bild-, Szenenanalysesystemen wurde ebenfalls untersucht, welche Methoden und welches Wissen bei der Erzeugung von Bildern aus einer natürlichsprachlichen Eingabe notwendig sind. Einen Schwerpunkt der Untersuchungen bilden die durch Präpositionen ausgedrückten räumlichen Relationen zwischen Objekten.

Bogges beschreibt in ihrer Untersuchung zur Interpretation räumlicher Präpositionen (*Bogges 79*) ein Programm zur Visualisierung der dadurch ausgedrückten Relationen zwischen den Objekten auf einem Datensichtgerät. Ein ähnliches System wird auch in *Adorni et al. 81* und *Adorni et al. 83* vorgestellt.

Das grundlegende Problem beim Übergang von Sprache zu Bildern und Vorstellungen besteht darin, sprachliche Angaben in konkrete Koordinatenwerte umzusetzen. Der Maßstab für eine Visualisierung hängt nicht allein von der Präposition ab, sondern wesentlich von den beteiligten Objekten, wie folgendes Beispiel verdeutlicht:

- das Haus neben der Kirche [10m]
- der Bleistift neben der Vase [10cm]

In den oben erwähnten Systemen wird zur Visualisierung eine Repräsentation von Objektprototypen benutzt, die konkrete Dimensionsangaben enthält. Mithilfe dieser Angaben wird zu einer sprachlichen Eingabe **eine** der möglichen Visualisierungen erzeugt; von den Unsicherheiten bezüglich der tatsächlichen Lage der Objekte zueinander wird abstrahiert (in obigem Beispiel kann der Bleistift rechts oder links neben der Vase sein und es wird eine Position gewählt).

Die Visualisierung sprachlicher Beschreibungen wird gegenwärtig erst in Ansätzen untersucht. Eine der bislang ungeklärten Fragen ist die der Vollständigkeit einer Visualisierung. *Mellish 85* argumentiert, daß zu einer sprachlichen Beschreibung partielle Visualisierungen aufgebaut werden müssen und strebt eine Repräsentation der Über- bzw. Unterbestimmtheit der mentalen Vorstellungen an. Im Gegensatz dazu argumentiert *Johnson-Laird 83*, daß Menschen vollständige, prototypische Vorstellungen bilden, die zwar unangemessen sein können, jedoch durch weitere sprachliche Beschreibungen revidiert werden.

Visualisierungen sprachlich beschriebener Bewegungen werfen besondere Probleme auf, da die Zeit als weitere Dimension hinzukommt. Betrachtet man einen Satz wie

Der grüne PKW überholt den großen LKW,

so muß man z.B. fragen, welchen Maßstab die Zeitachse in der Visualisierung hat. Weitere Fragen sind:

- Wovon hängt der Maßstab ab: von der Umgebung, den beteiligten Objekten, dem subjektiven Zeitempfinden des Hörers?
- Gibt es eine prototypische Zeitdauer für einen Überholvorgang, die vom Objekt abhängt?
- Enthält eine Visualisierung konkrete Angaben über den Trajektorienverlauf?
- Kann zu einem gegebenen Zeitpunkt der Ort des Objektes in der Visualisierung angebenen werden?

Eine Beantwortung dieser Fragen kann gegenwärtig nur tentativ erfolgen, da kaum empirische Untersuchungen vorliegen.[5]

[5]Obige Fragen werden vor dem Hintergrund der vorliegenden Arbeit in Kapitel 6 nochmals aufgegriffen.

2.4 Sprachgenerierung

Interessanterweise sind Komponenten zur Sprachgenerierung (wir betrachten hier nur die Generierung schriftlicher Ausgaben auf einem Datensichtgerät o. ä.) in natürlichsprachlichen Systemen im Vergleich zu Analysekomponenten bisher wenig ausführlich behandelt worden. Die Untersuchung von *Morik 82* über sprachverarbeitende Systeme mit Deutsch als Interaktionssprache zeigt z.B., daß bei allen untersuchten Systemen außer bei HAM-ANS die Ausgabe aus vorgefertigten Textteilen, formatierten Auszügen aus der Wissensbasis des Systems oder kontextsensitiver Instantiierung von vorgefertigten Textschemata besteht. Der Grund für diese relative Einfachheit der meisten bisherigen Generierungskomponenten ist die Tatsache, daß die generierten Äußerungen von Menschen und nicht vom Rechner verstanden werden müssen. Die Fähigkeit menschlicher Hörer, unvollständige und sogar ungrammatische Äußerungen unter Zuhilfenahme von Welt- und Kontextwissen zu interpretieren, führte bei den Systemen dazu, solche Äußerungen zu generieren, die von einem Benutzer gerade noch akzeptiert werden (vergl. *Wahlster 82*). Inzwischen begann jedoch die Entwicklung von Generierungskomponenten zur Erzeugung besser verständlicher und kohärenter Äußerungen (vergl. *Mann et al. 81*).

Für die folgende Betrachtung einiger Generierungkomponenten unterscheiden wir zwischen *Verbalisierung* und *Generierung*. Nach *Chafe 77* begreifen wir *Verbalisierung* als den Prozeß der Überführung nicht-verbalen Wissens in Sprache. Unter *Generierung* verstehen wir den Prozeß der Überführung einer Repräsentation dessen was gesagt werden soll in eine natürlichsprachliche Äußerung. Es handelt sich also um ein Verbalisierungsproblem einen gegebenen perzeptiven Stimulus als eine Handlung zu identifizieren, an der *Peter*, *Maria* und ein *Bleistift* beteiligt sind, wohingegen es ein Generierungsproblem ist, diese Handlung durch einen Satz wie *Peter gibt Maria den Bleistift* auszudrücken, der eine bestimmte Tiefenkasusstruktur und Wortstellung hat.[6]

2.4.1 Das Auswahlproblem

Die Frage *Wann sagt man was?* paraphrasiert kurz und bündig das Auswahlproblem. In der sprachorientierten KI wird dieses Problem unter verschiedenen Gesichtspunkten untersucht. Insbesondere werden Möglichkeiten der Architektur eines textgenerierenden Systems untersucht, sowie rhetorische Prinzipien bei der Beantwortung bestimmter Klassen von Fragen. Ein weiterer Schwerpunkt ist die Planung und Generierung von Sprechakten, wobei auf das Wissen, die Pläne und Ziele des Hörers rekurriert werden muß.

Im folgenden stellen wir zuerst die Architektur eines implementierten Textgenerierungssystems vor und diskutieren die Allgemeingültigkeit dieses Ansatzes. Danach stellen wir weitere Arbeiten zur Lösung des Auswahlproblems vor, deren Gemeinsamkeit in der Generierung von Texten besteht. Der letzte Teil dieses Abschnitts stellt Arbeiten zur Planung von Sprechakten vor.

---

[6] In der Literatur werden die Begriffe *Verbalisierung* und *Generierung* auch oft als *strategische*, beziehungsweise *taktische* Komponente bezeichnet (*Thompson 77, McKeown 85*).

2.4.1.1 Textgenerierung

Einen umfassenden Ansatz verfolgen Mann und Moore mit dem System KDS (**K**nowledge **D**elivery System) (*Mann und Moore 81*). Ihr Ziel ist es, eine beliebige Wissensbasis algorithmisch derart zu strukturieren, daß daraus ein kohärenter Text erzeugt werden kann.[7] Sie schlagen dazu das sog. *Fragment and Compose* Paradigma vor. Es besteht aus einem zweistufigen Prozeß, in dessen erster Phase eine gegebene Datenstruktur in kleine, propositionale Teile aufgespalten wird und in dessen zweiter Phase aus den Teilen Sätze und Paragraphen erstellt werden. Die Autoren betrachten Textgenerierung nicht als einen interpretativen Prozeß zur Umformung einer Datenstruktur in eine andere, sondern als zielgerichtete Aktivität zur Auswahl **guter** Äußerungen aus einer Menge von Alternativen.

Das System KDS besteht insgesamt aus fünf Modulen, nämlich aus einem

- Zerlegungsmodul
- Problemlöser
- Wissensfilter
- Hill Climbing Modul
- Oberflächengenerator.

Die einzelnen Module werden in der Reihenfolge obiger Aufzählung angewandt und nehmen als Eingabe jeweils die Ausgabe des Vorgängers.

Das Zerlegungsmodul hat die Aufgabe, das relevante Wissen aus der vorgegebenen Wissensbasis zu extrahieren und in kleine, propositionale Einheiten zu zerlegen. Die Ausgabe besteht aus einer Menge möglicher Äußerungen, die propositional kodiert sind.

Der Problemlöser nimmt als Eingabe die vorher erzeugte Menge möglicher Äußerungen sowie ein entsprechend kodiertes Ziel, das mit dem Text erreicht werden soll. Diese Zielvorgabe soll dazu dienen, einen entsprechenden Stil auszuwählen und den zu erzeugenden Text in angemessener Weise zu organisieren. Die Ausgabe dieses Moduls besteht aus einer Liste möglicher Äußerungen, die auf Grund des Stils mit "Ratschlägen" versehen sind. Die "Ratschläge" geben an, ob es gut oder schlecht ist, die entsprechende Äußerung zu generieren.

Sicherlich stellt dieses Modul ein wesentliches Element eines Generierungssystems dar. Seine Implementation im KDS System ist jedoch sehr rudimentär, was, wie die Autoren selbst bemerken, daran liegt, daß es gegenwärtig keine Stiltheorie gibt, die angeben könnte, nach welchen Kriterien ein bestimmter Stil ausgewählt werden kann.

Dem Wissensfilter fällt die Aufgabe zu, anhand eines Hörermodells zu entscheiden, welche Propositionen ungenannt bleiben, da sie dem Hörer bereits bekannt sind. Das Hörermodell besteht aus einer Liste von Propositionen, die repräsentieren, was der Hörer weiß. Die Ausgabe des Wissensfilters besteht aus der Menge der ursprünglichen Äußerungen mit zusätzlichen Ratschlägen, die für die entsprechenden Propositionen angeben, daß sie nicht ausgedrückt werden sollen.

Das Hill Climbing Modul besteht aus drei Teilen: dem Hill Climbing Algorithmus, einer Menge von Aggregationsregeln und einer Menge von Präferenzregeln. Die Aggregationsregeln geben an,

[7] Die Frage, ob gegenwärtig die Strukturierung beliebiger Wissensbasen durch KDS möglich ist, wird weiter unten nochmals aufgegriffen.

auf welche Weise englische Sätze kombiniert werden können. Gibt es z.B. zwei Propositionen der Form **Whenever C then X** und **Whenever C then Y**, so wird daraus eine neue Proposition der Form **Whenever C then X and Y** erzeugt. In KDS sind gegenwärtig fünf Regeln realisiert, die alle der Form Wenn-Dann-Ansonsten genügen.

Die Präferenzregeln ordnen jedem Element der Eingabeliste (von jetzt ab nennen wir diese Elemente Protosätze) eine Bewertung zu. Die Zuordnung berücksichtigt die mit den Protosätzen assoziierten Ratschläge. Die Regeln selbst sind nach Angabe der Autoren empirisch bestimmt worden und zwar so, daß der vom System erzeugte Text einem von Menschen erzeugten Text nahekommt. In KDS sind folgende Präferenzregeln implementiert:

1. Jeder Protosatz bekommt einen Anfangswert von -1000.
2. Jeder primitive Protosatz, der in einen zusammengesetzten Protosatz eingebettet ist, bekommt einen um 10 verringerten Wert.
3. Jedes Vorkommen eines Protosatzes, der mit dem Ratschlag versehen ist, das es gut ist ihn zu äußern, bekommt einen um 100 erhöhten Wert.
4. Jeder zeitlich sequentiell mit seinem Vorgänger verbundene Protosatz bekommt einen um 100 erhöhten Wert.
5. Konstruktionen wie Wenn-Dann-Ansonsten und Falls-X-Bestimme-Y bekommen einen Bonus von 200.
6. Jeder Protosatz, der durch mehrfache Anwendung derselben Aggregationsregel entstanden ist, bekommt einen hohen negativen Wert.

Der Hill Climbing Algorithmus arbeitet wie folgt: Zuerst wird jedem Protosatz eine Bewertung zugeordnet, dann werden die Aggregationsregeln auf die Protosätze angewandt. Die dadurch entstehenden Protosätze werden wiederum bewertet. Der Algorithmus vergleicht dann die Bewertungen der neu entstandenen und der konsumierten Protosätze und berechnet den Gewinn bzw. den Verlust der Anwendung einer Aggregationsregel. Die Regel mit dem höchsten Gewinn wird ausgewählt und die konsumierten Protosätze werden aus der Eingabeliste gestrichen, und der entstandene neue Satz wird eingefügt. Dies wird solange durchgeführt, bis kein Gewinn mehr zu erzielen ist. Die dadurch entstandene Ausgabeliste wird an das letzte Modul weitergegeben, um den Oberflächensatz zu erzeugen.

KDS ist für ein Beispiel implementiert und zeigt eine beeindruckende Performanz, die im folgenden relativiert wird.

Das Ziel des KDS Systems ist es, eine **beliebige** Wissensbasis für die Textproduktion zu strukturieren. Das Zerlegungsmodul ist somit einer der grundlegenden Bausteine des Systems. Leider äußern sich die Autoren gerade zu diesem Baustein nur in wenigen Zeilen. Die Aufgabe dieses Bausteins ist die Zerlegung der zugrundegelegten Wissensbasis in kleine, propositionale Teile, wobei jedes dieser Teile bereits verbalisiert werden kann. Gehen wir von einer beliebigen Wissensbasis aus, so hat dieses Modul die Aufgabe, nach bisher nicht spezifizierten Regeln die Ausgangsdatenbasis propositional darzustellen. Da jede Proposition auch ein Protosatz ist, fällt ihm weiterhin die Aufgabe der Wortwahl zu. Das Problem der Wortwahl kann kaum überschätzt werden und ist derzeit nicht einmal für spezielle Diskursbereiche gelöst. Für das implementierte Beispiel wurde als Ausgangsdatenbasis ein semantisches Netz, dargestellt in LISP ähnlicher Notation, benutzt. Die Einträge in diesem Netz enthalten bereits lexikalische Einheiten, so daß die Wortwahl entfällt.

Ein weiteres wichtiges Modul in KDS ist der Problemlöser, der den Einfluß des gewählten Stils auf die Textorganisation erzeugt, z.B. die Bildung von Paragraphen, das Voranstellen von Paragraphen, in denen der Hörer Agent ist, etc. Der ebensowichtige Einfluß des Stils auf die Wortwahl bleibt in der jetzigen Architektur des Systems unberücksichtigt.

Nachteilig ist ebenfalls, daß auch **schlechte** Äußerungen generiert werden und erst im Nachhinein aufgrund ihrer Bewertung unterdrückt werden.

Ein weiteres System, daß Fragen der Verbalisierung und Generierung behandelt, ist das TEXT System (*McKeown 80, McKeown 82, McKeown 83*). Es ist als natürlichsprachliche Schnittstelle zu einem Datenbanksystem entworfen worden und generiert Antworten auf Anfragen über die Struktur der Datenbank, wobei die Antworten die Länge eines Paragraphen erreichen können. Forschungsschwerpunkte dieser Arbeit sind algorithmische Entscheidungen darüber

- was in welcher textueller Form gesagt werden soll und
- wie es in englischer Sprache ausgedrückt werden kann.

McKeown stützt sich bei der Lösung des Auswahlproblems auf die Beobachtung menschlicher Sprecher bei der Definition eines Objektes. So stellt sie fest, daß Objekte häufig durch eine Kombination folgender Techniken definiert werden:

- Bestimmung der Klassenzugehörigkeit des Objekts,
- Beschreibung der Funktion und der Eigenschaften des Objekts,
- Darstellung der Analogien zu bekannten Objekten,
- Nennung von Beispielen.

Weiterhin identifiziert sie die Einhaltung einer bestimmten Reihenfolge bei der Benutzung dieser Techniken, z.B. wird erst die Klassenzugehörigkeit bestimmt, bevor Beispiele genannt werden (vergl. *McKeown 82*).

Im TEXT System werden drei Klassen von Anfragen beantwortet: Fragen nach der Definition einer Datenbankentität, nach Informationen darüber und nach Unterschieden zwischen Entitäten. McKeown nimmt eine Analysekomponente an, welche die Klasse der Anfrage bestimmt.

Zur Beantwortung obiger Fragen wird die von ihr verwendete Datenbank um eine Ober-, Unterbegriffshierarchie erweitert. Weiterhin enthält die Datenbank Einträge, die angeben, welche Attribute zur Unterscheidung von Objekten gleicher Klassenzugehörigkeit herangezogen werden können.

Fragen nach der Definition und nach Informationen über eine Datenbankentität werden mithilfe von Ober- und Unterbegriffen sowie anhand der Attribute beantwortet. Fragen nach Unterschieden zwischen Entitäten werden nur durch Attributinformationen beantwortet. Die Datenbank wird entsprechend der Anfrage partitioniert. Diese Partitionierung stellt den sogenannten Wissenspool dar, aus dem die Propositionen zur Repräsentation der Antwort ausgewählt werden.

Im TEXT System werden die weiter oben bereits genannten Techniken der Definition eines Objektes als rhetorische Schemata repräsentiert. McKeown benutzt folgende vier Schemata (der Fragetyp, für welchen das Schema benutzt wird, steht in Klammern dahinter): Identifikation (Frage nach Definition), Attributierung (Frage nach vorhandener Information), Zusammensetzung (Frage nach Definition und vorhandener Information), Vergleich und Abgrenzung (Frage nach Unterschieden zwischen Objekten).

Zur Beantwortung einer Frage werden diejenigen Propositionen aus dem Wissenspool herangezogen, die dem rhetorischen Schema entsprechen. Der Auswahlprozeß wird von einem Fokusmechanismus gesteuert, wie er von Sidner (*Sidner 79*) für Sprachverstehen vorgeschlagen wird. Er sorgt dafür, daß diejenige Proposition ausgewählt wird, die am besten zum bereits generierten Diskurs paßt. Die ausgewählte Proposition wird dann als *message*, ähnlich wie bei McDonald (siehe 2.4.2.2), an die Generierungskomponente weitergegeben, die mithilfe einer Grammatik die englischen Oberflächensätze erzeugt.

KDS und TEXT zielen auf die Erzeugung kurzer Texte und behandeln das Auswahlproblem. Während TEXT als Frage/Antwort System zumindest den Fragekontext zur Steuerung der Auswahl einer angemessenen Antwort mit heranziehen kann, besteht für KDS die Aufgabe darin, eine Wissenbasis, die nicht notwendigerweise für eine spätere Verbalisierung angelegt ist, ohne Kontext sprachlich darzustellen. Die rhetorischen Schemata von McKeown dienen sowohl zur Auswahl der zu verbalisierenden Proposition als auch zur Textorganisation. Mann und Moore verwenden zur Auswahl ein Hörermodell, um zu vermeiden, daß bereits bekannte Propositionen geäußert werden. Zur Textorganisation schlagen sie eine Stilistikkomponente vor, die in der Veröffentlichung allerdings nur rudimentär dargestellt ist und auch noch nicht implementiert ist. Beide Systeme stellen wichtige Verarbeitungsschritte bei der Auswahl zu generierender konzeptueller Einheiten vor.

In *Derr und McKeown 84* wird eine Weiterentwicklung von TEXT vorgestellt, bei der Fokusinformation dazu benutzt wird zu entscheiden, ob einfache oder komplexe Sätze generiert werden. Unter komplexen Sätzen verstehen die Autoren koordinierte Hauptsätze sowie Sätze, in denen koordinierte Nominalphrasen und Relativsätze vorkommen. Der Schwerpunkt der Arbeit liegt in der Entwicklung eines Formalismus zur Oberflächengenerierung, der aus einer Kombination von *definite clause grammar* (DCG) (*Pereira und Warren 80*) und *functional grammar* (*Kay 79*) besteht. In funktionalen Grammatiken werden Informationen wie **Fokus** und **Agent** in derselben Weise behandelt wie grammatische Angaben. Der Vorteil der Kombination beider Formalismen liegt darin, daß *definite clause grammars* effizient implementierbar sind, bei der Implementation *funktionaler Grammatiken* jedoch die Effizienz ein Problem darstellt (vergl. *McKeown 82*).

Die Arbeit zeigt, daß Fokusinformation für die syntaktische Struktur der Oberflächensätze mitbestimmend ist, und diese Information in einen effizient implementierbaren Grammatikformalismus eingebettet werden kann. Der Fokus wird aus dem Frage/Antwort Kontext des Systems ermittelt und für die Antwortgenerierung beibehalten.

Ein weiterer Ansatz zur Behandlung der Auswahlproblematik stammt von Conklin und McDonald (*Conklin und McDonald 82*, siehe auch *McDonald und Conklin 82*). Dieser Ansatz ist für die vorliegende Arbeit von Interesse, da es sich um die Generierung einer Bildbeschreibung handelt. Ausgangspunkt ist eine Handsimulation der Repräsentation der Analyseergebnisse des VISIONS Systems (*Hanson und Riseman 78, Parma et al. 80*) von Außenaufnahmen. Ein Beispiel der in diesem Ansatz verwendeten Aufnahmen zeigt im Vordergrund horizontal eine Straße und dahinter ein typisches Haus aus Neu-England mit einem von Säulen getragenen Dach über dem Eingang.

Die Autoren gehen davon aus, daß vom VISIONS System sowohl die im Bild vorkommenden Objekte erkannt werden können als auch ihre Eigenschaften und räumlichen Beziehungen zueinander. Die Handsimulation der Analyseergebnisse besteht deshalb aus diesen Daten, die in einer KL-ONE Datenbasis abgelegt sind.

Die Grundidee des Ansatzes besteht darin, jedem Objekt im Bild eine a priori *Auffälligkeit* (engl. salience) zuzuordnen und bei der Beschreibungsgenerierung die Objekte in der Reihenfolge fallender Auffälligkeit zu verbalisieren. Die Autoren argumentieren, daß dadurch komplexe Auswahlalgorithmen, wie sie in KDS und TEXT verwendet werden, überflüssig werden. Die Auffälligkeiten, die sie den Objekten in den Bildern zuordnen, stützen sich auf Tests, bei denen Versuchspersonen gebeten wurden, Objekte eines Bildes ihrer Auffälligkeit nach in einer Skala von Null bis sieben zu bewerten. Zur Festlegung eines einheitlichen Kontextes wurden die Versuchspersonen gebeten sich vorzustellen, sie arbeiteten in einer Bücherei mit einer großen Bildersammlung und die von ihnen bestimmten Auffälligkeiten würden zur Katalogisierung der Bilder benötigt. Eine andere Gruppe von Versuchspersonen wurde gebeten, eine Beschreibung des Bildes zu erstellen. Es wurde eine gute Übereinstimmung zwischen den vergebenen Auffälligkeiten und der Reihenfolge, in der die Objekte in der Beschreibung erwähnt wurden, gefunden.

Das von den Autoren vorgestellte GENARO System erzeugt für jedes der Objekte, die nach ihren Auffälligkeiten geordnet sind, eine message, die von MUMBLE (siehe 2.4.2.2) weiterverarbeitet wird. Dabei werden rhetorische Regeln, wie z.B. Einführung eines Objekts in den Diskurs oder Themawechsel ebenso wie ein einfacher Fokusmechanismus benutzt, um eine kohärente Ausgabe zu erreichen.

Problematisch an diesem Ansatz ist die Vergabe der a priori Auffälligkeiten. Für einen Makler sind die Auffälligkeiten in den betrachteten Bildern sicherlich anders verteilt als für einen Informatiker. Außer dieser mehr globalen Kontextabhängigkeit ist auch noch die Zweckgebundenheit der Auffälligkeiten zu betrachten. Eine Beschreibung des Bildes unter dem Aspekt der verschiedenen Bauformen von Hausdächern würde zu einer wieder neuen Auffälligkeitsverteilung führen. Der wesentliche Einfluß der Ziele und Absichten des Sprechers bei der Generierung einer Beschreibung auf die Verteilung der Auffälligkeiten bleibt in diesem Ansatz unberücksichtigt. Eine wesentlich differenziertere Form der Benutzung von Auffälligkeiten zur Simulation visueller Suche und anschließender Nominalphrasengenerierung beschreiben bereits *Wahlster et al. 78*.

Die Erzeugung eines Diskurses wurde auch von Davey (*Davey 78*) untersucht. Sein System erstellt eine Beschreibung eines beliebigen Tic-Tac-Toe Spiels. Im Unterschied zu den bisher besprochenen Arbeiten ist in diesem System die Diskrepanz zwischen Sprecherwissen und Hörerwissen die Motivation zur Erzeugung des Diskurses. Das System vergleicht permanent sein eigenes Wissen über einen Spielverlauf mit dem Wissen des Hörers. Der Diskurs ist beendet, wenn Sprecher (System) und Hörer über das gleiche Wissen verfügen. Ein Satz wird erzeugt, indem das System die Rolle eines der beiden Spieler übernimmt und nach einer Strategie sucht, die den Zug motiviert. Diese Strategie wird dann verbalisiert. Das System verfügt dazu über eine ausgearbeitete systemisch-funktionale Grammatik, mit der die Sätze erzeugt werden.

2.4.1.2 Ziele und Pläne

In diesem Abschnitt weisen wir auf die wesentlichen Arbeiten der KI über Pläne und Ziele von Äußerungen hin, gehen jedoch nicht näher darauf ein, da diese Aspekte in der vorliegenden Arbeit nur am Rande behandelt werden (siehe Kapitel 4).

Die Notwendigkeit Ziele und Pläne von Aktoren zu berücksichtigen, wurde in der KI zuerst beim

Verstehen einfacher Geschichten bemerkt. Bis dahin war eine Hauptkomponente eines Programms zum Geschichtenverstehen entweder eine Grammatik (engl. story grammar, vergl. *Rumelhart 75*) oder eine Vergleichsprozedur (engl. Matcher), die Ereignisse der Geschichte mit stereotypen Handlungssequenzen, sog. Skripten (vergl. *Schank und Abelson 77*), verglich. Da man nicht für jede Ereignisfolge einer Geschichte a priori die entsprechenden Skripten bereitstellen kann, wurde nach einem allgemeineren Mechanismus gesucht. Es wurde ein Modell entworfen, bei dem Ziele und Pläne der Handelnden zum Verständnis einer Geschichte herangezogen werden. Dieses Modell ist im System PAM realisiert (*Wilensky 78*, zur genaueren Beschreibung des Programms siehe auch *Wilensky 81*).

Meehan (*Meehan 76*) erweiterte diesen Ansatz und realisierte ein System, TALE-SPIN, das einfache Geschichten generiert, die an Fabeln von Aesop erinnern. Die Geschichten handeln immer von einem Agenten, der zum Erreichen seiner Ziele, z.B. dem Stillen von Hunger oder Durst, bestimmte Pläne verfolgt. Die Pläne sind prozedural im System vorgegeben. Die Ziele der Charaktere, ihre Charaktereigenschaften und Beziehungen zueinander werden vom Benutzer eingegeben. TALE-SPIN (vergl. auch *Meehan 81*) expliziert, daß die zugrundeliegende Struktur einfacher Geschichten aus Zielen und Plänen bestehen kann.

Der Schwerpunkt der Arbeit liegt in der Planung von Handlungssequenzen zum Erreichen der Ziele. Die Generierungskomponente erzeugt nur einfache englische Sätze, weshalb hier nicht näher darauf eingegangen wird.

Einen wesentlichen Beitrag zur Erkennung von Sprechakten und zur Generierung kommunikativ adäquater Äußerungen liefern die Arbeiten von Allen, Cohen und Perrault (*Cohen und Perrault 79*).

Allen (*Allen 78*) entwarf Algorithmen zur Erkennung indirekter Sprechakte, bei denen versucht wird, die Pläne des Sprechers zu erkennen und zu inferieren, wie seine Äußerung vor dem Hintergrund dieses Planwissens interpretiert werden kann. Cohen (*Cohen 78*) entwickelte ein System zur Planung von Sprechakten vom Typ *informieren* und *fragen*. Das System OSKAR erzeugt dabei eine Spezifikation des Sprechaktes, den Agenten und den propositionalen Gehalt der Äußerung. Es findet jedoch keine Generierung statt.

Einen weiteren planungsbasierten Ansatz zur Sprachgenerierung stellt Appelt (*Appelt 82*) vor. Er versucht mit seinem Ansatz die bisherige Trennung zwischen was gesagt werden soll und wie es gesagt werden soll aufzuheben. In seinem System, KAMP (**K**nowledge **A**nd **M**odalities **P**lanner), wird der Hörer als aktiver Partner des Kommunikationsprozesses betrachtet. Die Planung einer Äußerung erfordert deshalb in seinem System die Fähigkeit, detailliert über Pläne, Ziele und das Wissen des Hörers zu inferieren. Er entwickelt dazu einen Repräsentationsformalismus, der auf Moore (*Moore 80*) aufbaut und die Darstellung intensionaler Konzepte gestattet.

Appelt schlägt ebenfalls Planungsprozesse zur Auswahl lexikalischer Einheiten vor. Gegenwärtig plant KAMP jedoch nur einfache Äußerungen und es wird davon ausgegangen, daß es eine eins zu eins Übersetzung zwischen logischen Prädikaten der Repräsentationssprache und den Einheiten im Lexikon gibt. Grammatisches Wissen wird nicht repräsentiert.

Das wichtigste Ergebnis dieser Arbeiten besteht in der Verdeutlichung, daß zur Generierung kommunikativ adäquater Äußerungen ein zumindest einfaches Hörermodell unerläßlich ist. Sprache kann nicht sinnvoll ohne Bezug auf einen Hörer generiert werden. Ebenso wird die Notwendigkeit von Planungsprozessen verdeutlicht.

Auf ein grundlegendes Problem soll an dieser Stelle noch einmal hingewiesen werden. Etliche Autoren schlagen ein Hörermodell vor, um zu erreichen, daß dem Hörer bekanntes nicht noch einmal generiert wird. Problematisch wird dieser Ansatz, wenn außer dem explizit ins Hörermodell eingetragenen Wissen auch daraus inferierbares Wissen mit herangezogen werden soll. Die Frage, die sich dann ergibt und auch bei menschlicher Kommunikation kaum beantwortet werden kann, lautet: *Wie weit (tief) soll inferiert werden?*

Zusammenfassend kann festgestellt werden, daß mit Ausnahme der in Abschnitt 2.2 dargestellten Arbeiten und der Arbeit von *Marburger und Novak 81* kaum untersucht wurde, in welcher Beziehung sprachliche Konzepte zu visuellen Daten stehen. Die Generierung von Texten auf der Grundlage visueller Daten wurde bisher nur für Einzelbilder (*Conklin und McDonald 82*), jedoch nicht für zeitveränderliche Szenen untersucht.

In der vorliegenden Arbeit wird ein umfassender Ansatz vorgestellt, bei dem von der Erkennung verbalisierbarer Szenenteile bis zur Generierung einer zusammenhängenden Beschreibung der Szene einmal alle Prozesse beispielhaft integriert sind. Insbesondere werden Mechanismen zur Auswahl von Verben und optionalen Tiefenkasus vorgeschlagen, und es wird gezeigt, daß komplexe syntaktische Konstruktionen wie passivische restriktive Relativsätze und Negationen in natürlicher Weise auftreten und keine Frage des Stils sind.

Im weiteren gehen wir auf Probleme und Lösungen zur Oberflächengenerierung ein.

2.4.2 Techniken der Oberflächengenerierung

In Generierungssystemen wird davon ausgegangen, daß eine wie auch immer geartete Repräsentation dessen, was gesagt werden soll, vorliegt. Diese Repräsentation bestimmt wesentlich, welche Verarbeitungsschritte bei der Generierung noch zu leisten sind. Bei Repräsentationsformen, die von der sprachlichen Realisierung des Verbs abstrahieren, müssen Algorithmen zur Verbwahl bereitgestellt werden, meistens wird jedoch von einer eins zu eins Entsprechung der aktions-, handlungsorientierten Bestandteile einer Repräsentation und entsprechender Verben ausgegangen. Das wesentliche Problem besteht deshalb in der Bestimmung der Kennzeichnung (definit, indefinit) und in der Generierung einer sprachlichen Oberfläche für interne Objektbezeichner.

Im folgenden stellen wir drei verschiedene Ansätze zur Generierung syntaktisch wohlgeformter und korrekt flektierter Oberflächensätze vor.

2.4.2.1 ATN-basierte Verfahren

Im System BABEL, das von Goldman (*Goldman 75*) als Generierungskomponente für das MARGIE System entwickelt wurde (siehe *Schank 75*), ist die zu erzeugende Äußerung als CD-Graph repräsentiert (vergl. *Schank 75*). Dieser Repräsentationsformalismus ist als sprachunabhängige Bedeutungsdarstellung konzipiert, daher ist die Auswahl lexikalischer Einheiten zu einer gegebenen CD-Repräsentation ein Hauptuntersuchungsgegenstand der Arbeit Goldmans. Zur Lösung dieses

Problems verwendet Goldman sog. Diskriminationsnetze, die kontextabhängig primitive Aktionen der CD-Theorie wie z.B. INGEST in ein Verb überführen. Dazu wird jeder Verbbedeutung eine Menge von *Defining Characteristics* (DCs) zugeordnet, die z.B. für das Verb *trinken* wie folgt aussehen:

DCs:

(i) die Struktur der Repräsentation ist EVENT,
(ii) <ACT> = INGEST,
(iii) <OBJECT> hat die Eigenschaft FLÜSSIG.

(*Schank 75*, S. 303)

Weitere, an einer Aktion beteiligte Größen, stehen direkt in der entsprechenden CD-Repräsentation, z.B.

$$JOHN \Longleftrightarrow INGEST \overset{o}{\longleftarrow} MILK$$

als Repräsentation des Satzes "John trinkt Milch". Aus diesem Grund treten keine weiteren Auswahlprobleme auf. Die zur Erzeugung von Präpositionalphrasen notwendigen Präpositionen sind in den Lexikoneinträgen der Verben mit diesen assoziiert.

Für die Erzeugung des Oberflächensatzes benutzt Goldman, einer Idee von Simmons und Slocum folgend (*Simmons und Slocum 72*), eine ATN Generierungsgrammatik. Beim Traversieren eines ATN Generierungsnetzes werden beim Übergang von einem Knoten zum nächsten an den Kanten bestimmte Tests durchgeführt, z.B. das Überprüfen eines Merkmals des gerade bearbeiteten Eingabeelementes. Der Ausgabesatz entsteht als Seiteneffekt der erfolgreichen Traversierung. Zusammenfassend kann der Generierungsprozeß folgendermaßen beschrieben werden:

- Wähle ein angemessenes Verb;
- Benutze die mit dem Verb assoziierte Information zur Erzeugung eines Syntaxnetzwerkes;
- Erzeuge mithilfe des ATN die Oberflächenstruktur.

BABEL wurde zur Generierung einer natürlichsprachlichen Antwort in einem Frage/Antwort-System eingesetzt und verfügt nur über den Fragekontext. Es wird kein Diskurskontext oder einfaches Hörermodell angelegt, das eine Entscheidung über die Wahl der Kennzeichnung eines Nomens erlaubte. In BABEL wird die Kennzeichnung, definiter oder indefiniter Artikel, im Lexikon als Eigenschaft des Nomens geführt. Dies wird auch von Goldman als inadäquat angesehen.

Eine Reihe weiterer Generierungssysteme folgt dem Paradigma von Simmons und Slocum sowie Goldman; unter anderen der Generator von Wong (*Wong 75*), bei dem aus semantischen Netzwerken mithilfe einer Grammatik Oberflächenstrukturen erzeugt werden, die ATN-Generierungskomponente von HAM-RPM (*von Hahn et al. 80*) und das System von Matthiessen (*Matthiessen 81*), bei dem mithilfe einer systemischen Grammatik (*Halliday 70*) aus KL-ONE Netzen englische Sätze erzeugt werden. Im KAFKA System von Mauldin (*Mauldin 84*), das ebenfalls auf BABEL aufbaut, werden anstelle einer ATN-basierten Generierungskomponente regelbasierte Transformationen zur Erzeugung der Oberfläche eingesetzt.

2.4.2.2 MUMBLE

Das System MUMBLE (*McDonald 83*), weicht von obigen, ATN-basierten Ansätzen ab. Obwohl McDonald sein System nicht als psycholinguistisches Modell menschlicher Sprachproduktion ansieht, ließ er sich beim Entwurf von Beobachtungen über menschliches Verhalten leiten. Sein wichtigstes Ziel ist es, der Geschwindigkeit menschlicher Sprecher nahezukommen, was in MUMBLE, zumindest für die angegebenen Beispiele, auch erreicht wird. Weiterhin arbeitet das System ohne Backtracking, d.h., daß einmal getroffene Entscheidungen zur Realisierung interner Strukturen durch Sprache nicht mehr zurückgenommen werden können, sondern nur durch weitere sprachliche Äußerungen erweiterbar sind. McDonald behauptet, daß die menschliche Sprachproduktion ähnlich deterministisch ist und stützt diese Behauptung durch die Tatsache, daß sein System fehlerhafte Satzkonstruktionen erzeugen kann wie sie für menschliches Verhalten typisch sind (siehe *Berwick 83*, S. 86). Dieses Determinismusprinzip (siehe auch *Marcus 80*) hilft ihm, den Verarbeitungsaufwand zur Erzeugung einer Äußerung gering zu halten.

McDonald betrachtet Sprachgenerierung als zweistufigen Prozeß. In der ersten Stufe entscheidet ein *Experten*-Programm was gesagt werden soll. Dieser Experte verfügt über konzeptuelles Wissen einer bestimmten Domäne, besitzt aber kein linguistisches Wissen. Ein *Sprecher*-Programm fungiert als Verbindung zwischen dem Experten und der zweiten Stufe, dem Generator, und kann selbst Teil des Experten sein. Das Sprecher-Programm verfügt über das nötige Wissen, um die Entscheidung des Experten in einer Datenstruktur, der sog. *message*, darzustellen. Es wird gefordert, daß die messages disambiguiert sind. Der Generator selbst besteht aus einem Lexikon und einer *linguistischen Komponente*. Diese beiden Einheiten werden durch MUMBLE realisiert. Das Lexikon ist domänenabhängig und enthält Informationen darüber, wie messages zu interpretieren sind, insbesondere welche Wörter benutzt werden sollen.

Der Generierungsprozeß ist ebenfalls zweistufig. In der ersten Phase wird aus der message ein Syntaxbaum aufgebaut, der die Struktur des Oberflächensatzes repräsentiert. In der zweiten Stufe wird dieser Baum von links nach rechts traversiert, wobei die kategorialen Blätter des Baumes rekursiv durch Lexikoneinträge ersetzt werden und somit die Oberflächenstruktur erzeugt wird. Als Seiteneffekt der Abarbeitung des Baumes werden ein grammatischer Kontext aufgebaut und eine Liste der Diskurselemente erstellt, die zur Erzeugung von Anaphern notwendig ist und es werden grammatische Restriktionen propagiert. Dieser zweistufige Prozeß wird durch zwei kaskadierte Transducer realisiert, wobei der erste mithilfe des Lexikons den Syntaxbaum aufbaut, und der zweite unter Zuhilfenahme einer Grammatik die Äußerung aufbaut.

Die Hauptarbeit leisten prozedural kodierte Regeln im Lexikon und in der Grammatik. In der Logikdomäne, einer möglichen Diskurswelt von MUMBLE, wird im Lexikon ebenfalls kodiert, daß der Anfang eines Beweises als *Prämisse* verbalisiert werden kann, ebenso wie das Auftreten einer Formel $A \wedge \neg A$ im weiteren Verlauf des Beweises als *Widerspruch* verbalisierbar ist. Das Lexikon enthält somit Regeln, die message-Elementen einen natürlichsprachlichen Ausdruck zuordnen und ebenso gestatten, das Element durch seine Funktion zu beschreiben. Auf Grund der multiplen Beschreibungsmöglichkeiten müssen ebenfalls Regeln zur Steuerung der Auswahl kodiert werden.

In der Grammatik sind Regeln für den Satzbau enthalten sowie Vorschriften, welche message-Elemente welche grammatische Funktion erfüllen, z. B. wird für das message-Element **shaves (x,y)** gefordert, daß in einem einfachen Satz der Form Subjekt - Prädikat - Objekt, x als Subjekt und y als Objekt eingesetzt wird.

Die Anwendung dieser prozeduralen Regeln wird von einem Kontroller gesteuert. Die Regeln bestimmen die Realisierung eines message-Elementes innerhalb des vorliegenden syntaktischen Kontextes und treffen anhand der bereits realisierten Diskurselemente eine Entscheidung darüber, ob pronominalisiert wird. McDonald beschreibt das von ihm verwendete Hörermodell (audience model) nicht näher, so daß hier nicht abgeschätzt werden kann, ob Pronominalisierungsentscheidungen auf lokalen Heuristiken beruhen oder, übergreifend, auf dem jeweiligen Wissensstand des Hörers.

Für das MUMBLE System sind insgesamt fünf einfache Sprecher-Programme implementiert worden, die messages in folgenden Repräsentationsformalismen erzeugen:

- Prädikatenkalkül
- PLANNER-artige Assertionen
- OWL
- FRL
- KL-ONE.

Der dadurch suggerierte Vorteil leichter Anpassbarkeit an verschiedene Experten muß jedoch mit Vorsicht betrachtet werden, da die Hauptarbeit in MUMBLE vom Lexikon und der Grammatik geleistet wird. Diese beiden Komponenten sind domänenabhängig und ebenso abhängig vom verwendeten Repräsentationsformalismus, müssen also jeweils neu implementiert werden.

Die bisher beschriebene Architektur von MUMBLE verdeutlicht ebenfalls, daß der Zeitaufwand zur Erzeugung einer Äußerung von folgenden Faktoren abhängt:

- der Größe des Lexikons und der Grammatik
- der jeweiligen Anzahl von Möglichkeiten, message-Elemente sprachlich zu realisieren
- der Zeitkomplexität der Auswahlalgorithmen.

Da McDonald zu obigen Faktoren keine Angaben macht, kann die tatsächliche Leistungsfähigkeit von MUMBLE hier nicht abgeschätzt werden.

McDonald sieht den Schwerpunkt seiner Arbeit in *unmittelbarer Spracherzeugung* ohne Planung und nur mit rudimentärem Wissen darüber, was als nächstes gesagt werden soll. Er betrachtet seinen Ansatz allerdings nicht als Paradigma für Sprachgenerierung schlechthin, wie folgendes Zitat verdeutlicht:

> *"We know intuitively that there is an enormous difference in behavior between, say, writing a careful essay and holding a fuzzy conversation over breakfast; so much so that there is little reason to believe* a priori *that they pose identical problems to the human speaker."*
>
> (*McDonald 83*, S. 223)

In der vorliegenden Aufgabe, der Erstellung verbaler Beschreibungen von Bewegungen in einer Szene, wird die Wortwahl z.B. qua Referenzsemantik von den zugrundeliegenden visuellen Daten beeinflußt. In McDonalds Terminologie bedeutet dies, daß Domänenwissen, über das nur der Experte verfügt, Einfluß auf Entscheidungen der linguistischen Komponente hätte. In seinen Ansatz ist das, wenn überhaupt, zumindest nur unter Schwierigkeiten zu integrieren.

2.4.2.3 SUTRA

Ein weiteres Generierungssystem ist das SUTRA System (**Su**rface **Tra**nsformations) (*Busemann 84a, Busemann 84b*), das speziell für die deutsche Sprache entwickelt wurde und auch in der vorliegenden Arbeit verwendet wird.

In *Busemann 84a* wird der Begriff *Verbalisierung* noch etwas enger gefaßt als eingangs erwähnt (vergl. S. 20), nämlich als **bedeutungskodierender** Prozeß, der aus einer internen Repräsentation einer Äußerung eine Repräsentation eines Satzes erzeugt. Dieser Prozeß umfaßt Teilprozesse zur Wortwahl, zur Wahl der Kennzeichnung, der Verbzeit, des genus verbi, des Satzmodus, etc., um in einer wohldefinierten Repräsentationssprache die Struktur des zu erzeugenden Oberflächensatzes darzustellen. Für SUTRA wurde die Repräsentationssprache VS (Verbalisierte Struktur) entwikkelt, die deklarativ in EBNF-Notation repräsentiert ist (siehe Anhang A). In dieser Sprache muß der Benutzer von SUTRA alle lexikalischen Einheiten[8] angeben, mit denen eine Äußerung generiert werden soll, sowie die folgenden morphosyntaktischen Informationen:

- Genus, Modus und Tempus des Verbs
- Numerus in Nominalphrasen
- Pronominalisierung in Nominalphrasen
- Formulierung von Satzgliedern als Relativpronomen
- Komparation bei Adjektiven
- Elision von Satzgliedern
- Elision des Nomens in einer Nominalphrase.

Die Aufgabe von SUTRA besteht nun darin, eine Äußerung in VS-Notation in einen Oberflächensatz der deutschen Sprache zu transformieren, wobei die in der VS-Notation kodierte Bedeutung dieselbe sein muß wie die des Oberflächensatzes. Für diese Aufgabe werden drei Wissensquellen benutzt:

- ein Wortlexikon
- eine Menge von Regeln zur Satzgliedstellung, sowie
- Flexionsparadigmen.

Mithilfe dieses Wissens werden alle weiteren syntaktischen und morphologischen Transformationen zur Erzeugung wohlgeformter deutscher Oberflächensätze von SUTRA durchgeführt.

Ausdrücke der Sprache VS sind somit die Schnittstelle zwischen der Verbalisierungskomponente des natürlichsprachlichen Systems und dem Generierungssystem. Aus der Definition der Sprache VS (siehe Anhang A) geht hervor, daß in SUTRA die Angaben zur Konstruktion von Sätzen sowohl aus grammatischen Konstituenten, wie Subjekt, Kopula, Prädikat bestehen können, als auch aus vollständig instantiierten Kasusrahmen, sowie aus Mischformen grammatischer und semantischer Bezeichner für Satzkonstituenten. Im folgenden geben wir je ein Beispiel für eine

[8]es werden jeweils die Stammformen der Wörter angegeben, z.B. *lauf* statt *laufen*;

VS-Struktur mit einem instantiierten Kasusrahmen sowie eine, bestehend aus grammatischen Angaben. Die klein geschriebenen Bezeichner beziehen sich auf grammatische Eigenschaften einer Konstituente, z.B. bewirkt die Angabe *sent-s* die Verarbeitung eines einfachen Satzes in SUTRA. Die großgeschriebenen Bezeichner sind terminale Symbole. Die folgenden beiden Beispiele für VS-Strukturen und die daraus generierten Sätze sind *Busemann 84a*, S. 10 entnommen.

```
(sent-s
   (verb (v: ACTIVE) (m: IND) (t: PERF) ABBIEG)
   (case-slot S-AGENT (np-s (n: SG) D GELB PERSONENWAGEN))
   (case-slot S-SOURCE (pp-s VON (np-s (n: SG) D OSTSTRASSE)))
   (case-slot S-GOAL  (pp-s IN (np-s (n: SG) D SUEDRING)))
   (case-slot S-TIME  (ap-s GERADE)))
```

Der gelbe Personenwagen ist gerade von der Oststrasse in den Suedring abgebogen.

```
(sent-s (subject-p (np-s (n: PL) SCHMETTERLING)
        (verb (v: ACTIVE) (m: IND) (t: PRES) SEIN)
        (predicate (np-s (n: PL) BUNT INSEKT))
        (modifier (ap-s IMMER)))
```

Schmetterlinge sind immer bunte Insekten.

Im Unterschied zum ersten Beispiel muß im zweiten Beispiel das Subjekt (*subject-p*) bereits markiert sein, da SUTRA allein aus den syntaktischen Angaben das Subjekt nicht eindeutig ermitteln kann. Vergleiche den Bedeutungsunterschied der beiden Sätze:

Schmetterlinge sind immer bunte Insekten.
Bunte Insekten sind immer Schmetterlinge.

Die Bezeichner *object-p* und *indobj-p* erlauben die explizite Spezifizierung eines direkten oder indirekten Objektes, ohne semantische Bezeichner wie S-RECIPIENT zu benutzen, bei denen SUTRA berechnet, ob sie an der Oberfläche als direktes oder indirektes Objekt realisiert werden.

In SUTRA findet zur Zeit eine eindeutige Abbildung semantisch orientierter Konstituentenbezeichner auf Oberflächenkasus statt, und zwar wird S-AGENT auf Nominativ, S-INSTRUMENT, S-LOCATIVE, S-RECIPIENT, S-SOURCE und S-TIME auf Dativ und S-GOAL, S-PATH auf Akkusativ abgebildet.

Im folgenden gehen wir auf die Verarbeitungsphasen von SUTRA ein und stellen die wesentlichen Teilprozesse vor, ohne diese jedoch in allen Einzelheiten zu beschreiben (siehe dazu *Busemann 83*, *Busemann 84a*).

SUTRA arbeitet zweistufig. In der ersten Stufe wird mithilfe syntaktischer Prozesse aus der VS-Struktur die Präterminale Kette erzeugt. Hierbei wird auf kontextsensitive Regeln zur Satzgliedstellung zugegriffen, um die Satzglieder in die Reihenfolge zu bringen, in der sie im Oberflächensatz auftreten sollen. Weiterhin werden unter Zugriff auf das Wortlexikon weitere morphologische Informationen wie Genus eine Nomens oder Folgekasus einer Präposition bereitgestellt, die in der Präterminalen Kette kodiert werden. Diese Zwischenrepräsentation enthält alle Wörter mit ihren zugehörigen morphologischen Daten, die zur korrekten Flexion nötig sind, in der endgültigen Reihenfolge.

In der zweiten Stufe wird die Präterminale Kette sequentiell abgearbeitet, wobei auf der Wortebene, unter Zugriff auf die Flexionsparadigmen, alle morphologischen Transformationen durchgeführt werden, die zu korrekt flektierten Wörtern führen.

Im folgenden werden die syntaktischen Transformationen der ersten Stufe sowie die morphologischen Transformationen der zweiten Stufe aufgeführt. Die Teilprozesse der ersten Stufe laufen in der angegebenen Reihenfolge nacheinander ab. Die angegebenen Prozesse der zweiten Stufe arbeiten auf der Wortebene und stellen einen Überblick der gegenwärtigen Möglichkeiten dar, nicht jeder Prozeß muß auf jedes Wort angewendet werden.

Syntaktische Transformationen:

- Subjektermittlung
- Subjekt- Verb Übereinstimmung
- Elision von Satzkonstituenten
- Generierung diskontinuierlicher Verbkonstituenten
- Positionierung der Satzkonstituenten
- Pronominalisierung von Nominalphrasen, Wortelision, Flexionsunterdrückung bei Adjektiven, die nach Prädikaten stehen (z.B. *fährt* **schnell**)

Das Ergebnis dieser Transformationen ist die Präterminale Kette. Da die Stellung der Satzkonstituenten von SUTRA ermittelt wird, ist es dem Benutzer möglich, die einzelnen Konstituenten in beliebiger Reihenfolge anzugeben (vergl. die Definition von VS in Anhang A).

Wir zeigen an dieser Stelle eine VS-Struktur und die zugehörige Präterminale Kette. In der VS-Struktur ist die Elision des Nomens *Sitzgelegenheit* explizit angegeben. Dies ist eine Entscheidung, die von der Verbalisierungskomponente getroffen werden mußte. Das Beispiel ist *Busemann 84a*, S. 51 entnommen.

VS-Struktur

```
(sent-s
     (subject-p
        (np-s (n: SG) EIN
           (attr-prp (pp-s VON (np-s (n: PL) D VIER
                                 (elision SITZGELEGENHEIT))))))
      (verb (v: ACTIVE) (m: IND) (t: PRES) SEIN)
      (predicative (ap-s RELATIV BEQUEM)))
```

Präterminale Kette

```
((k: NOM) (g: FEM) (n: SG) (d: DEF) (DETQ EIN)
 (PRP VON) (k: DAT) (g: FEM) (n: PL) (d: DEF) (DETDEF D) (XXX VIER)
 (p: 3) (n: SG) (t: PRES) (m: IND) (VRB SEIN)
 (XXX RELATIV) (XXX BEQUEM))
```

Ausgabesatz

Eine von den vier ist relativ bequem.

Die Abkürzungen für die morphosyntaktischen Informationen (Kleinbuchstaben gefolgt vom Doppelpunkt) in der Präterminalen Kette, bedeuten in der Reihenfolge ihres Auftretens k:, g:, n:, d:, p:, t: und m: folgendes: Kasus, Genus, Numerus, Determinationstyp, Person, Tempus und Modus (weitere Abkürzungen und ihre Bedeutung sowie die möglichen Werte findet man in Anhang A unter <msi>).

Die Abkürzungen für die Wortarten DETQ, PRP, DETDEF, XXX und VRB stehen für: Quantoren und Determinatoren in Artikelposition, Präpositionen, definite Artikel, nicht-flektierende Wortstämme und Verben, Auxiliare und Modalverben.

Obige Präterminale Kette enthält nun alle morphosyntaktischen Informationen, die zur Erzeugung eines korrekt flektierten Oberflächensatzes notwendig sind. Vom Benutzer bzw. der Verbalisierungskomponente werden für Nominalphrasen in der VS-Struktur nur der Numerus sowie die lexikalischen Einheiten in der endgültigen Wortreihenfolge angegeben, für das Verb wird Genus Verbi, Modus und Tempus angegeben. Durch die syntaktischen Transformationen wird in obigem Beispiel die Subjekt-Verb Kongruenz bestimmt sowie durch Lexikonzugriffe das Genus der einzelnen Nomina, auch wenn diese elidiert werden und die Wortarten, wie sie von SUTRA benötigt werden.

Auf die Elemente der Präterminalen Kette können nun die folgenden Prozesse angewendet werden:

Morphologische Transformationen:

- Deklination und Konjugation von Wortstämmen
- Steigerung (z.B. von *groß* zu *größer*)
- Elision von Wortstämmen
- graphemische Verdopplung (z.B. *Lehrerin, Lehrerinnen*)
- graphemische Verschmelzung (z.B. *reiz* als Stamm des Infinitivs *reizen*, an den für die zweite Person Singular ein *st* angefügt werden muß, wobei jedoch das *s* weggelassen wird, die korrekte Form ist *reizt*)
- Umlautbildung (z.B. *Haus* zu *Häuser*)
- Interpunktion

Zur Durchführung der syntaktischen und morphologischen Transformationen benötigt SUTRA ein Wortlexikon, Regeln zur Positionierung von Satzgliedern sowie Flexionsmorpheme und Regeln zur Bildung korrekter Flexionen. Das Wortlexikon muß folgende Informationen enthalten:

- Wortart
- Genus von Nomina
- Folgekasus von Präpositionen
- Deklinationsinformation für Nomina
- Konjugationsinformation für Verben
- Komparativinformation für Adjektive

Aus obiger Liste geht hervor, daß SUTRA kein Vollformenlexikon benötigt.

Die Regeln zur Positionierung der Satzglieder enthalten die Information, daß bei üblicher deutscher Wortstellung das Subjekt im Vorfeld (Anfang des Satzes) steht, das finite Verb (die flektierte

Form) immer an zweiter Position steht und danach die weiteren Konstituenten folgen, bei deren Bearbeitung jeweils entschieden wird, ob sie vor oder hinter der gerade bearbeiteten Konstituente stehen müssen. Die Satzgliedstellung kann jedoch durch drei Parameter beeinflußt werden, nämlich FRONT, CENTRAL und LAST, die beim Aufruf von SUTRA angegeben werden müssen (wenn nichts angegeben ist, wird CENTRAL angenommen). Durch Angabe von FRONT (Erststellung der finiten Verbform) werden Fragesätze generiert, durch CENTRAL Aussagesätze und durch LAST Nebensätze. Die Stellungsregeln berücksichtigen auch den Einfluß von Pronominalisierungen, daher muß von der Verbalisierungskomponente in der VS-Struktur angegeben werden, welche Elemente pronominalisiert werden sollen (vergl. die Sätze *Klaus gibt Bernd ein Buch* versus *Klaus gibt es ihm*).

Die korrekte Flexion der Wortstämme wird in SUTRA anhand der morphosyntaktischen Informationen der Präterminalen Kette oder des Lexikons durchgeführt. Grundlage dieser, oben unter morphologische Transformationen aufgeführten Prozesse, ist die Einordnung der Wörter in bestimmte Flexionsparadigmen, d.h. Klassen von Wörtern, die sich bezüglich der Flexion gleich verhalten. Die Flexionsmorpheme selbst sind in SUTRA als Baumstrukturen in LISP dargestellt.

Im Vergleich zu McDonalds MUMBLE System ist die Schnittstelle zur Verbalisierungskomponente bei SUTRA klarer strukturiert. Die oben erwähnten drei Wissensquellen, auf die SUTRA bezug nimmt, sind vollkommen domänenunabhängig. In MUMBLE muß der Benutzer jeweils sowohl das Lexikon als auch die Grammatik auf die entsprechende Diskurswelt abstimmen. Das bedeutet insbesondere, daß semantisch-pragmatische Entscheidungen zur Wortwahl oder zur Wahl einer bestimmten Satzkonstruktion, die als prozedural kodierte Regeln im Lexikon und in der Grammatik enthalten sind, geändert werden müssen. In SUTRA liegen diese Entscheidungen bereits in kodierter Form in der VS-Struktur vor.

Die gegenüber der englischen Sprache erheblich komplexere Morphologie des Deutschen motivierte den Entwurf einer Schnittstelle der Art, wie sie in SUTRA realisiert ist. Dem Benutzer wird "nur" die Erzeugung korrekt flektierter und syntaktisch korrekter Oberflächensätze abgenommen.

2.5 Zusammenfassung

Die bisherigen Arbeiten können grob in zwei Gruppen eingeteilt werden. Eine Gruppe beschäftigt sich aus der Tradition des maschinellen Sehens heraus mit Formen der Referenzsemantik. Der Schwerpunkt dieser Arbeiten liegt zum einen in der Entwicklung geeigneter Repräsentationsstrukturen sowohl für die visuellen Daten als auch für die sprachlichen Konzepte und zum anderen in der Bereitstellung geeigneter Algorithmen zur Erkennung der Konzepte. Darüberhinausgehende Fragen einer Verbalisierung visueller Daten werden nicht weiter behandelt.

Die andere Gruppe beschäftigt sich aus der Tradition der Sprachverarbeitung heraus mit Fragen der Generierung. Dabei steht die Pragmatik der Äußerungen in einem Dialog- oder Textzusammenhang im Vordergrund. Das Hauptinteresse gilt der Inhaltssemantik und weniger der Referenzsemantik (siehe jedoch *Bogges 79, Marburger et al. 81, Waltz und Bogges 79*). Neuere Arbeiten (*Novak und Neumann 84, Neumann 84, Novak 86*) versuchen diese Lücke zu schließen. Dabei wird der Dialog- bzw. Fragekontext aufgegeben und zu freier Verbalisierung visueller Daten übergegangen.

Die Motivation der Verbalisierung besteht, wie bei *Davey 78*, darin Diskrepanzen zwischen Systemwissen und Hörerwissen aufzulösen. Dabei ist bisher untersucht worden, auf welche Weise sprachliche Konzepte repräsentiert und mit welchen Algorithmen sie anhand einer Repräsentation der zugrundeliegenden visuellen Daten erkannt werden können.

In der vorliegenden Arbeit werden darüberhinaus Prozesse zur Ereignisauswahl und -sequentialisierung vorgestellt. Weiterhin werden Möglichkeiten der Textorganisation diskutiert.

Zur Generierung kohärenter Texte werden gegenwärtig im wesentlichen drei Ansätze verfolgt:

1. Die Erzeugung geeigneter Satzkonstruktionen aus Fokusinformation (dazu wird der Fokus aus einem Frage- oder Dialogkontext bestimmt (vergl. *McKeown 83*));
2. die Entwicklung einer Texttheorie, die rhetorische Schemata identifiziert und angibt, wie sie in kohärenter Weise kombiniert werden können (vergl. *Mann 84*, *McKeown 85*);
3. Hörermodellierung auf intensionaler Ebene, zur Planung von Sprechakten und lexikalischen Einheiten (vergl. *Appelt 82*).

Obige Ansätze geben auf die folgenden Fragen jedoch keine Antworten:

1. Welche Satzkonstruktionen sind geeignet, wenn die Aufgabe darin besteht, eine zeitveränderliche Szene zu beschreiben und kein Dialog- oder Fragekontext vorliegt?
2. Gibt es rhetorische Schemata, die im Rahmen einer Texttheorie auf die Textsorte *Beschreibung* angewendet werden können? Kann etwas über den Textaufbau einer Beschreibung ausgesagt werden?
3. Gibt es Kriterien, die unter Bezugnahme auf konkrete Szenen die Planung lexikalischer Einheiten erlauben?

Im weiteren werden diese Fragen aufgegriffen und Lösungen motiviert, sowie deren Konkretisierung in einem System vorgestellt.

Die Arbeiten zur Oberflächengenerierung verdeutlichen, daß diese Aufgabe zwar durch die Wahl einer geeigneten Schnittstelle gelöst werden kann, aber auch, daß die Frage, welche syntaktischen Entscheidungen von der Generierungskomponente getroffen werden können und welche von vorgeschalteten Verbalisierungskomponenten geleistet werden sollen, derzeit nicht eindeutig beantwortet werden kann. In der Arbeit wird gezeigt, daß zumindest im Fall der Beschreibungsgenerierung für zeitveränderliche Szenen syntaktische Entscheidungen wie aktiv, passiv, Negation und restriktive Relativsätze von der Verbalisierungskomponente getroffen werden sollten.

Im folgenden stellen wir die Szenenrepräsentation und den Ereigniserkennungsalgorithmus vor, die im NAOS System implementiert sind.

Kapitel 3

Das NAOS-System

Im folgenden werden die Entwurfsziele sowie die verschiedenen Repräsentationsebenen von NAOS dargestellt, um die Umgebung, in welche die hier vorgestellte Verbalisierungskomponente eingebettet ist, zu verdeutlichen.

3.1 Einführung

Die Fragestellung, deren Untersuchung die Entwicklung von NAOS gilt, lautet: *Welche Repräsentationsformen und welche Prozesse sind geeignet (notwendig)*[1], *um zeitveränderliche Daten natürlichsprachlich zu beschreiben?* Als konkreter Anwendungsfall steht dabei die Beschreibung von Straßenszenen im Vordergrund (vergl. *Neumann und Novak 86*).

Die zugrundegelegten visuellen Daten sind Bildfolgen über zeitveränderlichen Szenen. Ein Hauptuntersuchungsgegenstand ist das Erkennen zeitübergreifender bedeutungsvoller Einheiten einer Bildfolge. Damit geht NAOS über Ansätze des Bildverstehens, bei dem das Erkennen und Lokalisieren von Objekten im Vordergrund steht, hinaus. Die bedeutungsvollen Einheiten, die in NAOS erkannt werden, sind mit Bewegungsverben der natürlichen Sprache assoziiert. Da, wie z.B. in *Novak 82* gezeigt wurde, im allgemeinen mit der Anwendung von Bewegungsverben nicht nur sichtbare Daten verknüpft sind, sprechen wir auch von **Ereignissen** und **Situationen**, die erkannt werden, wie z.B. ein Überholvorgang. Die Semantik der sprachlichen Begriffe wird in NAOS durch Referenz auf konkrete Szenen definiert. Die definierte Referenzsemantik ist formal der Situationssemantik (*Barwise und Perry 83*) zuzuordnen.

Der Ereigniserkennungsprozeß ist in NAOS als Vergleich zwischen der Repräsentation der Bildfolge und generischen Ereignismodellen implementiert. Beide Repräsentationen sind in *Neumann und Novak 83b* eingeführt worden und werden im folgenden, ebenso wie der Erkennungsprozeß selbst, zusammenfassend dargestellt.

3.2 Repräsentation einer Bildfolge

Das Problem der Erkennung und Verfolgung von Objekten in einer Bildfolge kann gegenwärtig nicht als gelöst angesehen werden, trotz erheblicher Anstrengungen im Bereich Bildverstehen. In NAOS haben wir von diesem Problem abstrahiert und postulieren eine Repräsentation, bei der wir von erkannten Objekten und Objektpositionen bezüglich eines Weltkoordinatensystems ausgehen. Genau genommen enthält die Darstellung die vollständige 3D-Geometrie inklusive Betrachterstand-

[1] Die Eignung der Prozesse und Datenstrukturen wird anhand der Performanz des Systems beurteilt.

punkt und Beleuchtungsgeometrie jedes Einzelbildes.[2] In *Neumann und Novak 83b* wurde dafür der Name *Geometrische Szenenbeschreibung* (GSB) eingeführt.

Das Entwurfsziel dieser Repräsentation besteht darin, die ursprüngliche Bildfolge prinzipiell vollständig und ohne Informationsverlust darzustellen. Daher werden auch noch photometrische Objekteigenschaften, wie Farbe, in die GSB aufgenommen. Sie ist dann in dem Sinne vollständig, daß die mit der Kamera aufgenommene Bildfolge aus ihr regeneriert werden kann.

Die GSB enthält somit

- für jeden Zeitpunkt:
  - alle in der Szene sichtbaren Objekte
  - Betrachterstandpunkt
  - Beleuchtungsdaten
- für jedes Objekt:
  - 3D-Position und -Orientierung je Zeitpunkt
  - physikalische Oberflächeneigenschaften (Farbe)
  - Klassenzugehörigkeit
  - Identität
  - weitere verbalisierbare Eigenschaften wie z.B. Namen, Größe, Alter, etc.

Die *Klassenzugehörigkeit* entspricht der in KI-Systemen üblichen ISA-Beziehung. Die *Identität* setzt Objekte zweier aufeinanderfolgender Bilder in Beziehung.[3] Beides wird als bekannt vorausgesetzt. Für die spätere Verbalisierung können weitere, oben angegebene Eigenschaften in die GSB eingetragen werden, deren Benutzung in Kapitel 5 beschrieben wird.

In NAOS werden verschiedene Bildfolgen derselben Straßenkreuzung untersucht. Daher wurde für den statischen Hintergrund der Bildfolgen (Straßen, Häuser, Bäume, etc.) ein computerinternes Modell erstellt (siehe Abbildung 3.1 für eine mithilfe des Modells erzeugte Darstellung). Objektbewegungen können aus tatsächlichen Bildfolgen extrahiert oder durch künstliche Daten vorgegeben werden. Weitere Objekteigenschaften wie ihre Form und ihre Zusammensetzung aus Teilen sind in objektzentrierten Schemata (frames) enthalten, auf die hier nicht weiter eingegangen wird.[4]
Wesentlich für die Ereigniserkennung sind die Trajektorien der bewegten Objekte. Sie werden relational durch mehrere Tupel folgender Form dargestellt:

(LAGE <objektbezeichner> <position> <orientierungsvektor> <zeitpunkt>)

Die Positionsangabe erfolgt durch die x,y,z-Koordinaten des Schwerpunktes des Objektes. Der normierte Orientierungsvektor gibt an, in welche Richtung die Vorderseite[5] des Objektes zeigt.

---

[2]Die vollständige 3D-Geometrie kann von einem Bildverstehenssystem kaum erstellt werden, da sich Objekte im allgemeinen verdecken und nur teilweise sichtbar sind. Dasselbe gilt für die Beleuchtungsgeometrie, die aufgrund ihrer Komplexität gegenwärtig in Computersystemen nicht handhabbar ist. Beide Informationen werden hier der Vollständigkeit halber aufgenommen.

[3]In Bildverarbeitungssystemen wird häufig der Begriff *Korrespondenz* benutzt.

[4]siehe dazu *Neumann 84*

[5]Wir abstrahieren hier von Problemen bei der Bestimmung der Vorderseite von Objekten wie U-Bahn Zügen etc. Zu dieser Problematik siehe auch *Miller und Johnson-Laird 76*.

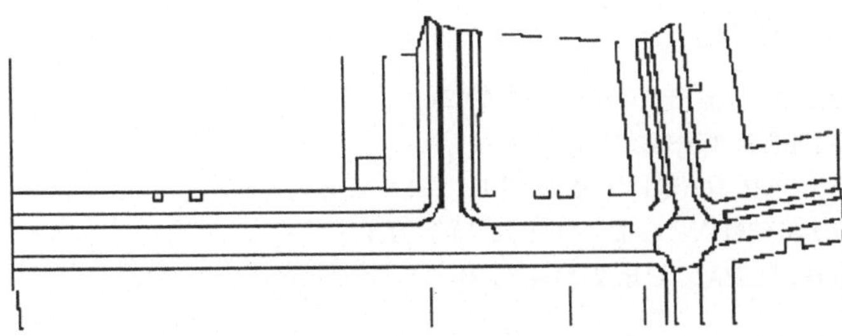

Abb. 3.1 Statischer Hintergrund aus der Vogelperspektive

Der Zeitpunkt wird durch eine Zahl angegeben, welche die Nummer des entsprechenden Bildes der sequentiell numerierten Bildfolge darstellt. Die Trajektorie eines Objektes wird somit durch eine Folge solcher Einträge repräsentiert:

(LAGE VW1 (93 158 0) (.9913 -.1211 0) 3)
(LAGE VW1 (76 159 0) (.9976 -.0618 0) 4)
(LAGE VW1 (61 159 0) (1.000 .0000 0) 5)

3.3 Ereignismodelle

Zu Anfang des Kapitels wurde der Begriff *Ereignis* eingeführt für eine bedeutungsvolle Einheit einer zeitveränderlichen Szene, die verbal beschrieben werden kann. Genau genommen verstehen wir unter einem Ereignis einen Unterraum des vierdimensionalen Raum-Zeit-Kontinuums, der mit einem Bewegungsverb beschrieben werden kann.[6] In NAOS liegt der Bezug auf Bewegungsverben nahe, da eine sprachliche Beschreibung der Szene angestrebt wird. Die Strukturierung von Bewegungskonzepten von Tsotsos (siehe 2.2) zeigt, daß für andere Zwecke (z.B. medizinische) auch die Wahl nicht direkt verbalisierbarer Konzepte sinnvoll ist. Die Wahl und Strukturierung von Bewegungskonzepten hängt im allgemeinen vom Anwendungsbereich ab.

Ein Aspekt der Strukturierung ist jedoch aus der Sicht der KI unabhängig vom Anwendungbereich und zwar die Forderung nach einer expliziten, in Hinblick auf effiziente Verarbeitung angelegten Repräsentation der Konzepte.

Konkrete Ereignisse einer Szene werden in NAOS mithilfe generischer **Ereignismodelle** erkannt. Ein Ereignismodell definiert die Referenzsemantik des mit ihm assoziierten Verbs. Ereignismodelle haben in NAOS allgemein die Form:

$$<\text{Kopf}> \Longleftarrow <\text{Rumpf}>,$$

[6] Eine etwas allgemeinere Definition, die jedoch ebenfalls die Mitteilbarkeit hervorhebt, geben *Miller und Johnson-Laird 76* (siehe Abschnitt 2.2).

wobei der Kopf das Ereignis in Form einer Proposition ausdrückt, und der Rumpf die Prämissen enthält, die alle erfüllt sein müssen, damit das Ereignis wahr ist. Das folgende Ereignismodell definiert UEBERHOLEN:

(UEBERHOLEN *OBJ1 *OBJ2 *T1 *T2) $\Longleftarrow$
(FAHREN *OBJ2 *T1 *T2)
(HINTER *OBJ1 *OBJ2 *T1 *T3)
(PASSIEREN *OBJ1 *OBJ2 *T1 *T2)
(VOR *OBJ1 *OBJ2 *T4 *T2)

Alle Elemente eines Ereignismodelles sind relational notiert und genügen folgender Syntax. Das erste Element einer Relation ist der Relationenbezeichner gefolgt von den Argumenten. Mit * präfigierte Argumente sind Variable, es sind jedoch auch Konstanten erlaubt (z.B. VW1). Die mit *T<n> bezeichneten Variablen am Ende einer Relation bezeichnen deren zeitlichen Gültigkeitsbereich. Einer Konvention folgend, ist die am weitesten links stehende Zeitvariable, der Beginn der Gültigkeit, kleiner als die rechts daneben, das Ende der Gültigkeit. $*T3 < *T4$ ergibt sich in obigem Ereignismodell dadurch, daß sich die Prädikate HINTER und VOR gegenseitig ausschließen wenn die Objekte gleich sind.

Wir unterscheiden zwei Typen von Relationen aus denen ein Ereignismodell zusammengesetzt sein kann: primitive und zusammengesetzte. Primitive Relationen, wie HINTER in obigem Beispiel, werden durch eine zugeordnete Prozedur direkt anhand der LAGE-Einträge der GSB berechnet. Zusammengesetzte Relationen sind selbst wiederum Ereignismodelle und können ihrerseits aus primitiven und zusammengesetzten Relationen bestehen.[7] Letztendlich werden jedoch alle Relationen auf primitive Relationen zurückgeführt. Diese direkt evaluierbaren Relationen bilden die semantischen Primitive, aus denen die Ereignismodelle aufgebaut werden. Gegenwärtig sind in NAOS 19 Primitive implementiert:

EXISTIEREN, STEHEN, BEWEGEN, SCHNELLER-WERDEN, LANGSAMER-WERDEN, LINKS-DREHEN, RECHTS-DREHEN, SYM-ENTFERNEN (= wachsender Abstand), SYM-NÄHERN, LANGSAM (= langsamer als Normalwert), SCHNELL, PARALLEL, QUER, VOR, HINTER, NEBEN, BEI, AUF, NAHE

Die Primitive haben folgende Gemeinsamkeiten:

- sie sind durativ, d.h. sie sind in jedem Teilintervall ihres Gültigkeitsbereiches ebenfalls gültig,
- sie sind qualitative Beschreibungen wahrnehmbarer Größen, die in der GSB quantitativ vorgegeben sind.

Im Gegensatz zu anderen Merkmalsansätzen (*Miller 72, Schank 73, Gerling und Orthen 79, Okada 80*) werden in NAOS die Primitive nicht als konzeptuelle Bausteine, sondern als Operatoren über wahrnehmbaren Größen aufgefaßt. Die zugrundeliegenden wahrnehmbaren Größen orientieren sich an der physikalischen Beschreibung einer Trajektorie, nämlich der relativen Position und Orientierung eines Objektes bezüglich geeigneter Referenzgrößen, sowie den zugehörigen zeitlichen Ableitungen als Funktion der Zeit.

---

[7] Dadurch wird eine Ereignishierarchie induziert, auf die wir im fünften Kapitel gesondert eingehen.

3.4 Ereigniserkennung

In NAOS werden Ereignisse durch Vergleich von Ereignismodellen mit der GSB erkannt. Wir verwenden dazu eine Erweiterung der Methode des Hierarchischen Vergleiches (*Barrow et al.* 77), zusammen mit einer durch Backtracking gesteuerten Suche.

Zur Instantiierung eines Ereignismodelles[8] müssen alle Relationen (im folgenden auch Prädikate genannt), aus denen es sich zusammensetzt, wahr sein, d.h. ebenfalls instantiiert werden. Die relationalen Ausdrücke der GSB, sowie bereits berechnete Ereignisse (Instanzen) werden in einem assoziativen Netzwerk gespeichert, so daß mit teilweise spezifizierten Mustern darauf zugegriffen werden kann.[9]

Betrachten wir zuerst die Instantiierung einer primitiven Relation, wie z.B.

(BEWEGEN *OBJ *T1 *T2).

Zu ihrer Auswertung werden Variablenbelegungen für die Platzhalter generiert (z.B. dadurch, daß nacheinander alle Objekte, die nicht zum statischen Hintergrund gehören, anstelle des Platzhalters eingesetzt werden), mit Ausnahme der Zeitvariablen, was weiter unten begründet wird. Für jede Variablenbelegung wird nun zuerst geprüft, ob die gesuchte Instanz bereits im Speicher ist, z.B. als Ergebnis einer früheren Auswertung; sie wird in diesem Fall als Ergebnis geliefert. Ist das nicht der Fall, so werden für jede Variablenbelegung im Zeitintervall (Szenenanfang Szenenende) anhand der GSB alle maximalen Teilintervalle gesucht, für die das Prädikat wahr ist. Die so berechneten Instanzen werden ebenfalls in die GSB eingetragen. Man beachte, daß für eine konkrete Variablenbelegung innerhalb der Szenendauer mehrere Instanzen desselben Ereignisses generiert werden können (z.B. für FAHREN, falls ein Objekt einmal stehengeblieben ist). Zusammenfassend werden die folgenden Schritte ausgeführt:

Für jede Variablenbelegung:

- falls Instanz im Speicher, liefere sie als Ergebnis;
- andernfalls,
  - berechne alle maximalen Zeitintervalle, für die das Prädikat wahr ist;
  - trage gefundene Instanzen in den Speicher ein.

Wird für ein konkretes Objekt **eine** Instanz im Speicher gefunden, so ist durch dieses Auswertungsschema sichergestellt, daß **alle** Instanzen für dieses konkrete Objekt im Speicher sind.

Wir betrachten nun die Auswertung eines zusammengesetzten Ereignismodelles. Ziel der Auswertung ist es, eine Variablenbelegung zu finden, so daß die Konjunktion der Prädikate des Rumpfes wahr ist.

Prinzipiell folgt die Auswertung einer **Generiere-und-Suche** Strategie, wobei für die Suche eine Backtracking Kontrollstruktur benutzt wird. In einem ersten Zyklus werden alle Instanzen des

[8] Die Instantiierung eines Modelles entspricht der Erkennung eines Ereignisses.

[9] NAOS ist in der Programmiersprache FUZZY implementiert, die sowohl assoziativen Zugriff auf eine Datenbasis als auch Backtracking Kontrollstrukturen zur Verfügung stellt (*LeFaivre* 77).

ersten Prädikates generiert und in die GSB eingetragen. Dann wird im Such-Zyklus für die erste Instanz geprüft, ob die restlichen Prädikate ebenfalls instantiiert werden können. Zusammengesetzte Prädikate werden dabei rekursiv in ihre Teilprädikate expandiert und ebenso ausgewertet. Da für ein Prädikat mehrere Instanzen (siehe oben) mit verschiedenen Zeitintervallen vorhanden sein können, wird durch Backtracking dafür gesorgt, daß jede Instanz auf Zeitkompatibilität mit den vorangegangenen Instanzen geprüft wird.

Ebenso wie bei den primitiven Prädikaten werden bei der Auswertung eines zusammengesetzten Prädikates alle Instanzen innerhalb der Szenenzeit generiert.

Die Prozedur EVENTEVAL, die in NAOS für die Auswertung von Ereignismodellen entworfen wurde, arbeitet wie folgt:

EVENTEVAL Liste von Prädikaten

- WÄHLE-PRÄDIKAT der Liste;
- GENERIERE alle Instanzen;
- nimm Instanz und TESTE auf Zeitkompatibilität;
- bei nicht-Kompatibilität leite Backtracking ein, ansonsten
- EVENTEVAL restliche Prädikate

Der GENERIERE Teil besteht aus folgenden Schritten:

- Generiere alle Instanzen für alle Variablenbelegungen (außer für Zeitvariablen), soweit sie noch nicht generiert wurden;
- EVENTEVAL Prädikate des Rumpfes, falls das Prädikat zusammengesetzt ist, ansonsten evaluiere das primitive Prädikat.

Wir betrachten die GENERIERE Strategie am Beispiel der Prädikatliste

((BEWEGEN *OBJ1 *T1 *T2)
(NAEHERN-R *OBJ1 *OBJ2 *T1 *T2))[10].

Nehmen wir an, daß für das erste Prädikat bereits alle Instanzen generiert wurden, so wird für das zweite Prädikat GENERIERE mit einem teilweise spezifizierten Muster aufgerufen. Z.B. wird versucht, für die Instanz

(BEWEGEN VW1 10 20)

eine passende Instanz von

(NAEHERN-R VW1 *OBJ2 *T1 *T2)

zu finden. Für jede Belegung von *OBJ2 wird geprüft, ob bereits eine Auswertung des NAEHERN-R Prädikates mit dieser Belegung von *OBJ1 und *OBJ2 vorgenommen wurde. Dazu wird systemintern eine Liste der Belegungen bereits erfolgter Auswertungen geführt.

[10]-R am Ende eines Relationenbezeichners weist auf Reflexivität des zugehörigen Verbs hin.

Die Komponente WÄHLE-PRÄDIKAT von EVENTEVAL bestimmt das Prädikat der Liste, das zuerst ausgewertet werden soll. Inwieweit die Reihenfolge der Auswertung die Effizienz beeinflußt, verdeutlicht folgendes Beispiel. Nehmen wir an, das Ereignismodell ANHALTEN soll ausgewertet werden, das aus den Prädikaten BEWEGEN und STEHEN besteht. Da es im allgemeinen mehr statische als bewegte Objekte gibt, ist es ein größerer Aufwand, unter den stehenden Objekten diejenigen zu suchen, die sich vorher bewegt haben, als unter den bewegten diejenigen zu suchen, die auch gestanden haben. In NAOS wurde ein formales Kostenmodell entwickelt, das die Auswahl steuert (Einzelheiten hierzu siehe in *Neumann 84*). Wir gehen hier nur auf das Prinzip ein, das durch obiges Beispiel nahegelegt wird.

Jedem Ereignismodell wird ein intrinsischer Verzweigungsfaktor zugeordnet, der angibt, mit welcher Wahrscheinlichkeit das Ereignismodell bei arbiträrer Variablenbelegung wahr ist. Dieser, durch Introspektion gewonnene Verzweigungsfaktor, spiegelt a priori Wissen über die Szene wider. Die Bestimmung der Reihenfolge der Auswertung zur Laufzeit geschieht dadurch, daß ein effektiver Verzweigungsfaktor berechnet wird. Der intrinsische Verzweigungsfaktor wird dazu mit der Anzahl der Möglichkeiten, noch uninstantiierte Variable des Ereignismodelles zu belegen, multipliziert. Auf diese Weise ergibt sich eine dynamische Umordnung der auszuwertenden Prädikate zur Laufzeit, die vorangegangene Instantiierungen berücksichtigt und die Anzahl der Verzweigungen gering hält.

Eine Besonderheit in NAOS ist die Behandlung von Zeitvariablen. Im Gegensatz zum herkömmlichen Vergleich eines Musters mit einem Datum, bei dem die Mustervariablen an die Daten gebunden werden, dürfen Zeitvariable nur bezüglich ihres Wertebereiches eingeschränkt werden. Betrachten wir die Instanz (das Datum)

(BEWEGEN VW1 10 20),

so sind die Intervallgrenzen dieses durativen Ereignisses als Minimal- bzw. Maximalwert möglicher Teilintervalle anzusehen. Ein Vergleich des Musters

(BEWEGEN *OBJ *T1 *T2)

mit obigem Datum führt dazu, daß *OBJ zu VW1 instantiiert, wohingegen *T1 und *T2 durch folgende Ungleichung in ihrem Wertebereich beschränkt werden:

$$10 \leq *T1 < *T2 \leq 20$$

Weitere Prädikate liefern zusätzliche Beschränkungen der Zeitvariablen.

Nehmen wir einmal an, daß folgende Instanzen im Speicher stehen

(BEWEGEN VW1 10 30)
(BEWEGEN VW2 8 20)
(BEWEGEN VW2 25 40)
(HINTER VW1 VW2 12 24),

und weiter, daß folgende Prädikate instantiiert werden sollen:

(BEWEGEN *OBJ1 *T1 *T2)
(BEWEGEN *OBJ2 *T1 *T2)
(HINTER *OBJ1 *OBJ2 *T1 *T3).

Die einzige zeitkompatible Instantiierung aller drei Prädikate führt zu den Ungleichungen:

$$10 \leq *T1 < *T2 \leq 30$$
$$8 \leq *T1 < *T2 \leq 20$$
$$12 \leq *T1 < *T3 \leq 24$$

Der Einfachheit halber nehmen wir weiter an, obige Prädikate gehörten zu einem Ereignismodell mit der Anfangszeit *T1 und der Endzeit *T2. Wie anhand der Ungleichungen abgelesen werden kann, sind für *T1 und *T2 folgende Beschränkungen gültig:

$$12 \leq *T1 \leq 19$$
$$13 \leq *T2 \leq 20$$

Diese Form der Lösung stellt sich für Zeitvariable in jedem Fall ein. Die allgemeine Notation für einen Intervallbereich mit dem Anfang Tb und dem Ende Te ist:

$$((Tb_{min}\ Tb_{max})\ (Te_{min}\ Te_{max}))$$

Für durative Prädikate sind der Maximal- und Minimalwert der Intervallgrenzen gleich, es muß jedoch $Tb < Te$ gelten. Die bereits eingeführte Notation

$$(....\ T1\ T2)$$

ist äquivalent zu

$$(....\ (T1\ T2-1)\ (T1+1\ T2))$$

Inchoative Prädikate, wie z.B. *losgehen*, werden in der Form

$$(....\ T1\ \ (T1+1\ T2))$$

notiert, was äquivalent zu

$$(....\ (T1\ T1)\ \ (T1+1\ T2))$$

ist. Resultative Prädikate schließlich, wie z.B. *anhalten*, werden in der Form

$$(....\ (T1\ T2-1)\ \ T2)$$

notiert, die äquivalent zu

$$(....\ (T1\ T2-1)\ \ (T2\ T2))$$

ist. (Die Addition bzw. Subtraktion von 1 stellt die kleiner-Beziehung zwischen den Variablen sicher.)

Die in EVENTEVAL angegebene Funktion TESTE überprüft für aufeinanderfolgende Instanzen, ob noch eine Lösung der Ungleichungen möglich ist. Falls das nicht der Fall ist, werden durch

Backtracking weitere Instanzen auf Zeitkompatibilität überprüft. Der Algorithmus basiert auf der Technik der Propagierung von Beschränkungen. Für die verschiedenen Zeitvariablen wird ein Beschränkungsnetz aufgebaut (siehe Abbildung 3.2). Knoten des Netzes stehen für Variable

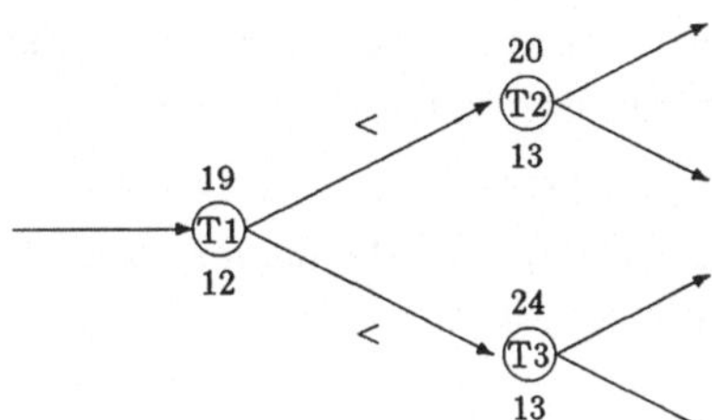

Abb. 3.2 Beschränkungsnetz für Zeitvariablen

und die Kanten sind mit den Ungleichungsrelationen zwischen den Variablen markiert. An jedem Knoten werden weiterhin die momentanen Minimum- und Maximumwerte der Variablen notiert (in der Abbildung sind das die Zahlen unterhalb bzw. oberhalb der Knoten), die bei Hinzukommen neuer Beschränkungen propagiert werden. Für die Propagierung werden für jede Zeitvariable zwei Listen geführt, eine enthält alle Variablen, die kleiner sind (K-Liste), die andere enthält alle Variablen, die größer sind (G-Liste). Diese Listen sind identisch mit den Kanten. Zu Beginn jedes Instantiierungsversuches eines Ereignismodelles werden alle Zeitvariablen initialisiert. Sie erhalten als Minimum- und Maximumwert die Nummer des ersten bzw. letzten Bildes der Szene.

Findet nun ein Vergleich zwischen dem Muster

(FAHREN PKW1 T1 T2)

und dem Datum

(FAHREN PKW1 10 30)

statt, so wird 10 als Minimum von T1 und 30 als Maximum von T2 interpretiert, da FAHREN ein duratives Ereignis ist (vergl. oben). Die Propagierung der Beschränkungen (bei durativen Ereignissen wird das Minimum zu allen Elementen aus der G-Liste, das Maximum zu allen Elementen aus der K-Liste propagiert) gehorcht folgendem Algorithmus:

1. füge T2 zur G-Liste von T1 und T1 zur K-Liste von T2 hinzu;
2. falls das Minimum (Maximum) von T1 (T2) größer (kleiner) ist als das gegenwärtige Maximum (Minimum), sind die Relationen inkompatibel; beende den Algorithmus;
3. falls das Minimum (Maximum) von T1 (T2) kleiner (größer) oder gleich seinem gegenwärtigen Minimum (Maximum) ist, so bleibt das gegenwärtige Minimum (Maximum) weiterhin gültig; beende den Algorithmus;
4. falls das Minimum (Maximum) von T1 (T2) zwischen dem gegenwärtigen Minimum (Maximum) und Maximum (Minimum) liegt, setze es als neues Minimum (Maximum) ein;

5. führe obige Schritte für alle Elemente aus der G-Liste (K-Liste) von T1 (T2) durch und nimm dazu das jetzt gültige Minimum+1 (Maximum-1); falls für eine Variable Fall 2 auftritt, sind die Relationen inkompatibel.

Die Angaben in Klammern sind für die Propagierung des Maximums. Die Addition (Subtraktion) von 1 im fünften Schritt, stellt $T1 < T2$ sicher. Zu Beginn sind das gegenwärtige Minimum (Maximum) die initialisierten Werte. Liefert obige Prozedur die Inkompatibilität zweier Relationen, so wird im Ereigniserkennungsalgorithmus Backtracking eingeleitet.

Da bei nicht-durativen Ereignissen Minimum und Maximum der Intervallgrenzen im allgemeinen ungleich sind, werden in diesem Fall sowohl Minimum als auch Maximum jeder Zeitvariable propagiert. Der Algorithmus wird in *Novak 85* ausführlich diskutiert.

3.5 Zusammenfassung

NAOS geht von einer Bildfolge aus, aus der die Szenengeometrie sowie die Klassenzugehörigkeit aller Objekte bestimmt worden sind. Es werden Algorithmen zur Erkennung von verbzentrierten Ereignissen zur Verfügung gestellt. Dadurch wird eine Referenzsemantik definiert, die Grundlage für die algorithmische Erstellung eines kohärenten Textes ist, der die Bildfolge beschreibt.

Der Ereigniserkennungsalgorithmus, zusammen mit der effizient implementierten Intervallogik, berücksichtigt die unterschiedlichen Ereignistypen, die den Aktionsarten der Verben entsprechen. Als Ergebnis der Ereigniserkennung wird die ursprüngliche GSB um die gefundenen Instantiierungen erweitert. Sie enthält nun zusätzlich für jedes bewegte Objekt der Bildfolge alle Ereignisse, die für dieses Objekt während seiner Sichtbarkeit erkannt wurden. Diese GSB ist der Ausgangspunkt für die vorliegende Generierungskomponente.

Im nachfolgenden Kapitel gehen wir auf Probleme der Beschreibungsgenerierung aus linguistisch pragmatischer Sicht ein und stellen darauf die Realisierung der natürlichsprachlichen Beschreibungskomponente vor.

Kapitel 4

Aspekte der Beschreibungsgenerierung

Im folgenden verwenden wir den Begriff *Beschreibung* für einen natürlichsprachlichen *Beschreibungstext*, der auch aus einem Satz bestehen kann, und nicht, wie *Mellish 85*, für Nominalphrasen. Wir betrachten ausschließlich Sprache für konkrete Dinge, wie sie von Kindern zuerst gelernt wird (*Olson 72*), d.h. Sprache, deren Extensionen in der objektiven Wirklichkeit liegen und die typischerweise durch ostensive Definitionen[1] gelehrt wird. Diese Art der Definition von Wörtern verankert die Begriffsbildung an perzeptiven Informationen über den Referenten[2]. Im Gegensatz dazu wird Sprache für Abstrakta meist ebenfalls durch Sprache gelehrt. Inwieweit Ausdrücke der gegenständlichen Welt im übertragenen Sinn zur Definition abstrakter Konzepte herangezogen werden, oder ob Abstrakta grundsätzlich Begriffe sind, die auf metaphorische Sprache zurückzuführen sind, kann nur vermutet werden.

Eine weitere Unterscheidung betrifft Beschreibungen für statische Szenen (Bilder oder Gegenstände) und solche für dynamische Szenen. Bei Bildbeschreibungen treten im Gegensatz zu Bildfolgenbeschreibungen keine zeitlichen Probleme auf, wie z.B. die sprachliche Verdeutlichung der Vor-, Gleich- oder Nachzeitigkeit von Ereignissen. Wenn im folgenden der Begriff *Beschreibung* benutzt wird, so sind damit sowohl Bild- als auch Bildfolgenbeschreibungen gemeint, andernfalls werden die entsprechenden Begriffe benutzt.

4.1 Einflüsse auf die Generierung einer Beschreibung

In diesem Abschnitt weisen wir auf verschiedene Einflüsse hin, die allgemein für die Textgenerierung mitbestimmend sind und somit auch auf Beschreibungen zutreffen. Das Ziel dieser Betrachtung besteht darin, die Komplexität der Beschreibungsgenerierung aufzuzeigen und die Lösungsvorschläge für die algorithmische Generierung zu motivieren.

4.1.1 Kontextuelle Einflüsse

Ausgehend von der Sprechakttheorie (*Austin 62, Searle 69*) kann eine Beschreibung das Ergebnis so verschiedener Sprechakte wie INFORMIEREN oder ÜBERZEUGEN sein. In einer Verkaufssituation kann z.B. ein Verkäufer einen Tiefkühlschrank mit den Worten beschreiben:

> *Das Gerät der Marke xyz hat das beste Preis-Leistungsverhältnis. Es ist außerdem energiesparend und bietet Platz für den Bedarf einer mehrköpfigen Familie. ...*

[1] Eine *ostensive Definition* ist eine Sprechhandlung, die mit einer Zeigegeste verbunden ist und häufig deiktische Ausdrücke enthält, wie z.B. *Dies ist ein Auto.*

[2] Man beachte, daß der situative Kontext, in dem eine ostensive Definition erfolgt, ebenso zur Begriffsbildung beitragen kann.

Diese Beschreibung würde eher als Versuch des Verkäufers gewertet werden, das Gerät zu verkaufen, als den Kunden zu informieren. Eine andere Beschreibung könnte lauten:

> *Das Gerät der Marke xyz kostet 760,-DM und faßt 420l. Für das Fassungsvermögen ist es das günstigste Gerät in unserem Angebot. ...*

Im Kontext einer Verkaufssituation würde diese Beschreibung eher in die Kategorie INFORMIEREN eingestuft werden.

Die beiden Beschreibungen zeigen zum einen, daß verschiedene Ziele mit einer Beschreibungsgenerierung verbunden sein können und zum anderen, daß wir nach dem Lesen der Beschreibungen nicht in der Lage wären, in einem Raum mit mehreren Geräten auf das beschriebene zu zeigen. Dies zeigt, daß Beschreibungen, die das Ergebnis des Sprechaktes INFORMIEREN sind, nicht notwendigerweise die Form und Lage eines Objektes verdeutlichen. Sie können ebenso seine Funktion und seinen Gebrauch beschreiben.

Im weiteren beschränken wir uns bei Bildern auf die Beschreibung des visuellen Eindrucks, d.h. auf die Objekte und deren räumliche Relation zueinander und betrachten bei Bildfolgen zusätzlich die Trajektorien der bewegten Objekte und die temporalen Relationen zwischen den Bewegungen. Diese weitere Einschränkung von Beschreibungen ändert jedoch nichts an der Zweckgebundenheit. Man denke z.B. an die Beschreibung eines selbstverschuldeten Verkehrsunfalls gegenüber Freunden und gegenüber dem gegnerischen Anwalt[3] oder auch daran, mehrere Photographien so zu beschreiben, daß ein anderer sie erkennen (unterscheiden) kann. Im letzten Fall können Beschreibungen wie die folgende enstehen: *Das Photo mit dem Fleck am rechten Rand, das neben den anderen liegt.* Hier erspart sich der Sprecher den komplexen Vorgang der Bildbeschreibung und wählt den wesentlich ökonomischeren Weg der Unterscheidung verschiedener Gegenstände durch minimal distinkte Merkmale. Dieses grundlegende Prinzip der Sprachökonomie findet insbesondere auch bei der Generierung von deskriptiven Nominalphrasen seine Anwendung (siehe Kapitel 5).

Außer diesen globalen, kontextuellen Einflüssen - die Zweckgebundenheit und dadurch determinierte Stilistik fassen wir ebenfalls darunter - auf die Beschreibungsgenerierung, betrachten wir im weiteren den Einfluß des Hörers. Genau genommen handelt es sich um den Einfluß des sprecherinternen Modelles des Hörers, sowie um Rückbezugseinflüsse, die beim Prozeß der Generierung durch das bereits Gesagte auftreten.

4.1.2 A priori Hörerannahmen

Ein kooperativer Sprecher stimmt seine Äußerungen auf den Hörer und dessen Sprachverständnis ab. In Dialogsituationen kann dies aufgrund von Äußerungen des Hörers, wie *Das verstehe ich nicht!*, interaktiv auf einer Metaebene geschehen oder auch, nicht-linguistisch, durch entsprechende Mimik. In den Fällen, wo eine direkte Interaktion mit dem Hörer nicht möglich ist, greift der Sprecher auf seine a priori Vorstellung - seine a priori Annahmen - über den Hörer zurück. Er

[3]Ich meine hier eine Beschreibung, die zwar denselben Sachverhalt ausdrückt, die aber durch die Wortwahl gefärbt ist. Dieser Unterschied fällt in den Bereich der Stilistik und ist qualitativ zwar bekannt, jedoch gibt es meines Wissens keine zweckgebundene Stiltheorie, die etwas über die Wortwahl aussagt (siehe auch *Mann und Moore 81*).

kann dazu seine eigenen Vorstellungen auf den Hörer projezieren, d.h. er nimmt vereinfachend an, daß der Hörer über dieselben Annahmen und dasselbe Wissen verfügt wie er selbst.

In der sprachorientierten KI werden diese Einflüsse unter den Stichwörtern *Partnermodellierung* und *Benutzermodellierung* behandelt. Hauptuntersuchungsgegenstand ist der Aufbau eines Partnerbildes aus den Äußerungen des Dialogpartners (*Rich 79, Morik 84*). Bei Textgenerierungssystemen, die nicht mit dem Benutzer interagieren, ist das a priori Wissen (die a priori Annahmen) über den Benutzer von besonderer Bedeutung. Bei *Jameson und Wahlster 82* besteht das a priori Partnermodell aus dem Wissen, das auf Grund der Redesituation beim Partner vorausgesetzt wird. Es handelt sich dabei, wie im vorliegenden Ansatz auch (siehe 1.1), um Wissen über Objekte, ihre Eigenschaften, etc. Dieses Wissen wird zur Wahl der Kennzeichnung, Elliptifizierung und Pronominalisierung herangezogen. So ist es z.B. möglich, ein noch nicht erwähntes Objekt mit definiter Kennzeichnung in den Diskurs einzuführen.

Werden außer diesem Wissen über den Diskursbereich auch Annahmen über den Kenntnisstand des Hörers in einem bestimmten Anwendungsbereich repräsentiert, so kann deren Einfluß auf die Wortwahl ausgenutzt werden, wie folgende Beispiele zeigen[4] (Grundannahme ist jeweils ein kooperativer Sprecher, der darauf bedacht ist, daß seine Äußerungen *verstanden* werden, indem sie zu entsprechenden Erwiderungen oder Handlungen führen).

Der Kontext für die Beispiele sei eine Autoselbsthilfewerkstatt, in der ein erfahrener Bastler B mit einem Partner P die Bremsbeläge einer Trommelbremse wechselt, wobei wir ferner davon ausgehen, daß die Trommeln mit einem Abzieher gelöst werden müssen, und daß B dies weiß.

Nimmt B an, daß P den gleichen Kenntnisstand hat wie er selbst, so sagt er: *Nimm die Bremstrommeln ab!*

Nimmt B an, daß P ebenso erfahren ist, aber nicht weiß, daß man bei dem speziellen Wagentyp einen Abzieher benutzen muß, so sagt er: *Nimm die Bremstrommeln mit dem Abzieher runter!*

Nimmt B an, daß P recht geschickt ist und sofort sieht, wie man einen Abzieher benutzt jedoch nicht weiß, daß das Werkzeug so heißt, so kann er darauf zeigen und sagen: *Nimm diesen Abzieher und entferne die Bremstrommeln!*

Nimmt B jedoch an, daß P ein Laie ist, so wird er wahrscheinlich sagen: *Schau zu, ich zeige Dir, wie man es macht!*

Das Prinzip der Sprachökonomie sorgt auch hier dafür, daß in Abhängigkeit der Benutzerannahmen des Sprechers die kürzeste Äußerung generiert wird[5].

Außer einer Beeinflussung der Wortwahl können komplexe Benutzerannahmen auch den Stil von Äußerungen beeinflussen. Man denke an Dialoge zwischen Vorgesetzten und Untergebenen oder daran, daß man um die Empfindlichkeit einer Person weiß und daraufhin versucht, sein Anliegen *diplomatisch* vorzubringen.

Gegenwärtig ist das Verhältnis von Benutzerannahmen und Stil wenig untersucht, so daß diese Einflüsse im Rahmen natürlichsprachlicher KI-Systeme nicht simuliert werden können. Appelts

---

[4]nach *Appelt 82*

[5]Obwohl dieses Prinzip eine gewisse Allgemeingültigkeit hat, schließt es Sprecher, die grundsätzlich langatmige und weitschweifige Äußerungen produzieren, nicht aus.

Arbeit (*Appelt 82*) stellt einen ersten Schritt dar, die Wortwahl von Sprecherannahmen über Ziele, Pläne und Glauben (engl. beliefs) des Hörers abhängig zu machen.

4.1.3 Rückbezugseinflüsse

Hierunter verstehen wir die Beeinflussung des Generierungsprozesses durch bereits erfolgte Äußerungen. In Dialogsystemen sind dies sowohl die System- als auch die Partneräußerungen, wohingegen in Generierungssystemen nur Systemäußerungen berücksichtigt werden. Ein Beispiel dieses Einflusses ist die Generierung anaphorischer Ausdrücke, wobei der Referent der Anapher vorerwähnt sein muß. Im allgemeinen bewirkt der Rückbezug, daß Propositionen, die dem Hörer bereits bekannt sind, nicht noch einmal generiert werden. Außerdem trägt er zur Kohärenz der Äußerungen bei.

4.2 Anforderungen an eine Beschreibung

In diesem Abschnitt formulieren wir einige Anforderungen an Beschreibungstexte für visuelle Daten.

Das Ziel eines solchen Textes besteht darin, es dem Leser/Hörer zu ermöglichen, sich **ein Bild** von den beschriebenen Daten oder Ereignissen machen zu können[6]. Daraus ergeben sich einige Anforderungen, und zwar bezüglich der

1. Vollständigkeit des Textes in Hinblick auf das Textziel und die zugrundeliegenden Daten:
   - Nennung aller Objekte, die für den Hörer zur Erzeugung einer möglichst getreuen Vorstellung nötig sind;
   - Verbalisierung aller Ereignisse eines Objektes, wobei Abweichungen von Standards bevorzugt genannt werden (z.B. *rasen*, falls sich ein Objekt schneller als mit Normalgeschwindigkeit bewegt);
   - Angabe der wesentlichen räumlichen Relationen zwischen den Objekten, um dem Hörer den Aufbau möglichst konkreter Vorstellungen zu ermöglichen;
   - und, falls erforderlich, Angabe der zeitlichen Relationen zwischen Ereignissen;
2. textuellen Form:
   - geeigneter, kohärenter Textaufbau;
   - Eindeutigkeit der Objektbezeichnungen;
   - Genauigkeit im Ausdruck;
   - Weglassen bekannter und inferierbarer Fakten.

Der erste Punkt obiger Aufzählung betrifft die Verbalisierung, nämlich eine Entscheidung darüber, was gesagt werden soll, und der zweite Punkt die Generierung, wie es gesagt werden soll.

Betrachtet man die Generierung einer Beschreibung einmal wie einen Dialogbeitrag im Rahmen einer Konversation, z.B. als Antwort auf die Frage *Was genau ist auf dem Bild (Filmausschnitt) zu*

[6] Inwiefern dieses sprachlich formulierte Ziel, **sich ein Bild machen zu können**, operationalisierbar ist, wird im nächsten Kapitel dargestellt. In diesem Abschnitt bleiben wir auf der sprachlichen Ebene.

sehen?, so fällt auf, daß etliche der obigen Forderungen mit den Konversationsmaximen von Grice (*Grice 75*) zusammenfallen.

Grice geht vom Prinzip kooperierender Partner aus, das er folgendermaßen definiert:

Kooperationsprinzip:

> Leiste deinen Beitrag so, wie er vom gegenwärtigen Stadium des Dialoges und vom Dialogziel gefordert wird.

Akzeptiert man dieses Prinzip, so ergeben sich nach *Grice 75* speziellere Maximen, die unter die vier Kategorien

1. Quantität
2. Qualität
3. Beziehung
4. Art und Weise

fallen, und zwar:

ad 1) – mache deinen Beitrag so informativ wie gefordert;
– mache ihn nicht informativer als gefordert;

ad 2) – achte darauf, daß dein Beitrag wahr ist;
– sage nichts, wovon du glaubst, es sei falsch;
– sage nichts, wofür du keine Beweise hast;

ad 3) – sei relevant;

ad 4) – fasse dich kurz;
– vermeide umständliche Äußerungen;
– vermeide Mehrdeutigkeiten.

Diese Maximen können grundsätzlich auch für die Textgenerierung übernommen werden, wobei zusätzlich ein geeigneter Textaufbau und die Kohärenz des Textes gefordert werden müssen.

4.2.1 Textaufbau

Die Frage *Was ist ein geeigneter Textaufbau für Beschreibungen?* kann auf verschiedenen Ebenen beantwortet werden. Zum einen kann unter Textaufbau die äußere Form des Textes, gegeben durch Paragraphen, Hervorhebungen, etc. verstanden werden, zum anderen kann die inhaltliche Gliederung im Vordergrund der Überlegungen stehen. Die jeweils relevanten Kategorien zur Textkonstitution sind z.B. im ersten Fall *Kapitel, Paragraph und Absatz* (*Mann und Moore 81*) und im zweiten Fall *Argumentationsketten und rhetorische Schemata* (*Mann 84, McKeown 85*).[7] Wir gehen im Rahmen dieser Arbeit nicht allgemein auf Fragen der Textkonstitution ein, sondern weisen auf verschiedene Optionen bei der Erstellung von Beschreibungen hin. Das zugrundeliegende Textziel ist dabei dasselbe wie im letzten Abschnitt, nämlich, es dem Hörer zu ermöglichen, sich ein Bild

[7] Die wesentliche Frage nach der funktionalen Abhängigkeit des Textaufbaues vom Textziel wird gegenwärtig erst in Ansätzen behandelt (*Mann und Matthiessen 83, Mann 83, Hovy 85, McDonald und Pustejovsky 85*).

zu machen. In der folgenden Betrachtung verschiedener Optionen zur Beschreibungsgenerierung werden keine a priori Annahmen über den Hörer vorausgesetzt.

Zuvor jedoch einige Bemerkungen zur Segmentierung von Bildfolgen. Im folgenden stellen wir Segmentierungsvorschläge vor, die auf den visuellen Daten beruhen und vernachlässigen semantisch-pragmatische Gesichtspunkte. Primär erfolgt eine Segmentierung einer Bildfolge, z.B. eines Filmes, jedoch nach Handlungszusammenhängen. Bei einem Kriminalfilm können solche Abschnitte beispielsweise der Raub, das Aufteilen der Beute und die Flucht sein. Die Benennung von Abschnitten mit diesen Begriffen ist jedoch nicht allein aufgrund der wahrgenommenen visuellen Daten möglich, sondern hängt auch von kontextuellem Wissen und Erwartungen ab. Diese Art der Aufteilung einer Bildfolge kann als **makroskopische Segmentierung** angesehen werden, bei der mehrere, bereits verbalisierbare Teile der Bildfolge zusammengefaßt werden, um zu einem geeigneten Textaufbau zu gelangen. Demgegenüber steht die **mikroskopische Segmentierung**, bei der es darum geht, räumlich-zeitliche Bereiche einer Bildfolge durch einen sprachlichen Begriff, z.B. ein Verb, zu beschreiben.

Im weiteren stellen wir Techniken der Beschreibungsgenerierung dar.

4.2.1.1 Bildbeschreibung

Ein Ansatz zur Generierung einer Bildbeschreibung wurde bereits in Abschnitt 2.4.1.1 vorgestellt, das GENARO-System (*Conklin und McDonald 82*). Bei diesem Ansatz werden den im Bild sichtbaren Objekten Auffälligkeiten zugeordnet und die Beschreibung dadurch erstellt, daß die Objekte in der Reihenfolge fallender Auffälligkeiten verbalisiert werden. Die Autoren äußern sich nicht explizit zum Textziel, es kann jedoch angenommen werden, daß die Versuchspersonen den Text in Hinblick auf die angegebene Katalogisierungsaufgabe erstellt haben. Die Übereinstimmung der vergebenen Auffälligkeiten mit der Reihenfolge bei der Verbalisierung legt diesen Schluß zumindest nahe (siehe auch 2.4.1.1).

Eine Beschreibungsgenerierung mit dem hier vorgeschlagenen Ziel ist jedoch ebenfalls denkbar, wobei die Auffälligkeiten in der obigen Weise ausgenutzt werden könnten. Das Objekt mit der höchsten Auffälligkeit wird zuerst genannt und seine Lage im Bild wird beschrieben. Danach werden die Objekte geringerer Auffälligkeit um dieses erstgenannte gruppiert. Die höchste Auffälligkeit würde demnach ein Objekt zum Referenzobjekt machen, auf das bei der Angabe der räumlichen Relationen der anderen Objekte bezug genommen wird.[8]

Eine andere denkbare Strategie zur Bildbeschreibung besteht darin, zuerst den Erwartungsraum des Hörers einzuschränken durch eine allgemeine Angabe wie z.B. *Es ist ein Landschaftsbild* oder *Es handelt sich um ein Industriephoto.* Dann folgt die Beschreibung den Kompositionsprinzipien von Photographien, z.B. wird erst der Gegenstand in der Bildmitte (sofern ein ausgezeichneter da ist) beschrieben und dann der Vorder- und Hintergrund oder die Beschreibung folgt der Hauptdiagonalen des Bildes.

[8] Die in 2.4.1.1 angebrachte Kritik an den Auffälligkeiten ist allerdings auch hier gültig.

4.2.1.2 Bildfolgenbeschreibung

Gegenüber der Bildbeschreibung kommt bei der Bildfolgenbeschreibung die Zeit als weitere Dimension hinzu. Diese neue Dimension erschwert einerseits die Beschreibungsgenerierung, da temporale Beziehungen ebenfalls sprachlich expliziert werden müssen, andererseits stellt sie aber auch ein Ordnungskriterium dar, das bei der Generierung ausgenutzt werden kann. Problematisch wird die Bildfolgenbeschreibung jedoch primär dadurch, daß mehrere Agenten auftreten können, deren einzelne Aktionen[9] zeitlich in Beziehung gesetzt werden müssen, um das Textziel zu erreichen.

Zur Verdeutlichung einer möglichen Beschreibungsart betrachten wir folgenden Text:

> Wir stehen mit dem Rücken zur Eingangstür. Vor uns liegt ein ca. 10m langer Flur, an dessen hinterem Ende eine Tür ist. An der rechten Seite stehen Regale und an der linken Seite sind drei weitere Türen zu sehen. Jemand kommt aus dem hinteren Zimmer, blickt in das direkt angrenzende Zimmer, geht in den mittleren Raum und schließt die Tür hinter sich.

Dieser Text ist ein Beispiel für eine elementare Strategie bei der Beschreibungsgenerierung. Zuerst werden die Invarianten der Szene (Bildfolge) beschrieben (im NAOS System *statischer Hintergrund* genannt), danach werden die Bewegungen der Agenten unter Bezugnahme auf die Invarianten beschrieben. Die zeitliche Abfolge der einzelnen Ereignisse braucht bei Sequentialität linguistisch nicht explizit gemacht zu werden (z.B. durch Temporaladverbien), sondern ergibt sich aus ihrer linearen Anordnung (vergl. *Mann et al. 81*, S. 6). Diese Art der Beschreibung von Bewegungen vor einem konstanten Hintergrund ist typisch für Drehbücher und Theaterstücke.

Prinzipiell ergeben sich zwei Strategien der Beschreibung:

1. für jeden Agenten werden die Bewegungen zeitlich sequentiell beschrieben und dabei durch Temporaladverbien zeitlich in Beziehung gesetzt;
2. die Zeitachse wird durch Ereignisse segmentiert und für jedes Segment werden die Bewegungen der Agenten sequentiell beschrieben; dadurch wird segmentweise Gleichzeitigkeit ausgedrückt;

Der Beispieltext in 1.1.4 folgt der ersten Strategie, wobei jedoch die Bewegungssequenzen verschiedener Agenten nicht explizit zueinander in Beziehung gesetzt werden. Es wird davon ausgegangen, daß alle Sequenzen gleichzeitig beginnen.

Ein Beispiel für die zweite Strategie ist der folgende Text, wobei die einleitende Beschreibung des statischen Hintergundes weggelassen wurde:

> Es beginnt, in Strömen zu regnen. Zwei Fußgänger holen Schirme aus ihren Aktentaschen und spannen sie auf. Ein junger Mann springt nach hinten, als ein Auto vor ihm durch eine Pfütze fährt. Er überquert die Straße. Die Marktverkäufer spannen hastig Planen über ihre Waren. Plötzlich hört der Regen auf und die Sonne scheint.

[9]Wir benutzen im folgenden die Begriffe *Aktion, Bewegung, Handlung* im Sinne einer verbalisierbaren Bewegung, da der Begriff *Bewegung* in manchen Kontexten unpassend ist.

Das Zeitintervall währenddessen es regnet segmentiert die Zeitachse. Innerhalb dieses Segmentes werden die einzelnen Ereignisse je Agent zeitlich sequentiell beschrieben.

Obwohl im zweiten Beispieltext mehrere Agenten auftreten, ist diese Technik auch bei einem Agenten anwendbar, wie der vierte Absatz des Beispiels in 1.1.4 zeigt.

Die Gemeinsamkeit der bisher betrachteten Strategien ist der konstante Hintergrund. Physikalisch gesehen ist der Hintergrund immer dann konstant, wenn der Beobachter, der in unserem Fall auch der Erzähler oder Sprecher ist, einen konstanten Standpunkt hat und unbewegt ist. Im folgenden betrachten wir den Fall des bewegten Beobachters und somit des veränderlichen Hintergrundes. Wir unterscheiden weiterhin zwischen sprunghaften Veränderungen des Hintergrundes z.B. in Filmen, wo verschiedene Szenen oder Szenen aus unterschiedlichen Perspektiven zusammengefügt werden, und kontinuierlichen Veränderungen, die auf eine gleichförmige oder beschleunigte Bewegung des Beobachters hindeuten.

Im ersten Fall bilden die verschiedenen Hintergründe eine natürliche Segmentierung der Folge. Für jedes Segment kann nach einer der beiden Strategien vorgegangen werden, wobei segmentübergreifende Bewegungen sprachlich leicht durch Wiederaufnahme, z.B. versehen mit dem Partikel *noch*, ausgedrückt werden können (*Er fliegt noch*).

Im zweiten Fall kann der Sprecher davon ausgehen, daß der Hörer weiß, wie sich bei einer Eigenbewegung die Umgebung ändert. Er hat somit die Möglichkeit, zuerst die Umgebung zu beschreiben und dann zu sagen, in welcher Weise er sich darin bewegt. Die Bewegungen der anderen Objekte können dann relativ zur Eigenbewegung beschrieben werden. Eine andere Möglichkeit besteht darin, zuerst die Eigenbewegung zu nennen und dann zu beschreiben, wie sich die Umgebung verändert.

Wir gehen hier nicht weiter auf Beschreibungstechniken für den komplexen Fall der Eigenbewegung ein, der im Rahmen der Arbeit nicht weiter verfolgt wird.

Bevor wir auf die Grundlagen der Beschreibungsgenerierung in NAOS eingehen, einige Bemerkungen zur Generierung kohärenter Äußerungen.

4.2.2 Kohärenzstiftende Maßnahmen

Von Hahn stellt in seiner Arbeit über Dialogkohärenz in KI-Systemen fest, "*daß Kohärenz nicht allein eine Qualität von Texten ist, die ihnen aufgrund des Auftretens von formalen Merkmalen zugesprochen werden muß...*" (*von Hahn 79*, S. 2). Es gibt demnach Texte und insbesondere Dialoge, die keine formalen Kohärenzmerkmale aufweisen und dennoch, besonders bei Dialogen, aufgrund der gegenseitigen Kenntnis von Sprecher und Hörer als kohärent aufgefaßt werden, da der gewünschte Effekt der Kommunikation eintritt. Beispiele solcher Dialoge sind die sogenannten "Insider-Dialoge", die für Außenstehende, aufgrund ihrer mangelnden Kenntnis des Diskursbereiches und der persönlichen Beziehungen zwischen den Beteiligten, unverständlich sind. Das Beispiel weist darauf hin, daß im Fall der reinen Textgenerierung, d.h. ohne Interaktion des Sprechers mit dem Hörer, die Kohärenzproblematik als aus zwei Teilen bestehend aufgefaßt werden kann[10]. Wir unterscheiden nach von Hahn (ibid. S. 4) zwischen der sprecherseitigen Kohärenz-Basis und den

[10] siehe jedoch die Dreiteilung bei *von Hahn 79*, der von Dialogen ausgeht;

extseitigen Kohärenz-Indizien. Ersetzen wir *Sprecher* durch *Rechenanlage*, so verstehen wir als Kohärenz-Basis eines solchen Systems im vorliegenden Fall:

- breite Sprachfähigkeit (hier u.a. gegeben durch eine Referenzsemantik)
- strukturiertes Wissen:
  - Auswahl verbalisierbarer Einheiten
  - Strategien zur Textorganisation
  - Lexika
  - Partnerbild
  - Diskursbereich
  - Wissen über die konkrete Szene, bei der der zeitlich örtliche Zusammenhang der Bewegungen zur Generierung kohärenter Äußerungen ausgenutzt werden kann
- Fokussierung

Unter textseitigen Kohärenz-Indizien verstehen wir:

- Anaphora
  - Proformen
  - definite Kennzeichnungen
  - (Ellipsen)
  - (Reduktionen)
- Semantische Kontiguität
  - lexikalisch
  - (Paraphrase)

(Die Angaben in Klammern werden im vorliegenden Ansatz nicht generiert.)

Die Kohärenz-Basis stellt die sprecherseitigen Voraussetzungen dar, um kohärente Texte zu generieren. Im Gegensatz zu Dialogsituationen, bei denen jederzeit die Gelegenheit besteht, durch Äußerungen auf einer Metaebene eine Klärung mißverständlicher Ausdrücke herbeizuführen und in denen daher implizite und verkürzte Äußerungen eine wesentliche Rolle spielen, bemüht sich der Sprecher bei der Textgenerierung um Explizitheit und Eindeutigkeit. Speziell bei der Textorganisation ist für den Sprecher wichtig, daß der Hörer/Leser aus dem Textaufbau die Prinzipien der Erstellung ersehen kann, da dies ebenfalls zur Kohärenz beiträgt. Die sprecherseitig intendierte Kohärenz muß sich also zwangsläufig auch in textuellen Merkmalen äußern.

Bei der Beschreibungsgenerierung in NAOS werden die oben unter Kohärenz-Indizien aufgeführten Merkmale, die nicht in Klammern stehen, generiert. An dieser Stelle sollen kurz die Termini *Reduktion* und *lexikalische semantische Kontiguität* erläutert werden, die wir nicht als bekannt voraussetzen. Ein Beispiel für eine Reduktion enthält der folgende Dialogausschnitt:

D1: Welche Farbe hat der große LKW?
D2: Blau
D1: Der kleine? (Ellipse)
D2: Auch (Reduktion)

Der Dialogpartner D2 antwortet auf die elliptifizierte Frage von D1 mit einer verkürzten Antwort, die sich auf seine erste Antwort bezieht. Reduktionen werden typischerweise mit den Wörtern *auch, ebenso, ebenfalls* generiert.

Ein Beispiel lexikalischer semantischer Kontiguität enthält der folgende Textausschnitt:

> Die Szene enthält zwei bewegte Objekte: einen PKW und einen Fußgänger.
> Der rote BMW (lexikalische Kontiguität) fährt vor den Fachbereich Informatik.
> ...

Die Kontiguität besteht hier zwischen den Wörtern *PKW* und *BMW* und kann verstanden werden als das Vorhandensein identischer semantischer Merkmale (in diesem Fall FAHRZEUG), das eine **begriffliche Nähe** erzeugt.

Wir gehen hier nicht weiter auf Kohärenzphänomene ein, da sie sowohl in der Linguistik (z.B. *Dressler 73*) als auch in der KI ausführlich dargestellt sind (*Reichman 78, Sidner 79*) und einen eigenständigen Forschungsbereich darstellen. Probleme bei der Generierung anaphorischer Ausdrücke, im speziellen Zusammenhang zeitveränderlicher Daten, werden in Kapitel fünf behandelt. Im folgenden betrachten wir vor dem Hintergrund der bisherigen Diskussion die Generierung von Beschreibungen in NAOS.

4.3 Beschreibungen in NAOS

Im vorangegangenen Abschnitt wurde die Abhängigkeit der Beschreibungsgenerierung von verschiedenen Größen diskutiert, und es wurden Anforderungen an eine Beschreibung formuliert, die sich als Konsequenz eines konkreten Textzieles ergeben. Weiterhin wurden zwei Strategien zur Bildfolgenbeschreibung dargestellt, die sich auf die Textkonstitution auswirken, und es wurden Voraussetzungen für die Generierung kohärenter Texte, sowie Kohärenzmerkmale aufgezeigt.

Die Beschreibungsgenerierung in NAOS dient dazu, elementare Auswahlprozesse, die für die Generierung notwendig sind, zur Verfügung zu stellen und weiter zu untersuchen. Die Ereigniserkennung (siehe 3.4) entspricht der oben eingeführten mikroskopischen Segmentierung (siehe S. 53) und liefert bedeutungsvolle, durch ein Verb beschreibbare Teilbereiche der Bildfolge. Dadurch wird eine algorithmische Beziehung zwischen Perzeption und Sprache realisiert, die Grundlage für die Beschreibungsgenerierung ist. Wir abstrahieren von *höheren* konzeptuellen Einheiten wie *Episoden* und *Handlungszusammenhängen*, die bei der makroskopischen Segmentierung (siehe S. 53)eine Rolle spielen und gehen von einem konkreten Textziel und definiertem Wissen über den Hörer aus. Diese Festlegung eines quasi neutralen Kontextes dient dazu, elementare Kriterien zur Verbwahl und Tiefenkasuswahl zu identifizieren, die grundlegend für weitere, kontextbezogene Entscheidungsprozesse sind. Die Betonung des Elementaren wird dadurch motiviert, daß sich die von der Ereigniserkennung instantiierten und verbalisierbaren Ereignisse auf konkrete Szenenteile beziehen. Ein generierter Beschreibungstext kann somit prinzipiell mit der ursprünglichen, uninterpretierten Bildfolge verglichen werden. Daraus ergibt sich als praktische Anwendung, die Ausgabe eines Szenenanalysesystems natürlichsprachlich zu gestalten, anstelle der sonst schwer verständlichen Graphiken und Listen.

Im folgenden stellen wir die Annahmen und Strategien (siehe teilweise bereits Kapitel 1), die der Textgenerierung in NAOS unterliegen, nochmals im Zusammenhang vor.

Der Generierungsprozeß beginnt, wenn der Ereigniserkennungsprozeß beendet ist, d.h. die ursprüngliche GSB (die visuellen Daten), erweitert um die instantiierten Ereignisse, bilden den Ausgangspunkt der Textgenerierung. Die Annahmen über den gedachten Hörer lauten wie folgt:

- Er/Sie kann die Szene selbst nicht sehen.
- Er/Sie kennt den statischen Hintergrund.
- Er/Sie hat keine besonderen Interessen geäußert, außer: *Beschreibe die Szene!*

Das Textziel besteht darin, es dem Hörer zu ermöglichen, sich ein Bild von der Szene machen zu können. Daher wird versucht, Diskrepanzen zwischen dem Systemwissen über die Bewegungen in der Szene und dem Wissen des Hörers zu beseitigen. Die inhaltlichen und textuellen Anforderungen an die Beschreibung entsprechen den in Abschnitt 4.2 formulierten. Wir gehen davon aus, daß vom System nur der Sprechakt INFORMIEREN generiert wird, d.h. , daß dem Hörer nur wahre und neue Propositionen mitgeteilt werden, die den in 4.2 angegebenen Grice'schen Maximen genügen. Weiterhin gehen wir davon aus, daß nur Aussagesätze generiert werden.

Der Textaufbau orientiert sich an der Verbalisierungsstrategie. Da der statische Hintergrund der Szene als bekannt vorausgesetzt wird, müssen vom System die Trajektorien der bewegten Objekte geeignet verbalisiert werden. Der Aufbau des Textes ist wie folgt:

- Der erste Satz gibt Auskunft darüber, wieviele bewegte Objekte in der aktuellen Szene vorhanden sind und nennt deren Klassenzugehörigkeit;
- im weiteren wird jeweils auf ein Objekt fokussiert und dessen Bewegungen werden in chronologischer Reihenfolge verbalisiert, wobei
- eine nicht sequentielle Abfolge der Bewegungen durch Temporaladverbien sprachlich ausgedrückt wird.

Als Gliederungsmerkmal an der Oberfläche wird der Paragraph eingesetzt, und zwar bildet jeweils die zeitliche Ereignisfolge eines Objektes einen Paragraphen. Diese Gliederungsprinzipien sind für den Hörer leicht aus dem Text ersichtlich und tragen damit zur Kohärenz bei. Zusätzlich eingesetzte textuelle Kohärenzmerkmale sind im letzten Abschnitt dargestellt worden. Das Tempus der Äußerungen ist Präsens, wie bei Beschreibungen üblich.

Nachdem Kontext, Textziel und Textaufbau motiviert und festgelegt sind, wenden wir uns der Frage zu: *Mit welchen Verfahren kann das Textziel mithilfe der erweiterten GSB erreicht werden?*

Das prinzipielle Verfahren, um Texte so zu generieren, daß der Hörer sich etwas darunter vorstellen kann, beinhaltet eine Vorwegnahme des Verstehensprozesses des Hörers vor jeder Äußerung. In unserem Fall gehen wir davon aus, daß die Vorstellungen des Hörers räumlich-zeitlicher Natur sind. Seine Aufgabe ist wie folgt: Er muß die verbal beschriebenen Trajektorien der Objekte in sein Modell des statischen Hintergrundes integrieren. Die Aufgabe des Sprechers besteht darin, dies dem Hörer durch den generierten Text zu ermöglichen. Dabei kommt er ihm entgegen, wenn er die Wahlmöglichkeiten des Hörers, Trajektorien auf verschiedene Weise in sein Modell zu integrieren, gering hält. Er kann damit erreichen, daß die Vorstellung des Hörers den wahrgenommenen Daten soweit wie möglich entspricht. Aus dieser Forderung lassen sich für den konkreten Anwendungsfall, die Beschreibung von Straßenszenen, Anforderungen an die Auswahlprozesse formulieren, die im nächsten Kapitel ausführlich dargestellt werden.

Die Vorwegnahme des Hörerverständnisses bei der Beschreibung visueller Daten bezeichnen wir als **antizipierte Visualisierung.** Das Prinzip ist in Abbildung 4.1 schematisch dargestellt. Auf

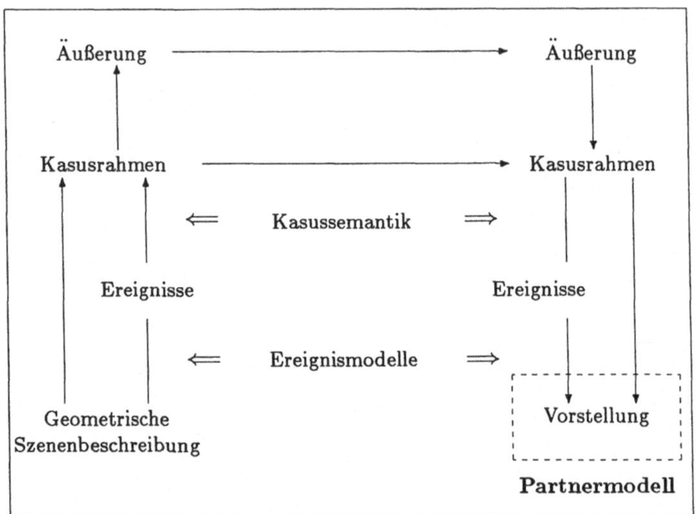

Abb. 4.1 Prinzip der antizipierten Visualisierung

der linken Seite werden ausgehend von der GSB mithilfe der Ereignismodelle Ereignisse instantiiert. Ereignismodelle sind verbzentriert aufgebaut und liefern somit das Verb zur sprachlichen Beschreibung des Ereignisses (siehe 3.3). Der Kasusrahmen des Verbs bildet die Tiefenstruktur, aus der die Äußerung erzeugt wird. Wie in Abbildung 4.1 angedeutet wird, werden einzelne Tiefenkasus direkt anhand der GSB bestimmt, sie sind perzeptuell definiert. Kasusrahmen stellen somit die Verbindung von Szenen zu Sprache dar.[11] Daher kann der vorliegende Ansatz als eine Konkretisierung der *Scenes-and-frames* Semantik von *Fillmore 77* verstanden werden. Die Kasussemantik stellt die verschiedenen Prozesse zur Generierung der Tiefenkasus zu Verfügung, z.B. Auswahl optionaler Tiefenkasus, Wahl der entsprechenden Präpositionen und Nominalphrasengenerierung für interne Bezeichner. Diese Prozesse werden in den Abschnitten 5.3.4 und 5.3.5 vorgestellt.

Auf der rechten Seite von Abbildung 4.1 ist das im vorliegenden Ansatz verwendete Partnermodell schematisch dargestellt. Geht man davon aus, daß Sprecher und Hörer dasselbe Sprachverständnis haben (abgesehen von idiosynkratischen Variationen), so ist der Sprecher in der Lage, stellvertretend für den Hörer aus der Äußerung die Tiefenkasusstruktur zu entnehmen.[12] Der Sprecher kann überprüfen, ob dem Hörer aufgrund der Kasusstruktur der Äußerung eine möglichst konkrete Vor-

[11] siehe auch *Metzing 81* zur Rolle von Kasusrahmen für die KI;

[12] In NSSen wird die Rolle des Hörers vom Rechner simuliert. Eine Parsingkomponente, die für die von NAOS generierten Sätze geeignet wäre, wird z.B. in *Hoeppner 82* beschrieben.

stellung möglich wäre, ohne explizit bildhafte geometrische Vorstellungen aufzubauen.[13] Da wir Sprecher und Hörer dasselbe Sprachverständnis unterstellen, kann der Sprecher das Verständnis des Hörers antizipieren und seine Äußerungen in Hinblick auf das Textziel auswählen. Bei der Rechnersimulation sind dazu zwei verschiedene Vorgehensweisen denkbar:

1. Vom System werden Äußerungen generiert, und anschließend wird versucht, diese Äußerungen vor dem Hintergrund des Wissens über den Partner zu verstehen. Ist das nicht möglich, wird die Äußerung revidiert.
2. Wissen über den Verstehensprozeß des Hörers wird bereits bei der Generierung der Äußerungen eingesetzt.

Das erste Verfahren wird z.B. in *Jameson und Wahlster 82* für die Ellipsengenerierung ausgenutzt. Sie benutzen die Ellipsenrekonstruktionskomponente des Dialogsystems HAM-ANS, um zu überprüfen, ob die vom System generierte Ellipse auch von ihm verstanden würde. Die kürzeste verständliche Ellipse wird dann ausgegeben.

Ein ähnliches Verfahren verwenden *Mann und Moore 81*. Sie verzichten allerdings auf eine vollständige Rückkopplung, sondern generieren sozusagen *rohen* Text, der bewertet und anschließend aufgrund stilistischer Kriterien revidiert wird (siehe auch 2.4.1.1).

Beim zweiten Verfahren beschränkt sich die Rückkopplung darauf, die dem Partner bereits mitgeteilten Propositionen in einem Partnermodell abzulegen und bei der Generierung zu berücksichtigen. Der Vorteil dieser Methode besteht darin, daß **schlechte** Äußerungen von vornherein vermieden werden. Dieses Verfahren wird in der vorliegenden Arbeit verwendet.

4.4 Zusammenfassung

In Abbildung 4.2 sind die wesentlichen Diskussionspunkte dieses Kapitels nochmals graphisch dargestellt (der gestrichelte Kasten bezeichnet einen Prozeß, die anderen bezeichnen Daten). Die Redesituation und die Sprecherabsicht beeinflussen das Textziel[14], das wiederum, zusammen mit dem Diskursweltmodell, den Textaufbau determiniert. Das Diskursweltmodell enthält dabei Wissen über einen Diskurswelttyp (in NAOS über den Typ Straßenszene) und ebenso die Daten einer konkreten Szene. Beschreibungen visueller Daten mit dem Ziel, dem Hörer eine Vorstellung zu ermöglichen, folgen anderen Kriterien als z.B. die Beschreibung einer Argumentation. Die in NAOS realisierte Referenzsemantik bewirkt eine direkte Beeinflussung der Satzgenerierung durch das Diskursweltmodell, das Repräsentant einer konkreten Szene ist. Die Satzgenerierung benötigt eine Grammatik und steht in Rückkopplung mit dem Hörermodell insofern, als die bereits generierten Äußerungen die weitere Generierung steuern. Die für die Satzgenerierung notwendigen Auswahlprozesse für Verben, optionale Tiefenkasus und Präpositionen, werden durch antizipierte Visualisierung gesteuert und führen nicht zu einer vollständigen Rückkopplung.

[13] Das hier vorgestellte Verfahren kann (und sollte) dahingehend erweitert werden, daß untersucht wird, in welcher Weise Vorstellungen explizit aufgebaut werden können und zu Verbalisierungsentscheidungen beitragen.

[14] Im allgemeinen ist das Textziel nicht per se identisch mit der Sprecherabsicht. Wer z.B. in der Erzählung "Der Fremde" von Camus nur die Beschreibung eines Mordes und des anschließenden Gerichtsverfahrens sieht, hat das Textziel sicherlich nicht erfaßt.

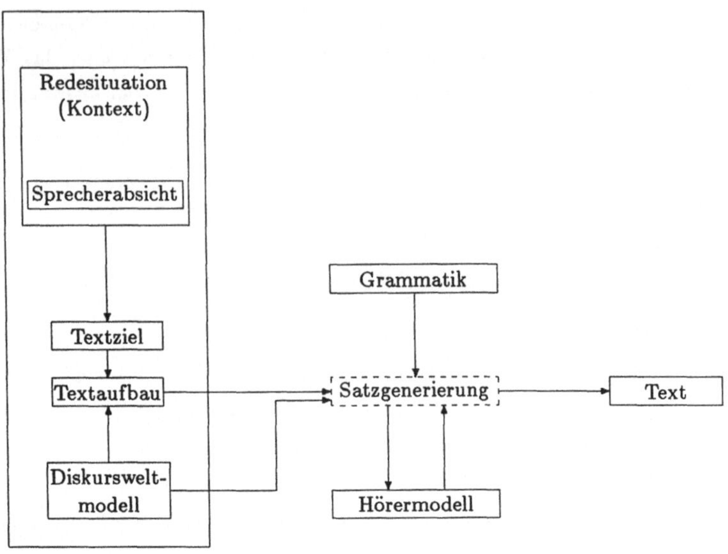

Abb. 4.2 Beschreibungsgenerierung (schematisch)

Die in Abbildung 4.2 dargestellten Zusammenhänge verschiedener textkonstituierender Größen sind für die KI nicht neu (vergl. mit einer ähnlichen Graphik in *Mann 83*, S. 2). Im Unterschied zu bisherigen Untersuchungen wird in der vorliegenden Arbeit das Textziel und der Textaufbau festgelegt und untersucht, mit welchen Methoden kohärente Beschreibungstexte für Bildfolgen generiert werden können. Eine Besonderheit ist dabei, daß die in der Beschreibung benutzten Verben nicht vorgegeben sind, sondern anhand einer Repräsentation der Szene berechnet werden. Strategien zur Bildfolgenbeschreibung (siehe 4.2.1.2) sowie das Prinzip der antizipierten Visualisierung wurden vorgestellt und werden im nächsten Kapitel operationalisiert.

Kapitel 5

Die Realisierung der Beschreibungskomponente

In diesem Kapitel wird die bisher vorgeschlagene und motivierte Vorgehensweise zur Generierung kohärenter Beschreibungstexte formalisiert und zwar insofern, als Datenstrukturen und Algorithmen einer implementierten Beschreibungskomponente dargestellt werden. Die Implementation ist als Experiment zu verstehen, mithilfe dessen die Algorithmisierung der kognitiven Entscheidungsverfahren getestet werden kann. Ein solcher Test, der erst durch den Aufbau eines Systems ermöglicht wird, ist im Fall der Beschreibung zeitveränderlicher visueller Daten unerläßlich. Da die verwendeten Algorithmen zu einer dynamischen Veränderung des Systemverhaltens führen, z.B. aufgrund bereits generierter Äußerungen, können durch Handsimulation kaum Aussagen über die Angemessenheit der Algorithmen getroffen werden. Ein weiteres Problem stellt auch der Umfang der zu verarbeitenden Daten dar. Von einem System können für unterschiedliche Szenen Beschreibungstexte generiert werden, die einfach zu beurteilen sind. Gerade die Anwendung der Prozesse auf verschiedene Szenen zeigt deutlich ihre Leistungsfähigkeit aber auch ihre Grenzen und Erweiterungsmöglichkeiten. Einige der im folgenden vorgestellten Algorithmen konnten erst entwickelt werden, nachdem die Grenzen der Prototypimplementation deutlich wurden.

Bevor wir detailliert auf die einzelnen Prozesse eingehen, geben wir einen Überblick über das Gesamtsystem und das Zusammenwirken der verschiedenen Komponenten.

5.1 Systemüberblick

Abbildung 5.1 zeigt schematisch den Aufbau des NAOS-Systems mit integrierter Beschreibungskomponente. Entlang des schraffierten Pfeiles in der Mitte gruppieren sich die wesentlichen Verarbeitungsschritte, die von der Bildfolge (unten) zum Text (oben) führen. Die schraffiert dargestellten Rechtecke bezeichnen Prozesse, die anderen Datenstrukturen und Wissensquellen. Die Prozesse überführen jeweils eine Datenstruktur in die nächste darüberliegende. Die dazu notwendigen Wissensquellen sind links und rechts am Bildrand dargestellt und durch Pfeile (sie entsprechen dem Datenzugriff) mit den Prozessen verbunden. Eine geometrische Szenenbeschreibung zu einer Bildfolge kann beim gegenwärtigen Stand der Bildverarbeitungsverfahren nicht automatisch aus Realweltbildfolgen erstellt werden. In NAOS werden zur Erzeugung einer GSB interaktive Prozesse eingesetzt. Auf einem Sichtgerät kann eine Ansicht des statischen Hintergrundes der Straßenszene dargestellt werden (siehe Abbildung 3.1). Mithilfe einer Rollkugel können Trajektorien in diese Ansicht eingeblendet werden, die dann automatisch, durch eine Koordinatentransformation, in das Format der LAGE-Einträge (siehe 3.2) umgeformt werden. Objekteigenschaften, wie *Farbe*, *Klassenzugehörigkeit* und *Name*, können am Sichtgerät eingegeben werden.

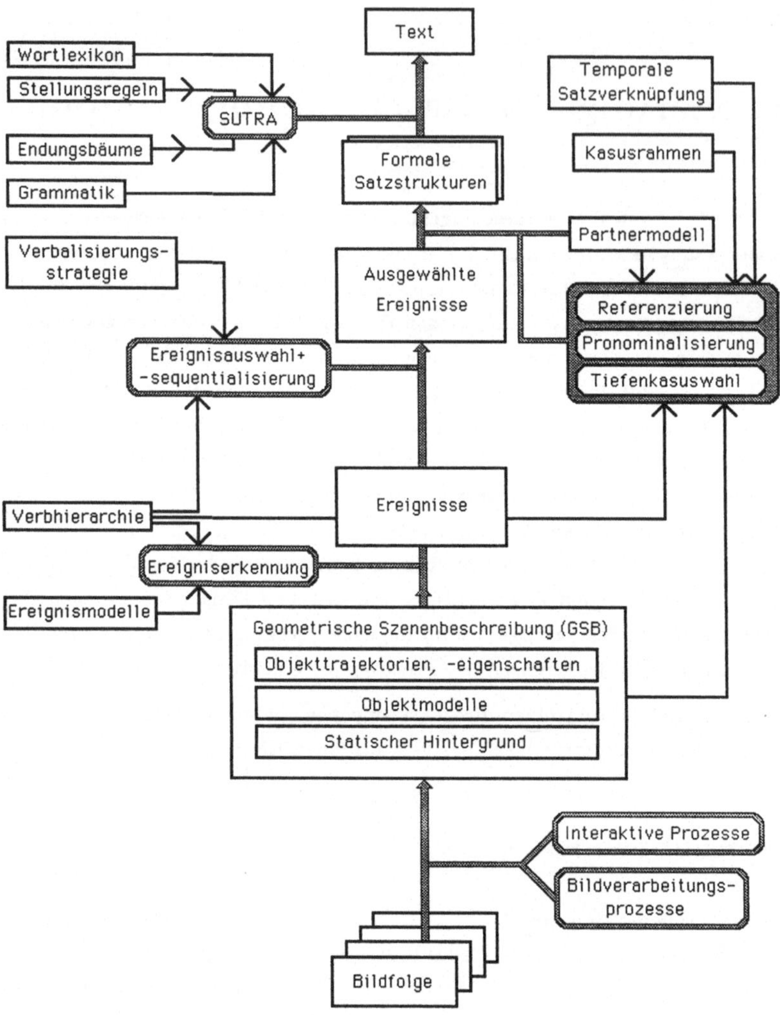

Abb. 5.1 Das vollständige NAOS-System

Die Ereigniserkennung findet durch den Vergleich von Ereignismodellen mit der GSB statt und führt zu instantiierten Modellen (hier Ereignisse genannt). Sie kann in zwei Modi betrieben werden:

1. Suche ein bestimmtes Ereignis;
2. Suche alle Ereignisse.

Im ersten Fall wird der Prozedur EVENTEVAL (siehe 3.4) ein möglicherweise teilweise instantiiertes Ereignismodell vorgegeben, z.B.

(UEBERHOLEN PKW2 *OBJ2 *T1 *T2).

Der zweite Fall ist speziell für die Beschreibungsgenerierung wichtig, bei der von allen erkannten

Ereignissen ausgegangen wird. Zur Steuerung des Ereigniserkennungsalgorithmus wird in diesem Fall eine Verbhierarchie benutzt, die auch von der Ereignisauswahl und der Tiefenkasuswahl benötigt wird. Die Hierarchie ist eine Spezialisierungshierachie. Kann z.B. eine Bewegung mit dem Verb *überholen* beschrieben werden, so kann an der Hierarchie abgelesen werden, daß auch die allgemeineren Verben *vorbeifahren, vorüberfahren, passieren, nähern, entfernen, fahren* und *bewegen* zur Beschreibung der Bewegung benutzt werden können (siehe Abbildung 5.2, sowie die zugehörige Darstellung). Die Hierarchie spiegelt sich auch in der Definition der zusammengesetzten Ereignismodelle wider, z.B. setzt sich das Ereignismodell für UEBERHOLEN aus den Modellen für FAHREN, HINTER, PASSIEREN und VOR zusammen (vergl. 3.3). Bei der Suche aller Ereignisse wird entlang der Pfade der Hierarchie vorgegangen. Kann z.B. für ein Objekt kein FAHREN instantiiert werden, so brauchen die spezielleren Ereignisse, die FAHREN implizieren, nicht geprüft zu werden.

Aus der Menge der Ereignisse werden im nächsten Schritt für jedes bewegte Objekt diejenigen ausgewählt und linear angeordnet, die genannt werden sollen. Hierzu wird wiederum die Verbhierarchie benutzt, die in diesem Fall zur Durchführung der Verbalisierungsstrategie benötigt wird. Das Ergebnis dieses Prozesses ist je Objekt eine lineare Liste zu verbalisierender Ereignisse.

Im nächsten Schritt wird für jedes Objekt die Liste der Ereignisse abgearbeitet, und für jedes Ereignis (Ausnahmen siehe unten) wird die formale Struktur (VS-Struktur) eines natürlichsprachlichen Aussagesatzes erzeugt. Diese Strukturen sind die Eingabe für SUTRA, das daraus korrekt flektierte Oberflächensätze erzeugt. Für die Erstellung der VS-Struktur zu einem Ereignis müssen alle relevanten, bedeutungskodierenden Entscheidungen getroffen werden (vergl. 2.4.2.3). Insbesondere müssen interne Objektbezeichner, wie PKW1 oder PERSON5, referenziert oder eventuell pronominalisiert werden, was zu einer Nominalphrase oder zu einem Pronomen führt. Beide Prozesse hängen vom Wissen des Partners ab, das im Partnermodell gespeichert wird und nach jeder Referenzierung und Äußerung aktualisiert wird. Durch das Partnermodell werden Rückkopplungseinflüsse (vergl. 4.1.3) realisiert, die u.a. zur Generierung anaphorischer Ausdrücke notwendig sind.

Zur Tiefenkasuswahl tragen sowohl der Kasusrahmen des Verbs bei, als auch die Verbhierarchie. Der Kasusrahmen gibt an, welche Tiefenkasus mit dem Verb stehen können und wie sie zu verbalisieren sind. Die Hierarchie ist insofern wichtig, als zum Erreichen des Textzieles (vergl. 1.1) ein Tiefenkasus notwendig werden kann, der nicht mit dem Verb generiert werden kann. Anhand der Verbhierarchie wird dann ein allgemeineres Verb bestimmt, mit dem dieser Kasus stehen kann. Die eigentliche Generierung der Tiefenkasus besteht aus drei Teilaufgaben:

1. Bestimmung der Präposition;
2. Bestimmung eines geeigneten Referenzobjektes;
3. Überprüfung der präpositionalen Relation.

Dazu wird direkt auf die GSB zurückgegriffen.

In dem Wort *Tiefenkasuswahl* in Abbildung 5.1 verbirgt sich ebenfalls die antizipierte Visualisierung. Die Antizipation geht direkt in den Auswahlalgorithmus ein, der weiter unten genau erläutert wird.

Die temporale Satzverknüpfung bestimmt, in welchen Fällen Temporaladverbien zur Verdeutlichung der zeitlichen Relation zwischen verbalisierten Ereignissen benutzt werden sollen und stellt die Adverbien zur Verfügung.

Im weiteren stellen wir die einzelnen Prozesse detailliert vor.

5.2 Ereignisauswahl

Wie aus Abbildung 5.1 hervorgeht, beginnt die Verbalisierung, nachdem die Ereigniserkennung abgeschlossen ist. Die GSB kann dann beispielsweise folgendermaßen aussehen:

```
(READNET)

((BEWEGEN-R BMW1 10. 40.) . 1.)
((BEWEGEN-R VW1 10. 32.) . 1.)
((BEWEGEN-R VW2 0. 40.) . 1.)
((BEWEGEN-R PERSON1 0. 40.) . 1.)
((GEHEN PERSON1 0. 40.) . 1.)
((FAHREN BMW1 10. 40.) . 1.)
((FAHREN VW1 10. 32.) . 1.)
((FAHREN VW2 0. 40.) . 1.)
((ENTFERNEN-R BMW1 VW1 15. 40.) . 1.)
((ENTFERNEN-R BMW1 VW2 20. 40.) . 1.)
((SYM-ENTFERNEN BMW1 VW1 15. 40.) . 1.)
((SYM-ENTFERNEN BMW1 VW2 20. 40.) . 1.)
((SYM-ENTFERNEN VW1 VW2 24. 40.) . 1.)
((ENTFERNEN-R VW1 VW2 25. 32.) . 1.)
((SYM-NAEHERN BMW1 VW2 10. 20.) . 1.)
((NAEHERN-R BMW1 VW2 10. 20.) . 1.)
((SYM-NAEHERN VW1 VW2 10. 24.) . 1.)
((NAEHERN-R VW2 VW1 10. 24.) . 1.)
((NAEHERN-R VW2 PERSON1 0. 24.) . 1.)
((SYM-NAEHERN VW2 PERSON1 0. 24.) . 1.)
((NAEHERN-R VW2 BMW1 10. 20.) . 1.)
((SYM-NAEHERN VW2 BMW1 10. 20.) . 1.)
((NAEHERN-R BMW1 VW1 10. 12.) . 1.)
((SYM-NAEHERN BMW1 VW1 10. 12.) . 1.)
((ENTFERNEN-R PERSON1 FBI 20. 40.) . 1.)
((SYM-ENTFERNEN PERSON1 FBI 20. 40.) . 1.)
((NEBEN BMW1 VW1 12. 15.) . 1.)
((UEBERHOLEN BMW1 VW1 (10. 12.) (15. 32.)) . 1.)
((AUF PERSON1 FUSSWEG-2 0. 40.) . 1.)
((AUF BMW1 SCHLUETERSTRASSE 10. 40.) . 1.)
((VOR BMW1 FBI 8. 15.) . 1.)
((AUF VW2 SCHLUETERSTRASSE 0. 40.) . 1.)
((VOR VW1 HAUS-1 10. 15.) . 1.)
```

```
((VOR VW1 AMPEL-1 27. 32.) . 1.)

Eigenschaften der Objekte:

((KLASSE PERSON1 FUSSGAENGER) . 1.)
((KLASSE VW1 VW) . 1.)
((KLASSE VW2 VW) . 1.)
((KLASSE BMW1 BMW) . 1.)
((FARBE VW1 GELB) . 1.)
((FARBE VW2 GELB) . 1.)
((FARBE BMW1 SCHWARZ) . 1.)
((GROESSE PERSON1 GROSS) . 1.)

Statischer Hintergrund:

((LAGE FBI (405. 0. 100.) (0. 0. 0.) 0. 155.) . 1.)
((LAGE HAUS-4 (1358. 100. 100.) (0. 0. 0.) 0. 155.) . 1.)
((LAGE HAUS-3 (1249. 640. 100.) (0. 0. 0.) 0. 155.) . 1.)
((LAGE HAUS-2 (484. 637. 125.) (0. 0. 0.) 0. 155.) . 1.)
((LAGE HAUS-1 (-67. 630. 75.) (0. 0. 0.) 0. 155.) . 1.)
((LAGE AMPEL-8 (920. 48. 17.) (0. 0. 0.) 0. 155.) . 1.)
((LAGE AMPEL-7 (1037. 79. 17.) (0. 0. 0.) 0. 155.) . 1.)
((LAGE AMPEL-6 (1102. 142. 17.) (0. 0. 0.) 0. 155.) . 1.)
((LAGE AMPEL-5 (1016. 322. 17.) (0. 0. 0.) 0. 155.) . 1.)
((LAGE AMPEL-4 (884. 225. 17.) (0. 0. 0.) 0. 155.) . 1.)
((LAGE AMPEL-3 (876. 110. 50.) (0. 0. 0.) 0. 155.) . 1.)
((LAGE AMPEL-2 (1087. 234. 50.) (0. 0. 0.) 0. 155.) . 1.)
((LAGE AMPEL-1 (924. 301. 50.) (0. 0. 0.) 0. 155.) . 1.)
((LAGE SCHLUETERSTRASSE (745. 201. 0.) (0. 0. 0.) 0. 155.) . 1.)
((LAGE KREUZUNG-1 (970. 151. 0.) (0. 0. 0.) 0. 155.) . 1.)
((LAGE HARTUNGSTRASSE (959. 485. 0.) (0. 0. 0.) 0. 155.) . 1.)
((LAGE FUSSWEG-5 (423. 62. 0.) (0. 0. 0.) 0. 155.) . 1.)
((LAGE FUSSWEG-4 (1300. 122. 0.) (0. 0. 0.) 0. 155.) . 1.)
((LAGE FUSSWEG-3 (1236. 601. 0.) (0. 0. 0.) 0. 155.) . 1.)
((LAGE FUSSWEG-2 (529. 575. 0.) (0. 0. 0.) 0. 155.) . 1.)
((LAGE FUSSWEG-1 (-16. 620. 0.) (0. 0. 0.) 0. 155.) . 1.)
((LAGE BIEBERSTRASSE (79. 619. 0.) (0. 0. 0.) 0. 155.) . 1.)
```

Die oben dargestellte GSB ist insofern unvollständig, als die für die Ereigniserkennung notwendigen LAGE-Einträge für die bewegten Objekte nicht aufgeführt worden sind. Die Einträge sind so dargestellt, wie sie in der assoziativen Datenbasis der Programmiersprache FUZZY (*LeFaivre 77*) abgelegt sind. Das Format der Einträge ist

(<Wert> . <Z-Wert>)

Der Wert ist eine beliebige Liste von Symbolen und wird durch den Z-Wert modifiziert. Der Z-Wert kann frei vom Benutzer interpretiert werden, z.B. als Zugehörigkeitswert des Eintrages zu einer

Fuzzy-Menge oder als Wahrscheinlichkeit des Zutreffens des Eintrages. Wird beim Eintragen in das assoziative Netz kein Z-Wert angegeben, so wird vom System der Defaultwert 1 eingetragen, was in obigem Fall geschehen ist.[1]

Im ersten Teil des Ausschnittes aus der GSB sind Ereignisse dargestellt, wie sie von der Ereigniserkennung instantiiert worden sind, primitive Prädikate, wie SYM-NAEHERN und SYM-ENTFERNEN sowie präpositionale Relationen sind darunter. SYM-NAEHERN und SYM-ENTFERNEN werden von der Ereignisauswahl nicht berücksichtigt, da sie nicht in der Verbhierarchie vorkommen (siehe nächsten Abschnitt).

Der zweite Teil des Ausschnittes zeigt die Eigenschaftseinträge für die bewegten Objekte.

Im dritten Teil wird der statische Hintergrund gezeigt. Dort wird die Lage der geometrischen Schwerpunkte der Objekte im Koordinatensystem angegeben. Für die Objekte des statischen Hintergrundes werden keine Eigenschaftseinträge in der GSB angegeben. Dies entspricht unserer Annahme, daß der Hörer den statischen Hintergrund kennt (vergl. 4.3). Die Eigenschaften dieser Objekte sind im a priori Partnermodell abgelegt und werden an entsprechender Stelle vorgestellt.

Die Verbalisierungsstrategie besteht darin, die Bewegungen jedes Objektes in chronologischer Reihenfolge zu verbalisieren. Die Aufgabe der Ereignisauswahl ist es, entsprechende Ereignisse auszuwählen. Bei der Auswahl werden alle Ereignisse berücksichtigt,

1. die in der Verbhierarchie vorkommen und
2. in denen das entsprechende Objekt Agent ist.

Für BMW1 sind das z.B. in obiger GSB:

```
((BEWEGEN-R BMW1 10. 40.) . 1.)
((FAHREN BMW1 10. 40.) . 1.)
((ENTFERNEN-R BMW1 VW1 15. 40.) . 1.)
((ENTFERNEN-R BMW1 VW2 20. 40.) . 1.)
((NAEHERN-R BMW1 VW2 10. 20.) . 1.)
((NAEHERN-R BMW1 VW1 10. 12.) . 1.)
((UEBERHOLEN BMW1 VW1 (10. 12.) (15. 32.)) . 1.)
```

Da etliche Ereignisse gleichzeitig stattgefunden haben, kann die Zeit nur eines der Entscheidungskriterien sein. Das Hauptkriterium ist die Spezialisierungshierarchie der Verben, die im folgenden dargestellt wird.

5.2.1 Spezialisierungshierarchie der Verben

In Abbildung 5.2 ist die Hierarchie graphisch dargestellt. Die Verbhierarchie ist ein Hilfsmittel zur Ereignisauswahl und zur Ereigniserkennung. Der Grundgedanke ist, eine Beziehung zwischen verschiedenen, für die Verbalisierung von Straßenszenen geeigneten[2] Verben herzustellen. Dabei

[1] In NAOS wird der Z-Wert nicht benutzt, weshalb nicht näher darauf eingegangen wird. Beispiele hierzu finden sich in *LeFaivre 77*.

[2] Zur Motivation dieser Verbauswahl siehe *Novak 82*.

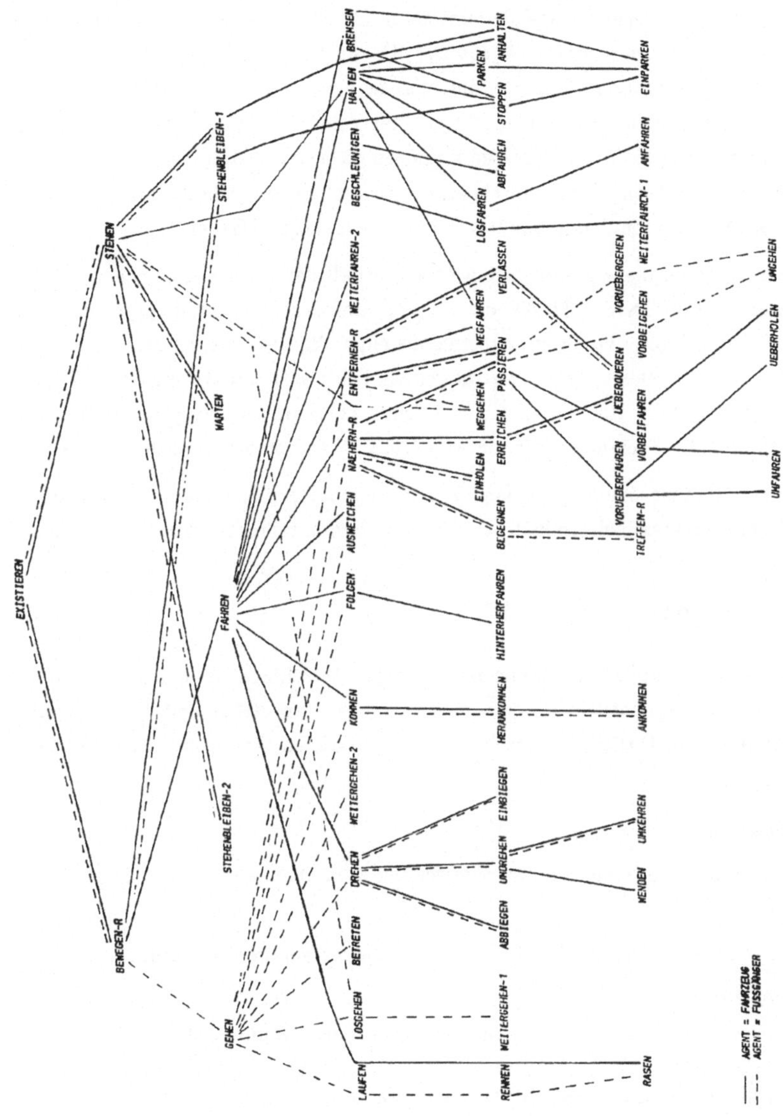

Abb. 5.2 Spezialisierungshierarchie

steht der Wortschatz im Vordergrund und nicht, wie z.B. bei *Tsotsos 80* (vergl. 2.2), Bewegungskonzepte.

Nach einigen Bemerkungen (im folgenden Abschnitt) diskutieren wir Dimensionen der Spezialisierung. Wir zeigen, daß die vorliegende Hierarchie sowohl auf perzeptuell motivierten primitiven Operatoren als auch auf semantisch-pragmatischen Überlegungen zur Anwendbarkeit eines Verbs aufgebaut ist.

Die Hierarchie ist folgendermaßen zu lesen. Ausgehend vom Wurzelknoten EXISTIEREN, erreicht man immer speziellere Verben. Auf der untersten Ebene sind die speziellsten Verben. Wir unterscheiden zwischen Verben, deren Agent zur Klasse der Fahrzeuge gehören muß und solchen, deren Agent zur Klasse der Fußgänger (im allgemeinen: Personen) gehören muß. Erstere sind mit durchgezogenen Linien verbunden, letztere mit gestrichelten. Man kann sich vorstellen, daß die dargestellte Hierarchie durch Übereinanderlegen dieser zwei Hierarchien entstanden ist. Daher sind manche Verben sowohl durch durchgezogene als auch gestrichelte Linien verbunden, da die entsprechenden Agenten beiden genannten Klassen angehören können.

Von der Ereigniserkennung wird die Hierarchie, im Fall der Bestimmung aller Ereignisse, folgendermaßen genutzt. Von EXISTIEREN aus, wird entlang der Kanten vorgegangen und versucht, die Ereignisse zu instantiieren. Wenn ein Ereignis für einen Agenten nicht instantiiert werden kann, so kann es auch keine Spezialisierungen davon geben. Kann z.B. ein BEWEGEN-R instantiiert werden und der Agent gehört zur Klasse der Fahrzeuge, so kann der Zweig zu GEHEN abgeschnitten werden und damit alle Ereignisse, die nur von GEHEN aus erreicht werden können.

Umgekehrt kann man zu jedem speziellen Verb die zugehörigen allgemeineren Verben finden, indem man, gemäß der Klassenzugehörigkeit des Agenten, den entsprechenden Kanten nach oben folgt.

5.2.1.1 Bemerkungen

An dieser Stelle wird expliziert, welche Bedeutungsunterschiede bei den Verben mit dem Postfix -1 und -2 vorliegen, namentlich bei den zwei Varianten von *stehenbleiben, weiterfahren* und *weitergehen*. Die mit dem Postfix -1 versehenen Verben stehen für die intuitive Bedeutung, nämlich bei

- *stehenbleiben-1*
  - für einen Übergang von einer Bewegung zum Stillstand;
- *weiterfahren-1*
  - für ein unterbrochenes Fahren, daß wieder aufgenommen wird;
- *weitergehen-1*
  - für ein unterbrochenes Gehen, daß wieder aufgenommen wird.

Die Unterbrechung der ursprünglich verbalisierten Bewegung kann auf zwei Arten zustandekommen:

1. kurzzeitiges Stehen;
2. Durchführen einer spezielleren Bewegung.

Ein Beispiel für den zweiten Fall ist der folgende Satz:

> *Der große Fußgänger geht auf der rechten Seite der Straße, überquert sie und geht auf der anderen Seite weiter.*

In diesem Fall ist das Verb *gehen* für die gesamte Bewegung anwendbar, es gibt jedoch für das Gehen von einer Straßenseite zur anderen ein spezielleres Verb, das hier auch benutzt wird. Der Rückfall zur allgemeineren Bewegung wird durch den Gebrauch von *weitergehen-1* verbalisiert.

Die Besonderheit der mit dem Postfix -2 versehenen Verben liegt darin, daß ihre Bedeutung auf verletzten Erwartungen beruht. Ein Beispiel verdeutlicht diese Bedeutung:

> Wir sehen einen PKW, der auf eine rote Ampel zufährt. Gemäß unserem Wissen über Verhalten im Straßenverkehr, erwarten wir, daß er stehenbleibt. Dies unterbleibt jedoch. Die Verletzung unserer Erwartung kann durch einen Satz, wie *Der PKW fährt weiter!*, geäußert werden.

Analog verwenden wir ***stehenbleiben-2***, wenn wir erwarten, daß etwas sich in Bewegung setzt, dies aber nicht eintrifft.

Um die Anwendbarkeit dieser erwartungsbasierten Verben algorithmisch erkennen zu können, müssen vom System Erwartungen generiert werden können. Das ist nur unter Zuhilfenahme komplexen Wissens über typisches Verhalten im Straßenverkehr möglich.[3]

5.2.1.2 Dimensionen der Spezialisierung

Grundsätzlich implizieren die unten in der Hierarchie angeordneten Verben den Gebrauch der ihnen übergeordneten allgemeineren Verben. Die Hierarchie definiert keine Beziehungen zwischen den Elementen einer Ebene. Sie ist eher so zu verstehen, daß die Verben unterhalb von GEHEN und FAHREN mit ihren jeweiligen Spezialisierungen Gruppen bilden, für deren Gebrauch ein Merkmal wesentlich ist. Innerhalb einer Gruppe kann dann durch Hinzukommen weiterer Bedingungen weiter spezialisiert werden. Vor diesem Hintergrund ist die Hierarchie folgendermaßen zu lesen.

Von EXISTIEREN aus erreicht man bei wahrgenommener Ortsveränderung eines Objektes BEWEGEN-R, andernfalls STEHEN. Letzteres hat als speziellere Verben STEHENBLEIBEN-2 (siehe oben), WARTEN, ein STEHEN mit gleichzeitiger Erwartung eines bestimmten Ereignisses, und STEHENBLEIBEN-1 (siehe oben).

BEWEGEN-R spezialisiert sich, gemäß der Klassenzugehörigkeit des Agenten, zu GEHEN und FAHREN und, unabhängig vom Agenten, zu STEHENBLEIBEN-1.

Im linken Zweig von GEHEN wird entlang der Dimension Geschwindigkeit spezialisiert. RASEN drückt dabei nicht nur den höchsten Wert für diese Dimension aus, es schwingt auch mit, daß der Sprecher diese Geschwindigkeit für unangemessen hält.

LOSGEHEN als Spezialisierung von GEHEN und STEHEN bezeichnet den Übergang vom Stillstand zur Bewegung, unabhängig von vorangegangener Bewegung. WEITERGEHEN-1 ist daher eine Spezialisierung von LOSGEHEN.

Die nächste Spezialisierung von GEHEN, BETRETEN, betont eine Veränderung des Untergrundes (allgemein: der Umgebung).

Zu DREHEN gelangt man entlang der Dimension *Rotation um eine Achse, senkrecht zur bisherigen Geradeausrichtung.* Die Spezialisierungen innerhalb dieser Gruppe erfolgen nur zum Teil nach weiteren Dimensionen. UMDREHEN z.B. ist eine Spezialisierung von DREHEN auf einen Winkel von ca. 180°. ABBIEGEN betont den Quellort (***abbiegen von***), wohingegen EINBIEGEN den

[3]Eine Untersuchung, in der typisches Verhalten mithilfe von Skripten (*Schank und Abelson 77*) repräsentiert wird und Erwartungen generiert werden, findet sich in *Retz-Schmidt 85*.

Zielort betont (*einbiegen in*). WENDEN ist eine Spezialisierung von UMDREHEN auf Fahrzeuge, UMKEHREN betont die Rückkehr zu einem ausgezeichneten Quellort.

WEITERGEHEN-2 ist, wie oben erwähnt, erwartungsbasiert.

KOMMEN enthält ebenfalls eine Erwartungskomponente und betont den Zielort. Wenn kein Ort genannt wird, ist der Ort des Sprechers oder allgemeiner, sein Gesichtsfeld, gemeint. Die Betonung des Ortes wird besonders bei Wegbeschreibungen deutlich:

> *Sie kommen dann zu einem verlassenen Bahnhof. Da gehen Sie rechts.*

HERANKOMMEN hebt den Aspekt des Näherns hervor, ANKOMMEN den des Zielortes.

FOLGEN setzt die Bewegungen zweier Objekte zueinander in Beziehung, die Trajektorien beider Objekte sind bis auf geringe Abweichungen gleich. FOLGEN wird hier als neutrales Verb verstanden, im Gegensatz zum intentionalen VERFOLGEN, das nicht in den Wortschatz aufgenommen wurde. HINTERHERFAHREN ist eine Spezialisierung auf Fahrzeuge.

Im Straßenverkehr kann man AUSWEICHEN definieren, als *intendiertes vorbeifahren an einem Hindernis, um einen Zusammenstoß oder ein Überfahren zu vermeiden.* In *Brockhaus-Wahrig 80* wird definiert:

> jmdm. od. etwas **ausweichen** 1.1 *aus dem Wege gehen, Platz machen;* 1.2 *zu entgehen suchen, indem man zur Seite weicht;*

Diese Definition verdeutlicht die Intentionalität, die dem Gebrauch von AUSWEICHEN unterliegt. Intentionen sind zwar nicht direkt beobachtbar aber mithilfe von Weltwissen im Kontext von Straßenszenen inferierbar. Weiß man, daß Fahrzeuge von Menschen gesteuert werden und darüberhinaus, daß es das Ziel aller Verkehrsteilnehmer ist, Zusammenstöße und Berührungen zu vermeiden, so reicht die Beobachtung geeigneter Trajektorien aus, um AUSWEICHEN zu benutzen. Dies motiviert die Aufnahme des Verbs in den Wortschatz. Gegenwärtig kann AUSWEICHEN jedoch nicht erkannt werden.

Die Dimension, die zu NAEHERN-R führt, ist die Verminderung des Abstandes zweier Objekte. Bei ENTFERNEN-R ist die Vergrößerung des Abstandes ausschlaggebend. Alle Spezialisierungen besitzen zumindest eine dieser beiden Komponenten. Sie erfolgen wiederum größtenteils entlang pragmatischer Dimensionen, wie:

- Auffälligkeit, Bekanntheit des zweiten Objektes: BEGEGNEN
  - gegenseitiges Wahrnehmen: TREFFEN-R
- Verminderung des Abstandes auf Null bei zwei in die gleiche Richtung bewegten Objekten: EINHOLEN
- Verminderung des Abstandes auf Null und Betonung des Zielortes: ERREICHEN (VERLASSEN ist invers dazu)
  - Überwinden eines Objektes und Vorhandensein einer NAEHERN-R und ENTFERNEN-R Komponente: UEBERQUEREN
- Betonung des Quellortes sowie STEHEN Komponente: WEGGEHEN, WEGFAHREN
- Betonung des Ortes, an dem sich der Agent vorbeibewegt: PASSIEREN

- Agentrestriktionen: VORBEI-, VORUEBERFAHREN sowie VORBEI-, VORUEBERGEHEN
- das Objekt stellt ein Hindernis dar: UMFAHREN, UMGEHEN
- beide Objekte sind in die gleiche Richtung bewegt und Fahrzeuge: UEBERHOLEN

WEITERFAHREN-2 ist erwartungsbasiert.

Bei den letzten drei Verben, deren Agenten in der hier zugrundegelegten Diskurswelt der Klasse der Fahrzeuge angehören müssen, kommen als neue Dimensionen die der Beschleunigung sowie die der Verzögerung hinzu. Die weiteren Spezialisierungen finden entlang bereits genannter pragmatischer Dimensionen statt, mit Ausnahme von ANFAHREN, wo eine Betonung des technischen Gesichtspunktes vorliegt (Kupplung langsam kommen lassen, langsam Gas geben, etc.).

Die oben dargestellte linguistisch pragmatische Sichtweise der Verbhierarchie verdeutlicht, daß Perzeption nur notwendige Voraussetzungen liefern kann, um ein Verb zur Beschreibung einer Bewegung anzuwenden. Die Gebrauchsbedingungen der Verben beziehen sich größtenteils auf typische Sequenzen oder Verhaltensweisen, auf Abweichungen davon (*rasen*), heben bestimmte Aspekte einer Bewegung hervor und rekurrieren auf weiteres Weltwissen. Die Selektionsbeschränkung, die in der Hierarchie ebenfalls eine Dimension der Spezialisierung darstellt, ist sicherlich kein durchgehend zwingender Mechanismus, sondern für pragmatische Zielsetzungen in eingeschränkten Diskursbereichen sinnvoll. Wären Selektionsbeschränkungen eine grundlegende Bedingung, die nicht verletzt werden darf, so entginge der Sprache ein Großteil ihrer Ausdruckskraft, die zum Teil in der Metaphorik liegt (vergl. auch Sätze wie *Das Auto geht in die Kurve*).

Betrachtet man primär die perzeptiven Grundlagen, so ergibt sich eine Sichtweise der Hierarchie, die im Zusammenhang mit Ereignismodellen bereits angedeutet wurde (siehe 3.3). Ereignismodelle können primitiv oder zusammengesetzt sein. Erstere werden durch spezielle Prozeduren direkt anhand der GSB evaluiert, letztere setzen sich aus anderen Ereignismodellen zusammen und werden rekursiv ausgewertet, wobei sie letztendlich auf Primitive zurückgeführt werden. Die genannten 19 Primitive (3.3) sind allesamt Operatoren über wahrnehmbaren Größen, die im Gegensatz zu Ansätzen mit statischen Merkmalen (*Miller 72, Schank 73, Gerling und Orthen 79, Okada 80*) die Zeit als eine Dimension berücksichtigen. Dadurch, daß Ereignismodelle aus anderen Ereignismodellen aufgebaut werden können, wird ebenfalls eine Hierarchie induziert, in diesem Fall ausschließlich auf der Grundlage perzeptiver Operatoren. Obige, linguistische Darstellung verdeutlicht die Grenzen der auf perzeptiven Operatoren aufgebauten Hierarchie und auch die Erweiterungsmöglichkeiten. Die Gebrauchsbedingungen der Verben stehen gegenüber einer Merkmalsklassifizierung im Vordergrund. Reine Merkmalsansätze, wie *Gerling und Orthen 79*, streben nach einer Verbklassifikation im Rahmen der intensionalen Semantik, können aber keine Aussagen über den Gebrauch der Verben bei gegebenen perzeptiven Daten machen.

Einer reinen referenzsemantischen Klassifikation sind ebenfalls Grenzen gesetzt, wie obige Diskussion der einzelnen Gebrauchsbedingungen verdeutlicht. Für die Beschreibung visueller Daten scheint eine Kombination aus perzeptuell motivierten primitiven Operatoren und semantisch-pragmatischen Überlegungen zu einer sinnvollen, im Sinne von benutzbaren, Verbhierarchie zu führen. Diese Kombination hat jedoch auch Rückwirkungen auf den Prozeß der Ereigniserkennung. Bestimmte Ereignisse können nur unter Berücksichtigung pragmatischer Gesichtspunkte erkannt werden.

In NAOS werden erste Ansätze in dieser Richtung durchgeführt. Zum einen durch Berücksichtigung stereotyper Abläufe im Straßenverkehr (*Retz-Schmidt 85*), zum anderen durch Erkennung von Verben, die Abweichungen von Standardwerten beschreiben (Beispiel *rasen*) und weiterhin durch Auszeichnung bestimmter Orte, z.B. als präferierte *ankommen*-Orte (vergl. *Novak 82*). Durch eine Repräsentation von Zielen, Plänen, Interessen und dem Kenntnisstand des Hörers, mit ähnlichen Strukturen wie z.B. in *Appelt 82* dargestellt, könnte der Erkennungsprozeß weitere Ereignisse erschließen. Im Rahmen dieser Arbeit gehen wir jedoch auf Erweiterungsmöglichkeiten der Ereigniserkennung nicht weiter ein.

5.2.1.3 Erweiterbarkeit der Hierarchie

Die Erweiterbarkeit bzw. die Integration weiterer Verben in die bestehende Hierarchie wird im folgenden diskutiert.

Wesentlich für die Erstellung der Hierarchie sind zwei Komponenten:

1. qualitative perzeptuelle Operatoren;
2. semantisch-pragmatische Gebrauchsbedingungen.

Richtet sich die erste Komponente noch nach a priori gegebenen physikalischen Eigenschaften der Objekttrajektorien (vergl. 3.3), so ist für die Bestimmung der zweiten Komponente die Introspektion und das Sprachverständnis des Untersuchenden maßgebend[4]. Dies bedeutet für die Integration weiterer Verben in die Hierarchie, daß nach obigen Kriterien vorgegangen werden muß. Soll z.B. *kriechen* integriert werden, so kann man feststellen, daß eine perzeptive Grundlage dieses Verbs die relative Bewegung der Gliedmaßen zueinander ist. Daraufhin sollte ein neuer Spezialisierungszweig von GEHEN eingeführt werden. Weiterhin muß immer geprüft werden, ob der Gebrauch des neu zu integrierenden Verbs den Gebrauch anderer Verben einschließt, um festzustellen, ob das neue Verb in eine bestehende Verbgruppe eingefügt werden kann.

Es wird allerdings immer Beispiele geben, bei denen eine Integration problematisch wird. Wir können hier letztlich keine Prozedur angeben, nach der weitere Verben integriert werden können, da die semantisch-pragmatischen Gebrauchsbedingungen kaum operationalisierbar sind, da unterschiedliche Sprecher nach unterschiedlichen Kriterien vorgehen werden. Die Hierarchie hat auch nicht den Stellenwert einer allgemeinen linguistischen Kategorisierung von Verben, sondern eher den eines Hilfsmittels für einen bestimmten Zweck, bei dessen Erstellung allerdings linguistische Überlegungen relevant sind.

5.2.1.4 Implementation der Hierarchie

Jeder Verbbezeichner (die Bezeichner sind identisch mit dem Verb gewählt) hat auf seiner Eigenschaftsliste (Property-Liste in LISP) unter den Eigenschaftsnamen MORE-SPECIAL[5] und MORE-GENERAL je eine Liste seiner spezielleren und allgemeineren Verben. Weiterhin führt jeder Verbbezeichner unter dem Eigenschaftsnamen RESTRICTION die Selektionsbeschränkung

---

[4]Zur Unsicherheit bei der Bestimmung rein semantischer Merkmale vergleiche auch *Gerling und Orthen 79*, S. 139.

[5]In der Implementation sind alle Bezeichner konsistent in englisch gewählt.

seines Agenten. Mit diesen Informationen kann auf einfache Weise, unter Berücksichtigung der Selektionsbeschränkung, auf allgemeinere und speziellere Verben zugegriffen werden.

5.2.2 Der Ereignisauswahlalgorithmus

Die Verbhierarchie ist ein Hilfsmittel zur Ereignisauswahl. Eine weitere Hilfe ist die Forderung nach einer zeitlich vollständigen Beschreibung. Das Zeitintervall, in dem das Objekt sichtbar ist, soll lückenlos beschrieben werden.

Die Vorbereitungen zur Verbalisierung, einschließlich der Verbalisierungsstrategie, sehen folgendermaßen aus:[6]

- Gruppiere die bewegten Objekte nach ihrer Klassenzugehörigkeit und bringe die einzelnen Klassen in eine vorgegebene Reihenfolge (z.B. kann vorgegeben werden, daß zuerst die Bewegungen von PKWs, dann von LKWs und schließlich von PERSONEN verbalisiert werden sollen).
- Sortiere die Elemente der einzelnen Klassen in aufsteigender Reihenfolge nach dem Zeitpunkt ihres Auftretens in der Szene.
- Wähle für das erste Objekt die zu nennenden Ereignisse nach dem unten beschriebenen Algorithmus aus.
- Verbalisiere die ausgewählten Ereignisse.
- Führe die Ereignisauswahl und Verbalisierung analog für alle weiteren Objekte durch.

Die Ereignisauswahl für ein Objekt gehorcht folgendem Algorithmus:

1. Sammle alle Ereignisse, in denen das Objekt Agent ist und die in der Verbhierarchie vorkommen, für das Zeitintervall, in dem das Objekt in der Szene sichtbar ist;
2. Bestimme für jeden Zeitpunkt des Intervalles das speziellste Ereignis;
3. Bei gleicher Spezifizität zweier Ereignisse:[7]
   (a) wenn Ereignis-1 zwei Objekte in Beziehung setzt und das andere nicht, nimm Ereignis-1;
   (b) falls beide Ereignisse zwei Objekte in Beziehung setzen, nimm das Ereignis, dessen zweites Objekt vorerwähnt ist;
   (c) ansonsten nimm
      - das Ereignis, das früher begonnen hat und dessen Dauer gleich oder größer ist als die des anderen, oder
      - das Ereignis mit der längeren Dauer;
      - ansonsten das erste, das gefunden wurde;
4. Bringe die gewählten Ereignisse in eine chronologische Reihenfolge und binde sie als Liste an den Eigenschaftsnamen VERBALIZATION der Eigenschaftsliste des Objektbezeichners.

Nach obigem Algorithmus werden aus den Ereignissen für BMW1 (siehe S. 66) die folgenden ausgewählt und im angegebenen Format an den Eigenschaftsnamen VERBALIZATION gebunden:

[6] In der jetzigen Implementation werden, in Abweichung von diesem Verfahren, erst für alle Objekte die zu nennenden Ereignisse bestimmt (siehe oben), und dann werden für jedes Objekt die Ereignisse verbalisiert.

[7] In der gegenwärtigen Implementation sind die Schritte (a) und (b) nicht integriert.

```
(((UEBERHOLEN BMW1 VW1 (10. 12.) (15. 32.))(10. 32.))
 ((ENTFERNEN-R BMW1 VW1 15. 40.) (32. 40.)))
```

Das Objekt BMW1 war vom Zeitpunkt 10 bis zum Zeitpunkt 40 im Bild und bewegt.[8] Der letzte Klammerausdruck eines jeden Eintrages gibt an, für welches Zeitintervall das Ereignis das speziellste ist. Bei der Auswahl der Ereignisse wird die intervallbasierte Zeitlogik zugrundegelegt, die auch bei der Ereigniserkennung (vergl. 3.4) benutzt wird, um zu erreichen, daß bei durativen Ereignissen jedes Teilintervall verbalisiert werden kann, wohingegen bei den anderen Ereignistypen Anfangs- und/oder Endintervall nur innerhalb ihrer Grenzen variabel sind. Dasselbe Ereignis kann mehrfach zur Verbalisierung ausgewählt werden, wie folgendes Beispiel zeigt. Nehmen wir an, die GSB sieht nach der Ereigniserkennung für BMW1 folgendermaßen aus:

```
((BEWEGEN BMW1 0. 40.) . 1.)
((FAHREN BMW1 0. 40.) . 1.)
((UEBERHOLEN BMW1 VW1 (10. 12.) (18. 24.)) . 1.)
```

Die Verbalisierungsliste für BMW1 enthält dann folgende Ereignisse:

```
(((FAHREN BMW1 0. 40.) (0. 10.))
 ((UEBERHOLEN BMW1 VW1 (10. 12.) (18. 24.)) (10. 24.)
 ((FAHREN BMW1 0. 40.) (24. 40.)))
```

Dieses letzte FAHREN wird nur dann verbalisiert, wenn mit ihm eine Tiefenkasusangabe generiert werden soll, die dem Hörer noch unbekannt ist. Ist das nicht der Fall, enthält es keine neue Information und wird von der Generierung übergangen.

Die Spezifizität eines Ereignisses wird anhand der Hierarchie berechnet. Bei der Initialisierung der Verbalisierungskomponente wird jedem Verb der Hierarchie ein Rang zugeordnet, der der Ebene entspricht, auf der das Verb in der Hierarchie steht. Diese Ränge können einfach miteinander verglichen werden. Der Auswahlalgorithmus bestimmt die zu verbalisierenden Ereignisse anhand ihres Ranges und des Zeitintervalles.

Der Nachteil dieses Algorithmus besteht darin, daß keine pragmatischen Kriterien zur Auswahl zwischen gleich speziellen Ereignissen herangezogen werden. Die Verbhierarchie stellt keine Beziehungen zwischen Ereignissen einer Ebene her. Das bedeutet, daß z.B. zwischen DREHEN und BESCHLEUNIGEN nur anhand der Zeitintervalle gewählt wird. Fällt bei diesen beiden Ereignissen die etwas willkürliche Auswahl nicht so ins Gewicht, so verschärft sich jedoch das Problem der rein zeitbasierten Auswahl bei der Wahl zwischen FOLGEN und AUSWEICHEN. Intuitiv tendieren wir dazu, AUSWEICHEN den Vorzug zu geben, da es eine **interessantere** Bewegung beschreibt. Dieses informelle Kriterium der Auswahl kann auf verschiedene Arten formalisiert werden.

Ein möglicher Ansatz ist der, ähnlich wie *Conklin und McDonald 82*, die einzelnen Verben einer Hierarchieebene mit Auffälligkeitswerten zu versehen, die bei der Auswahl berücksichtigt werden.

[8]Das Zeitintervall, in dem ein Objekt bewegt ist, wird algorithmisch anhand des BEWEGEN Eintrages in der GSB festgestellt.

Ein weiterer Ansatz, dessen Auswirkungen prinzipiell dieselben sind, der aber die subjektive Vergabe der Auffälligkeiten vermeidet, ist folgender. Den Verben wird ebenfalls eine Gewichtung zugeordnet, die sich allerdings nach der Komplexität des Erkennungsprozesses richtet. Insbesondere erhalten solche Verben eine hohe Gewichtung, zu deren Erkennen auf komplexe semantisch-pragmatische Wissensquellen rekurriert werden muß.

Ein dritter Ansatz schließlich, der bereits vorhandene Strukturen von NAOS ausnutzt, zieht die Verzweigungsfaktoren (siehe S. 43) der Ereignisse bei der Auswahl mit heran. Dieser Faktor gibt die Wahrscheinlichkeit des Auftretens eines Ereignisses an. Insofern ist es sinnvoll, Ereignisse, die nur mit geringer Wahrscheinlichkeit eintreten, dann auch zu verbalisieren.

Der zuletzt genannte Ansatz, bei dem außer der Ereigniszeit auch die Verzweigungsfaktoren bei der Ereignisauswahl berücksichtigt werden, ist implementiert worden. Die Nachteile des zuerst genannten Algorithmus treten hierbei nicht mehr auf. Eine Liste aller in NAOS implementierten Verben und ihrer Verzweigungsfaktoren ist in Anhang B angegeben.

Die Vergabe der a priori Verzweigungsfaktoren erfolgt durch Introspektion und unterliegt somit derselben Kritik wie die Vergabe der Auffälligkeiten. Man kann sich jedoch vorstellen, daß die Wahrscheinlichkeit des Eintretens eines Ereignisses durch längeres Beobachten einer Szene empirisch bestimmt werden kann. Die a priori Verzweigungsfaktoren könnten demnach durch Beobachtung längerer Szenen modifiziert werden und verlieren dadurch ihren willkürlichen Charakter.

5.3 Ereignisverbalisierung

Die Ereignisverbalisierung beginnt, nachdem für das entsprechende Objekt die zu nennenden Ereignisse ausgewählt sind. Die Kontrollstruktur ist derart, daß die Liste der sequentialisierten Ereignisse, die an den Eigenschaftsnamen VERBALIZATION des Objektbezeichners gebunden ist, Element für Element abgearbeitet wird. Für jedes Ereignis wird dabei die formale Struktur eines Aussagesatzes in der Sprache VS (siehe Anhang A) erzeugt. Das SUTRA System, das die VS-Strukturen verarbeitet, führt nur Transformationen aus, bei denen die Bedeutung der VS-Struktur im Oberflächensatz erhalten bleibt. Daher müssen alle bedeutungskodierenden Prozesse vor der Erstellung der VS-Struktur stattfinden (die vollständige Liste der entsprechenden Informationen ist auf S. 31 zu finden). Betrachtet man ein Ereignis wie

(UEBERHOLEN BMW1 VW1 (10. 12.) (15. 32.)),

so ist im wesentlichen folgendes zu leisten:

1. Bestimmung aller Lexeme
    - Nominalphrasengenerierung für interne Objektbezeichner, hierbei
        - Entscheidung: indefiniter, definiter Artikel oder Pronomen
2. Bestimmung der zu generierenden optionalen Tiefenkasus
    - dazu wiederum Schritt 1

Das Ergebnis obiger Entscheidungen ist abhängig davon, was dem Hörer bereits mitgeteilt wurde. Der Kenntnisstand des Hörers über die Szene wird im Partnermodell repräsentiert, auf das wir weiter unten eingehen. Zuvor beschreiben wir die temporale Satzverknüpfung.

5.3.1 Temporale Satzverknüpfung

Dieser Teil der Verbalisierungskomponente hat folgende Aufgabe: *Expliziere sprachlich die zeitlichen Verhältnisse zwischen nacheinander genannten Ereignissen.*

Gegenwärtig ist die implementierte Lösung sehr einfach. Temporaladverbien werden nur für die zwei Fälle, erstens des zeitlichen Enthaltenseins und zweitens, der Überlappung zweier Ereignisse generiert. Für den Fall der Sequentialität zweier Ereignisse wird kein Temporaladverb generiert, da dieser Fall durch die sequentielle Verbalisierung vom Hörer inferiert wird.

Algorithmisch gesehen, ist die Generierung der Temporaladverbien trivial. Die Verbalisierungsliste des Objektbezeichners enthält die einzelnen Ereignisse in sequentieller Reihenfolge und mit den zugehörigen Ereignisintervallen. Betrachten wir z.B. folgende Liste:

(((FAHREN BMW1 0. 40.) (0. 10.))
((UEBERHOLEN BMW1 VW1 (10. 12.) (20. 40.)) (10. 40.))),

so ergibt sich aus den Ereignisintervallen, daß UEBERHOLEN innerhalb von FAHREN stattgefunden hat. Bei der sequentiellen Abarbeitung der Verbalisierungslisten der Objekte werden Temporaladverbien nach folgendem Algorithmus generiert:

1. falls das gerade bearbeitete Ereignis nicht das erste Ereignis der Liste ist:
   - ist das Intervall des gerade bearbeiteten Ereignisses im Intervall des Vorgängers enthalten, dann generiere DABEI und verbalisiere das Ereignis;
   - ist der Anfangszeitpunkt des Intervalls des gerade bearbeiteten Ereignisses kleiner als das Ende des Vorgängerereignisses, dann generiere UNTERDESSEN und verbalisiere das Ereignis;
2. ansonsten, verbalisiere das Ereignis.

Die generierten Temporaladverbien werden bei der Beschreibung des Ereignisses topikalisiert (an den Satzanfang gestellt).

Dieses Vorgehen stellt sicher, daß der Hörer sich keine falschen Vorstellungen der zeitlichen Relationen zwischen den für ein Objekt genannten Ereignissen macht. Problematisch ist die explizite Darstellung der temporalen Relationen zwischen den Ereignissen mehrerer Objekte. Durch die Verbalisierungsstrategie wird vorgegeben, daß die Ereignisse eines Objektes in chronologischer Reihenfolge verbalisiert werden. Aus dem angegebenen Algorithmus geht hervor, daß das jeweils erste Ereignis eines Objektes ohne Temporaladverb verbalisiert wird. Nehmen wir nun einmal den Fall an, daß das zweite Objekt, dessen Ereignisse verbalisiert werden sollen, erst nach Ablauf der Hälfte der Szene ins Bild gekommen ist. Wird dann bei der Verbalisierung nach obigem Algorithmus vorgegangen, so bleibt dem Hörer unklar, daß das Objekt erst später in der Szene sichtbar wurde. Zwei Alternativen stehen offen, um dem Hörer eine angemessenere Vorstellung zu ermöglichen:

1. Angabe expliziter Zeiten, z.B. *nach 7 Sekunden, ab Bild 35*;
2. das Ereignis wird in Beziehung gesetzt zu einem bereits genannten Ereignis eines anderen Objektes: *Nachdem der VW angehalten hat, fährt ein BMW in Richtung Hallerplatz.*

Der erste Ansatz ist unproblematisch, da konkrete Zeitangaben ohne Schwierigkeiten generiert werden könnten. Allerdings muß hierbei eine Referenzzeit, auf die sich sowohl der Sprecher als auch der Hörer beziehen können, festgelegt werden. Ein Nachteil derartiger Zeitangaben ist, daß sie in Texten ziemlich ungewöhnlich sind und nicht natürlich wirken.

Im folgenden diskutieren wir einige Probleme des zweiten Ansatzes. Hierbei ist zu beachten, daß im allgemeinen durative Vorgängerereignisse nicht als Referenzen gewählt werden können. Das liegt daran, daß durch ihre Verbalisierung weder Anfangs- noch Endzeitpunkt ausgezeichnet werden. Ein Satz, wie

Ein VW fährt auf der Schlüterstraße,

wird vom Hörer so verstanden, daß das Ereignis vom Äußerungszeitpunkt bis zum Ende der Szene gültig ist. Bei der Beschreibung eines weiteren Ereignisses kann deshalb nicht direkt darauf rekurriert werden (siehe jedoch Beispiel 4 und 5 unten, die auch hier möglich sind). Diese Situation ändert sich jedoch, wenn bei der Verbalisierung Quell- und Zielort (SOURCE und GOAL Kasus) mitgenannt werden. Betrachten wir als Beispiel:

Ein VW fährt von der alten Post vor die Ampel.

Die folgenden temporalen Adverbialphrasen können benutzt werden, um den Anfangszeitpunkt eines Nachfolgeereignisses festzulegen:

1. *als/bevor/nachdem der VW von der alten Post losgefahren ist, ...*
2. *als/bevor/nachdem der VW vor der Ampel gewesen ist, ...*
3. *als/bevor/nachdem der VW vor der Ampel gestanden/angehalten hat, ...*
4. *als der VW neben dem Fachbereich Informatik gewesen ist, ...*
5. *als der VW am Fachbereich Informatik vorbeigefahren ist, ...*
6. *als/bevor/nachdem der VW vor die Ampel gefahren ist, ...*
7. *als/bevor/nachdem der VW, der von der alten Post vor die Ampel gefahren ist, dort angekommen ist, ...*
8. ** bevor/nachdem der VW von der alten Post gefahren ist, ...*[9]

Die Beispiele verdeutlichen, daß durch die Angabe des Quell- und Zielortes einer durativen Bewegung der Anfangs- und Endzeitpunkt derart ausgezeichnet werden, daß darauf rekurriert werden kann. Die Hervorhebung des Anfanges und des Endes ist so stark, daß sogar andere Verben benutzt werden können (siehe die ersten drei aufgeführten Adverbialphrasen), um darauf Bezug zu nehmen. Die vierte und fünfte Adverbialphrase zeigen ein weiteres Phänomen. Geht man davon aus, daß der Hörer den statischen Hintergrund genau kennt, kann auch auf den Pfad des Objektes bezug genommen werden. Dabei wird allerdings vorausgesetzt, daß der Hörer eine prototypische Geschwindigkeit für das genannte FAHREN annimmt, aus der er schließen kann, wann der VW neben dem Fachbereich Informatik war. Die sechste Phrase zeigt, daß auf die Zeit, zu der sich das

[9] * bedeutet, daß der Satz ungrammatisch und unakzeptabel ist.

Objekt am Zielort befindet, bezug genommen werden kann. Die Bezugnahme auf die Anfangszeit ist nicht in derselben Weise möglich (siehe die achte Adverbialphrase). Das Verb *fahren* kann als optionale räumliche Tiefenkasus SOURCE, LOCATIVE, PATH und GOAL haben, wobei jedoch der SOURCE Kasus nicht allein generiert werden kann,[10] da solche Äußerungen als ungrammatisch empfunden werden (siehe Beispiel 8). Ein GOAL Kasus hingegen kann allein stehen. Die siebte Adverbialphrase schließlich zeigt zweierlei, zum einen, wie deiktisch auf vorher eingeführte Ortsbezeichnungen rekurriert werden kann (im Beispiel durch *dort* ausgedrückt) und zum anderen, daß der Zielort derart hervorgehoben wird, daß die Benutzung von *ankommen* völlig natürlich ist (vergl. 5.2.1.2).

Ebenso problematisch wie die Bezugnahme auf durative Ereignisse ist der Bezug auf allgemein nicht-durative Ereignisse, wie z.B. UEBERHOLEN. Bei einem Satz, wie

> *Nachdem der BMW den VW überholt hat, fährt ein VW von der alten Post vor die Ampel,*

wird auf das Endintervall des UEBERHOLEN Ereignisses bezug genommen. Durch das Temporaladverb *bevor* bezieht man sich entsprechend auf das Anfangsintervall. Da Anfang und Ende eines allgemein nicht-durativen Ereignisses innerhalb bestimmter Grenzen liegen, ist die verstandene Zeitangabe ungenau. Man beachte, daß in obigem Fall auch auf Teile des Ereignismodelles bezug genommen werden kann, z.B. durch

> *Als der BMW, der den VW überholt hat, neben dem VW war, ...*

Das Problem der Ungenauigkeit der Zeitangabe wird dadurch jedoch nicht gelöst.

Relativ unproblematisch ist nur die Bezugnahme auf inchoative oder resultative Ereignisse, die einen ausgezeichneten Anfangs- bzw. Endzeitpunkt haben. Bei einer algorithmischen Lösung der Temporalspezifikation muß dann allerdings mit Schwellwerten und linguistischen Hecken gearbeitet werden. Wird im Partnermodell, der einzigen Stelle wo bereits genannte Ereignisse gefunden werden können, nach einem inchoativen oder resultativen Ereignis gesucht, so kann nicht angenommen werden, daß dessen Anfangs- oder Endzeit mit der Anfangszeit des zu verbalisierenden Ereignisses zusammenfällt. Je nach Abstand der relevanten Zeitpunkte muß deshalb festgelegt werden, ob das gefundene Ereignis als Referenzereignis geeignet ist und ob der Abstand durch eine linguistische Hecke, wie *kurz davor, lange nachdem*, etc., verbalisiert werden soll.

In der KI und der Linguistik wird allgemein der Standpunkt vertreten, daß der Hörer temporale Angaben nur qualitativ in Beziehung setzen kann, durch Bestimmung der Vor-, Gleich-, Nachzeitigkeit und Überlappung der Ereignisse (z.B. *Wunderlich 70, Schipporeit 71, Bruce 72, Kahn 75, Allen 81*). Für den vorliegenden Ansatz wäre es interessant, zu untersuchen, inwieweit eine genaue Kenntnis des statischen Hintergrundes den Hörer in die Lage versetzt, anhand einer Repräsentation prototypischer Geschwindigkeiten und Dauern einzelner Ereignisse, **konkrete** quantitative Zeiten zu berechnen. Im Rahmen der Arbeit wird diese Untersuchung nicht durchgeführt. Der zu Beginn des Abschnittes angegebene Algorithmus stellt gegenwärtig die einzige Verarbeitung temporaler Information bei der Generierung dar.

---

[10] Ch. Habel machte mich auf folgendes Beispiel aufmerksam: *Der VW fuhr aus der Parklücke*, bei dem eine SOURCE Angabe allein mit dem Verb steht. Bei diesem Beispiel stellt sich jedoch die Frage, ob *aus etwas fahren* nicht ein anderes Konzept ist als *fahren* und als solches auch erkannt werden sollte.

5.3.2 Das Partnermodell

Das Partnermodell dient der Repräsentation des Hörerwissens über die Szene und ist Bestandteil des Sprechers (vergl. auch Abbildung 4.1). Diese Repräsentation ist zur Generierung von Nominalphrasen, von anaphorischen Ausrücken und zur Tiefenkasuswahl notwendig. Das Partnermodell muß nach jeder Nominalphrasen- oder Pronomengenerierung für interne Objektbezeichner, nach jedem mitgeteilten Ereignis sowie nach jedem generierten Tiefenkasus aktualisiert werden, nicht erst nach einzelnen Äußerungen. Das ist notwendig, um Pronominalisierungen innerhalb eines Satzes zu ermöglichen.

In der ersten Ausbaustufe des Partnermodelles werden keine Ziele, Pläne oder Überzeugungen des Hörers dargestellt, die ebenfalls die Generierung von Nominalphrasen beeinflussen (vergl. 4.1.2). Ebenso erfolgt keine explizite Repräsentation der Vorstellung des Hörers durch pictorielle oder analogische Darstellungen (siehe Kapitel 6).

Da wir davon ausgehen, daß der Hörer den statischen Hintergrund kennt, enthält das Partnermodell zu Beginn der Verbalisierung das a priori Wissen des Hörers über die Szene. Das a priori Partnermodell sieht folgendermaßen aus:

```
(READNET)

((NAME PFUSSWEG-5 (SUEDLICH FUSSWEG/ OESTLICH/ DER/
  SCHLUETERSTRASSE)) . 1.)
((NAME PFUSSWEG-4 (NOERDLICH FUSSWEG/ OESTLICH/ DER/
  SCHLUETERSTRASSE)) . 1.)
((NAME PFUSSWEG-3 (NOERDLICH FUSSWEG/ WESTLICH/ DER/
  SCHLUETERSTRASSE)) . 1.)
((NAME PFUSSWEG-2 (SUEDLICH FUSSWEG/ WESTLICH/ DER/
  SCHLUETERSTRASSE)) . 1.)
((NAME PFUSSWEG-1 FUSSWEG/ SUEDLICH/ DER/ BIEBERSTRASSE) . 1.)
((KLASSE PFUSSWEG-1 FUSSWEG) . 1.)
((KLASSE PFUSSWEG-2 FUSSWEG) . 1.)
((KLASSE PFUSSWEG-3 FUSSWEG) . 1.)
((KLASSE PFUSSWEG-4 FUSSWEG) . 1.)
((KLASSE PFUSSWEG-5 FUSSWEG) . 1.)
((KLASSE PBIEBERSTRASSE STRASSE) . 1.)
((KLASSE PHARTUNGSTRASSE STRASSE) . 1.)
((KLASSE PSCHLUETERSTRASSE STRASSE) . 1.)
((KLASSE PKREUZUNG-1 KREUZUNG) . 1.)
((KLASSE PAMPEL-1 AMPEL) . 1.)
((KLASSE PAMPEL-2 AMPEL) . 1.)
((KLASSE PAMPEL-3 AMPEL) . 1.)
((KLASSE PAMPEL-4 AMPEL) . 1.)
((KLASSE PAMPEL-5 AMPEL) . 1.)
((KLASSE PAMPEL-6 AMPEL) . 1.)
((KLASSE PAMPEL-7 AMPEL) . 1.)
```

```
((KLASSE PAMPEL-8 AMPEL) . 1.)
((KLASSE PHAUS-1 HAUS) . 1.)
((KLASSE PHAUS-2 HAUS) . 1.)
((KLASSE PHAUS-3 HAUS) . 1.)
((KLASSE PHAUS-4 HAUS) . 1.)
((KLASSE PFBI HAUS) . 1.)
((NAME PBIEBERSTRASSE BIEBERSTRASSE) . 1.)
((NAME PHARTUNGSTRASSE HARTUNGSTRASSE) . 1.)
((NAME PSCHLUETERSTRASSE SCHLUETERSTRASSE) . 1.)
((NAME PFBI FACHBEREICH/ INFORMATIK) . 1.)
((NAME PKREUZUNG-1 KREUZUNG) . 1.)
((NAME PHAUS-1 (ALT POST)) . 1.)
((FARBE PHAUS-2 GRUEN) . 1.)
((FARBE PHAUS-3 GELB) . 1.)
((FARBE PHAUS-4 WEISS) . 1.)
```

Es enthält die Eigenschaften, Klassenzugehörigkeiten und Namen der Objekte des statischen Hintergrundes in demselben Format, wie es für die Einträge des Ausschnittes aus der GSB in Abschnitt 5.2 angegeben wurde. Auffällig ist nur, daß die internen Bezeichner der Objekte alle mit P beginnen, und daß Nameneinträge für die Fußwege angegeben sind. Diejenigen Bezeichner, die mit P beginnen, sind die internen Bezeichner des Partners für Objekte der Welt. Es kann nicht angenommen werden, daß die internen Bezeichner des Hörers gleich denen des Systems sind. Die Koreferentialität der system- und hörerinternen Bezeichner wird in einem separaten Netzwerk, dem Koreferenzennetz, geführt. Einträge in diesem Netz haben die Form:

((KOREF PHAUS-1 HAUS-1) . 1.)

Bei der Initialisierung der Beschreibungskomponente werden beide Netzwerke aufgebaut[11].

Im Normalfall der Generierung (siehe 5.3.5) werden interne Objektbezeichner durch ihre Eigenschaften vor dem Hintergrund des Partnerwissens deskribiert. Eine Vereinfachung dieses Falles stellen die Nameneinträge dar, da komplexe Verfahren zur Generierung deskriptiver Nominalphrasen entfallen. Am Beispiel des Nameneintrages für PFUSSWEG-2 wollen wir die Wirkungsweise erläutern.

Nehmen wir an, eine LOCATIVE-Angabe (AUF PERSON1 FUSSWEG-2 10. 40.) soll sprachlich ausgedrückt werden. Bei der Referenzierung von FUSSWEG-2 wird festgestellt, daß das Objekt dem Partner bekannt ist und koreferent ist zu PFUSSWEG-2, dessen Nameneintrag dann an die Generierung übergeben wird. Die Wortkette SUEDLICH FUSSWEG/ WESTLICH/ DER/ SCHLUETERSTRASSE mit vorangestelltem definiten Artikel (das Objekt ist dem Partner bereits bekannt, deshalb der definite Artikel) bildet die Lexeme, aus denen dann eine Präpositionalphrase mit der Präposition AUF in einem entsprechenden Oberflächenkasus generiert wird. Der einzig flektierbare Teil der Wortkette ist dabei das Wort SUEDLICH. Die restlichen vier Wörter werden wie ein Wort behandelt (der / sorgt dafür, daß Leerzeichen nicht als Trennung fungieren, jedoch

[11] Die Idee zur Verwendung eines a priori Partnermodelles und eines Koreferenzennetzes stammt von *Jameson und Wahlster 82*, die diese Technik zur Generierung von Anaphora einsetzen.

bei der Ausgabe gedruckt werden). Damit ist auch die Grenze dieser ad hoc Lösung klar, Genitive können nicht generiert werden. Z.B. kann *Er ging rechts des südlichen Fußweges westlich der Schlüterstraße* nicht generiert werden, da FUSSWEG nicht flektierbar ist.

Dieses ad hoc Verfahren wurde gewählt, um überhaupt Texte erzeugen zu können, ohne bestimmte Objekte des statischen Hintergrundes auszuschließen.

Bei der Aktualisierung des Partnermodelles werden neue Bezeichner generiert und das Koreferenzennetz wird um einen entsprechenden Eintrag erweitert. Wird z.B. (FAHREN VW1 0. 40.) verbalisiert, so wird im Partnermodell der Eintrag (FAHREN PVW1 0. 40.) eingetragen und im Koreferenzennetz (KOREF PVW1 VW1). Soll das Partnermodell um räumliche Kasusangaben, z.B. (VOR VW1 HAUS1 12. 24.) aktualisiert werden, wird der Eintrag mit RICHTUNG, LOC, SRC, GOAL oder PATH präfigiert, da sonst nicht zu sehen ist, in welcher Funktion er dem Hörer mitgeteilt wurde. Die Gültigkeitsbereiche der Propositionen der GSB werden ins Partnermodell übernommen mit Ausnahme von Richtungsangaben. Da der Hörer die Angabe *in Richtung ...* als solange gültig empfindet, bis ihm etwas Neues mitgeteilt wird, erstreckt sich deren Gültigkeitsbereich bis zum Ende der Szenenfolge. Wird nun eine Richtungsänderung verbalisiert, so wird bei der Aktualisierung der bisherige Eintrag mit einem neuen Endzeitpunkt versehen und der neue Eintrag hinzugefügt.

Im folgenden stellen wir die Ereignis- und Verbrepräsentation vor, um darauf die verschiedenen Prozesse der Generierung darzustellen.

5.3.3 Repräsentation der Ereignisse und Verben

Das Wissen zum Erkennen eines verbal beschreibbaren Ereignisses und zum Gebrauch des entsprechenden Verbs wird in NAOS deklarativ in Form von Schemata repräsentiert. Bei dieser objektzentrierten Darstellung wird das Wissen über ein Ereignis mit einem Bezeichner, der das Ereignis repräsentiert, assoziiert. Wir zeigen hier die vollständige Repräsentation von UEBERHOLEN:[12]

```
            Head:  (UEBERHOLEN *OBJ1 *OBJ2 *T1 *T2)
      Head-Types:  (COMPOSITE $ALL-MOVING-OBJECTS
                   $ALL-MOVING-OBJECTS TIMEVAR TIMEVAR)
      Event-Type:  NON-DURATIVE
Refutation-tests:  (ARG1-EQUALS-ARG2)
    Propositions:
                   (FAHREN *OBJ2 *T1 *T2)
                   (HINTER *OBJ1 *OBJ2 *T1 *T3)
                   (PASSIEREN *OBJ1 *OBJ2 *T1 *T2)
                   (VOR *OBJ1 *OBJ2 *T4 *T2)
```

[12]Implementationstechnisch ist diese Repräsentation so zu verstehen, daß die vor dem Doppelpunkt stehenden Angaben Eigenschaftsnamen sind, deren Werte rechts angegeben sind. Die Schemata sind durch die LISP-Eigenschaftsliste des Bezeichners für ein Konzept implementiert (in obigem Fall hängen die Eigenschaftsnamen an der Eigenschaftsliste des Bezeichners UEBERHOLEN).

```
            Locals:  (*T3 *T4)
       Local-Types:  (TIMEVAR TIMEVAR)
  Branching-factor:  1.0E-2
      More-general:  (VORBEIFAHREN VORUEBERFAHREN)
      More-special:  NIL
          Verbtype:  FBV
      Agent-Restr.:  FAHRZEUG
        Deep-cases:
                     (VERB UEBERHOL)
                     (UEBERHOLEN *OBJ1 *OBJ2 *T1 *T2)

        Obligatory:
                     (AGENT AGT-EXP)
                     (REF AGT-EXP *OBJ1)
                     (TENSE TNS-EXP)
                     (TIME-REF TNS-EXP *T1 *T2)
                     (OBJECTIVE OBJ-EXP)
                     (REF OBJ-EXP *OBJ2)
          Optional:
                     (LOCATIVE LOC-EXP)
                     (LOC-REF LOC-EXP *OBJ1 *T1 *T2)
      Combinations:
                     NIL
         Loc-preps:  (AN AUF BEI HINTER IN NEBEN UEBER UNTER VOR
                     ZWISCHEN)
```

Unter dem Namen Head ist der Kopf des entsprechenden Ereignismodelles aufgeführt (vergl. 3.3).

Head-Types gibt für jedes Element der Kopfrelation eine Typangabe. Der erste Eintrag verdeutlicht, daß es sich um ein zusammengesetztes Ereignismodell handelt, das rekursiv ausgewertet werden muß (vergl. 3.4). Die Typangaben für *OBJ1 und *OBJ2, $ALL-MOVING-OBJECTS, besagt, daß für eine Variablenbelegung nur bewegte Objekte infrage kommen (diese werden intern auf einer Liste unter dem Bezeichner $ALL-MOVING-OBJECTS geführt). Weitere Typangaben für die beteiligten Objekte sind:

- $ALL-OBJECTS: alle Szenenobjekte;
- $ALL-STAT-OBJECTS: alle statischen Objekte;
- $ALL-STAT-REF-OBJECTS: alle statischen Objekte, die als Referenzobjekte bei der Angabe räumlicher Relationen infrage kommen;
- $ALL-REF-OBJECTS: alle Referenzobjekte;
- $ALL-STREETS: alle Straßen;
- $ALL-BUILDINGS: alle Gebäude.

Die letzten beiden Einträge geben an, daß *T1 und *T2 der Kopfrelation Zeitvariablen sind und somit bei einem Vergleich nicht instantiiert werden dürfen (vergl. 3.4).

Die Angabe des Event-Type wird benötigt, um die Beschränkungen der Zeitvariablen entsprechend zu propagieren und um gefundene Instanzen im richtigen Format in die GSB einzutragen (vergl. 3.4).

Refutation-Tests gibt den Namen einer Prozedur an, die überprüft, ob eine sinnvolle Variablenbelegung der Kopfrelation gewählt wurde. Ist die Belegung für *OBJ1 und *OBJ2 gleich, so wird ohne auszuwerten eine neue gewählt.

Unter dem Namen Propositions sind die Relationen aufgeführt, aus denen sich das Ereignismodell UEBERHOLEN zusammensetzt.

Die nächsten beiden Einträge, Locals und Local-Types, bezeichnen Variable und deren Typ, die bei der Auswertung des Ereignismodelles nur intern benötigt werden.

Der Branching-factor gibt die Wahrscheinlichkeit an, mit der das Ereignismodell bei arbiträrer Variablenbelegung wahr ist. Der hier angegebene Wert ist der intrinsische Verzweigungsfaktor (vergl. S. 43).

Die nächsten beiden Einträge geben die allgemeineren und spezielleren Verben der Hierarchie an (siehe auch Abbildung 5.2).

Die Angabe FBV in der Zeile Verbtype klassifiziert das mit dem Ereignismodell assoziierte Verb als Fortbewegungsverb. Vier Verbtypen werden unterschieden:[13]

1. Fortbewegungsverben (FBV) (*fahren, überholen, vorbeifahren*)
2. Zustandverben (ZST) (*halten, stehen*)
3. Fortbewegungsverben mit inhärenter Richtungskomponente (DIR) (*drehen, abbiegen*)
4. Fortbewegungsverben mit ausgezeichneten Referenzobjekten (LOC) (*erreichen, ankommen*)

Diese Unterscheidung ist nötig, da sich die verschiedenen Verbtypen bezüglich der Auswahl optionaler Tiefenkasus unterschiedlich verhalten. Im nächsten Abschnitt gehen wir darauf detailliert ein.

Agent-Restr. gibt die Selektionsbeschränkung des Agenten an.

In der Zeile Deep-cases beginnt die Angabe des Kasusrahmens des Verbs. Sie ist untergliedert in obligatorische und optionale Tiefenkasus, sowie eine Angabe darüber, welche Tiefenkasus zusammen generiert werden können. Die beiden Einträge, die unter Deep-cases aufgeführt sind, bezeichnen erstens, die Stammform des zu benutzenden Verbs und zweitens, die Notationsform, in der eine Ereignisinstanz in der GSB abgelegt ist.

Als nächstes folgt die Angabe der obligatorischen Tiefenkasus. Diese Kasus müssen generiert werden, brauchen jedoch nicht an der Oberfläche zu erscheinen, z.B. im Fall elliptischer Äußerungen. Im Gegensatz dazu müssen optionale Tiefenkasus erst gar nicht generiert werden. Bei den Tiefenkasusangaben gehören immer zwei Relationen zusammen. In obigem Fall z.B. für den Agenten

```
(AGENT AGT-EXP)
(REF AGT-EXP *OBJ1)
```

[13]Eine Liste aller in NAOS implementierten Verben sowie des Verbtyps ist in Anhang B angegeben.

Die erste Relation gibt an, daß der Agent des Verbs durch einen formalen Ausdruck, AGT-EXP, dargestellt wird. Die zweite Relation besagt, daß dieser formale Ausdruck durch Anwendung der Prozedur REF auf den Parameter *OBJ1 erzeugt wird. Die weiteren Einträge sind analog zu lesen. Es wird jeweils im ersten Eintrag eines Paares der Tiefenkasus mit einem formalen Ausdruck in Beziehung gesetzt und im zweiten Eintrag wird angegeben, mit welcher Prozedur der formale Ausdruck erzeugt werden kann, wobei die mit * präfigierten Bezeichner die formalen Parameter der Prozedur sind. An dieser Stelle wird auch klar, warum die Notationsform, in der eine Ereignisinstanz in der GSB abgelegt ist, angegeben werden muß. Instanzen enthalten Konstanten, wohingegen die Kasusrahmen sich auf Formalparameter beziehen. Zu Beginn der Generierung wird deshalb die ausgewählte Ereignisinstanz mit den Parametern der Notationsform unifiziert, um die Variablenbindungen wieder herzustellen. Danach kann dann die Liste der obligatorischen und der ausgewählten optionalen Tiefenkasus sequentiell abgearbeitet werden, wobei die entsprechenden formalen Ausdrücke erzeugt werden.

In der nächsten Zeile werden die erlaubten Kombinationen für optionale Tiefenkasus angegeben. Im Fall von UEBERHOLEN ist wegen nur eines Kasus keine Angabe nötig. Wir geben hier die Kombinationen für FAHREN an, mit dem alle Kasus stehen können:

```
Combinations:
              (PATH LOCATIVE GOAL (SOURCE GOAL)(LOCATIVE GOAL)
              (PATH GOAL) (SOURCE PATH GOAL) (SOURCE LOCATIVE
              GOAL))
```

Als letzte Einträge folgen die Angaben darüber, welche Präpositionen für welche Tiefenkasus benutzt werden können. In obigem Fall werden nur die LOCATIVE Präpositionen angegeben. Diese Angaben sind nötig, da nicht jede Präposition mit jedem Verb stehen kann.

Nach dieser Darstellung der Ereignis- und Verbrepräsentation gehen wir auf die Generierung der Tiefenkasus ein.

5.3.4 Generierung obligater und optionaler Tiefenkasus

In Abbildung 5.3 sind die Prozesse schematisch dargestellt. Auf der linken Seite sind die wesentlichen Prozesse zur Vorbereitung der Generierung dargestellt. Der Prozeß *Erzeuge Textanfang* bewirkt die Generierung des standardisierten ersten Satzes eines Textes (vergl. 4.3, sowie die Beispieltexte). Auf der rechten Seite sind alle Prozesse zur Ereignisverbalisierung und -generierung dargestellt, bei denen auch auf das Partnerwissen rekurriert wird. Aus Abbildung 5.3 geht hervor, daß die Kontrollstruktur für die Verbalisierung eines Ereignisses folgendermaßen lautet:

1. Generiere Temporaladverbien nach dem Algorithmus von Abschnitt 5.3.1;
2. Generiere formale Strukturen für die obligaten Tiefenkasus des Verbs;
3. Wähle optionale Tiefenkasus;
4. Falls unter den gewählten optionalen Tiefenkasus solche sind, die nicht mit dem Verb stehen können, löse den Konflikt;
5. Generiere formale Strukturen für die optionalen Tiefenkasus;
6. Füge die generierten Strukturen zu einer Einheit zusammen, so daß SUTRA daraus einen Aussagesatz generiert.

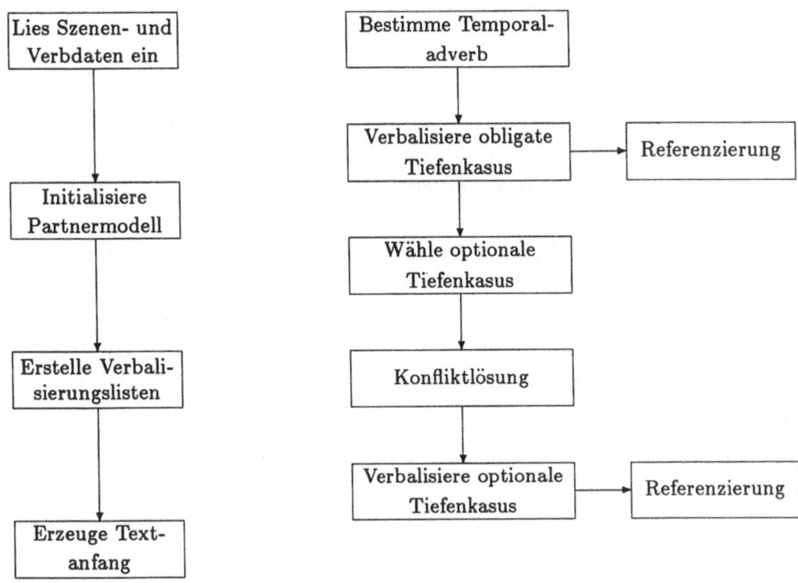

Abb. 5.3 Prozesse (schematisch)

Bevor wir auf die einzelnen Schritte des Algorithmus eingehen, einige Bemerkungen zu den verwendeten Tiefenkasus. Gegenwärtig werden in NAOS folgende Tiefenkasus benutzt: AGENT, OBJECTIVE, INDOBJ, TENSE, SOURCE, LOCATIVE, PATH und GOAL. Bis auf die Kasus TENSE und INDOBJ sind alle Kasus gebräuchlich. TENSE beinhaltet außer temporalen Adverbialphrasen auch die Verbzeit, die bei *Fillmore 68* in die MODALITY Angabe eingeht, die ebenfalls den Satzmodus (imperativ, indikativ, interrogativ) sowie das Genus Verbi (aktiv, passiv) enthält. In NAOS wird gegenwärtig nur Präsens erzeugt.

Die Einführung des Kasus INDOBJ hängt mit der Verarbeitung der Tiefenkasus in SUTRA zusammen. Tiefenkasus wurden eingeführt, um semantisch relevante Beziehungen zwischen den Mitspielern eines Verbs zu repräsentieren. Diese Rollen der Mitspieler sind unabhängig von der konkreten Realisierung an der Oberfläche. SUTRA generiert z.B. den OBJECTIVE eines UEBERHOLEN Ereignisses bei einem Passivsatz im Nominativ und bei einem Aktivsatz im Akkusativ. Aus Gründen der Vereinfachung generiert SUTRA jedoch bei Aktivsätzen einen OBJECTIVE grundsätzlich im Akkusativ (vergl. *Busemann 83*, S. 47).[14] Bei dem Verb *nähern*, das eine Sonderstellung einnimmt, muß jedoch der OBJECTIVE im Dativ generiert werden: *Der PKW nähert sich dem Haus.* Die Kasusbezeichnung INDOBJ dient dazu, eine Generierung im Dativ zu erzwingen. Man beachte, daß die Generierung des Dativs nicht mit der Reflexivität des Verbs zusammenhängt, da andere reflexive Verben den Akkusativ fordern, z.B. *Er wäscht sich den Hals.* Der Oberflächenkasus ist somit zum Teil verbabhängig. Bei *nähern* tritt eine weitere Besonderheit auf, nämlich die Reihen-

[14] An der angegebenen Stelle fordert Busemann ebenfalls eine Klassifizierung der Verben in Hinblick auf ihre Oberflächenkasus. Da in HAM-ANS, für das SUTRA verwendet wurde, nur wenige Verben vorkommen, ist das Problem der verbabhängigen Stellung der Satzglieder nicht aufgetreten. Eine Klassifizierung der Verben im Lexikon muß ebenfalls Abweichungen von der üblichen Stellung der Satzglieder enthalten (z.B. bei *nähern*, siehe oben).

folge von Dativ- und Akkusativobjekt beim nicht reflexiven Gebrauch. In *Brockhaus-Wahrig 82* wird für *nähern* angegeben:

> 1 *sich (jmdm. od etwas)* **nähern,** *näher an jmdn. od. etwas herankommen, sich auf jmdn. od. etwas zubewegen, auf jmdn. od. etwas zugehen;*
> *2 etwas etwas anderem nähern, näher an etwas heranbringen;*

Bei nicht reflexivem Gebrauch des Verbs *nähern* steht an der Oberfläche erst der Akkusativ und dann der Dativ. Dies ist eine Ausnahme gegenüber der üblichen Satzgliedstellung, bei der der Akkusativ dem Dativ folgt. Dadurch wird verdeutlicht, daß die Satzgliedstellung verbabhängig ist. In SUTRA ist diese Verbabhängigkeit nicht vorgesehen. In der Implementation von NAOS wurde SUTRA dahingehend geändert, daß im Wortlexikon ein Eintrag vorhanden ist, der die Satzgliedstellung bei abweichenden Verben angibt. Somit können auch beim nicht reflexiven Gebrauch von *nähern* korrekte Oberflächensätze erzeugt werden.

Wir gehen nun auf die einzelnen Schritte des Algorithmus ein.

Der erste Schritt wurde bereits dargestellt (siehe 5.3.1).

Der zweite Schritt besteht aus den Teilschritten:

1. Hole die obligaten Tiefenkasus aus der Ereignisrepräsentation;
2. Wende die dort angegebenen Prozeduren zur Erstellung formaler Ausdrücke an.

Für UEBERHOLEN werden z.B. folgende Informationen für die Generierung der obligaten Kasus gefunden:

```
(AGENT AGT-EXP)
(REF AGT-EXP *OBJ1)
(TENSE TNS-EXP)
(TIME-REF TNS-EXP *T1 *T2)
(OBJECTIVE OBJ-EXP)
(REF OBJ-EXP *OBJ2)
```

Bei einer Instanz, z.B. (UEBERHOLEN PKW1 PKW2 (0. 12.) (18. 24.)), werden zur Erzeugung der AGT-EXP, der TNS-EXP und der OBJ-EXP die Prozeduren (REF PKW1), (TIME-REF (0. 12.) (18. 24.)) und (REF PKW2) aufgerufen. Eine Zusammenstellung aller Prozeduren zur sprachlichen Referenzierung interner Bezeichner, sowie deren Wirkungsweise folgt im Abschnitt Referenzierung.

Schritt drei und vier des Algorithmus werden im folgenden erläutert.

5.3.4.1 Auswahl optionaler Tiefenkasus durch Antizipation

Durch die Generierung optionaler Tiefenkasus kann der Sprecher dem Hörer eine genauere Vorstellung ermöglichen als nur durch die Generierung obligater Tiefenkasus und damit zum Erreichen des Textzieles beitragen.

Der im folgenden vorgestellte Auswahlalgorithmus berücksichtigt den Verstehensprozeß des Hörers in gewissem Grade und vermeidet eine explizite Rückkopplung durch z.B. eine Parsingkomponente. Die Vorgehensweise ist dadurch zielgerichtet, daß bei der Auswahl jeweils geprüft wird, ob die Information schon bekannt ist. Dadurch wird Redundanz vermieden. Aus dem Algorithmus geht ebenfalls hervor, daß Tiefenkasus danach ausgewählt werden, welche Information der Hörer benötigt, um sich ein Bild machen zu können und nicht danach, welche Tiefenkasus mit einem Verb stehen können. Dies führt zu Konflikten, die geeignet aufgelöst werden müssen. Ein geeignetes Verfahren wird im nächsten Abschnitt vorgestellt.

Abbildung 5.4 stellt den Auswahlalgorithmus graphisch dar, der im folgenden erläutert wird. In

EREIGNISTYP	VERBTYP	TIEFENKASUS
NON-DURATIVE, INCHOATIVE	DIR	LOCATIVE?
	FBV	DIRECTION?, LOCATIVE?
	LOC	DIRECTION?
RESULTATIVE	DIR,FBV	LOCATIVE?
	LOC	NIL
DURATIVE $T_{beg} = SB \wedge T_{end} = SE$	LOC	NIL
	DIR, ZST	LOCATIVE?
	FBV	DIRECTION?, LOCATIVE?
$T_{beg} = SB \wedge T_{end} \neq SE$	ZST	LOCATIVE?
	DIR, LOC	NIL
	FBV	DIRECTION?
$T_{beg} \neq SB \wedge T_{end} = SE$	DIR, ZST	LOCATIVE?
	FBV	SOURCE?, DIRECTION?
	LOC	NIL
$T_{beg} \neq SB \wedge T_{end} \neq SE$	LOC	NIL
	DIR, ZST	LOCATIVE?
	FBV	SOURCE?, GOAL?

Abb. 5.4 Tiefenkasuswahl

der linken Spalte sind außer Ereignistypen auch Zeitangaben enthalten, die wie folgt zu lesen sind:

- T_{beg}, T_{end} entsprechen dem Anfang bzw. dem Ende eines durativen Ereignisses;
- SB und SE entsprechen dem Anfang bzw. dem Ende der Szene;
- ZST, DIR, FBV und LOC entsprechen den in 5.3.3 eingeführten Verbtypen.

Die Fragezeichen hinter den Tiefenkasusangaben bedeuten: Generiere diesen Kasus, vorausgesetzt es handelt sich um eine Angabe, die dem Partner bisher unbekannt ist. Um dies zu entscheiden, wird anhand des Partnermodelles überprüft, welche Angaben dem Hörer bekannt sind. Hat sich eine Veränderung gegenüber den bekannten Angaben ergeben, so wird der entsprechende Kasus generiert. Die Kasusbezeichnung DIRECTION ist als Sammelbegriff für eine SOURCE Angabe mit dem präpositionalen Ausdruck *aus Richtung* und für eine GOAL Angabe mit *in Richtung* anzusehen.

Die Graphik ist folgendermaßen zu lesen: Soll ein Ereignis wie UEBERHOLEN, das vom Typ NON-DURATIVE ist, genannt werden, so werden aufgrund des Verbtyps, FBV, die Kasus DIRECTION? und LOCATIVE? generiert. Die Fragezeichen haben dabei obige Bedeutung.

Ob ein gewählter Kasus generiert wird, hängt davon ab, ob die Angabe neu für den Hörer ist. Dies entspricht der Aufgabe, nur Sprechakte vom Typ INFORMIEREN zu generieren (vergl. 4.3).

Dem Entwurf des Auswahlalgorithmus liegen folgende Überlegungen zugrunde:

1. Was kann sich der Hörer eines einfachen Aussagesatzes, der nur obligate Tiefenkasus enthält, vorstellen?
2. Welche räumlichen Angaben sollten gemacht werden, um den Trajektorienverlauf genauer anzugeben (zeitliche Angaben wurden in 5.3.1 diskutiert)?
3. Von welchen weiteren Verbeigenschaften hängt die Generierung optionaler Tiefenkasus ab?

Zur Beantwortung der ersten Frage betrachten wir einige Beispiele:

1. *Ein gelber PKW überholt einen LKW*
2. *Der PKW hält an*
3. *Ein PKW fährt*

Die Beispiele verdeutlichen, daß sich der Hörer keine genaue Vorstellung davon bilden kann, wo die genannten Bewegungen stattgefunden haben. Es gibt für ihn zu viele Möglichkeiten, sich die genannten Bewegungen vorzustellen. Dies führt zur zweiten Frage.

Prinzipiell sollte der Anfangsort, Pfad und Zielort einer Bewegung genannt werden. Bei Kenntnis des statischen Hintergrundes kann der Hörer aus der Angabe des Anfangs- und Zielortes die Richtung der Bewegung inferieren. Sind diese Angaben nicht möglich, so muß eine Richtungsangabe generiert werden.

Allgemein nicht-durative (in der Graphik non-durative genannt), inchoative und resultative Verben unterscheiden sich von durativen Verben dadurch, daß Aussagesätze im Präsens vom Hörer so verstanden werden, daß die genannten Ereignisse in einem abgeschlossenen Intervall innerhalb der Szenenzeit gültig sind. Durative Verben hingegen werden so verstanden, als ob sie während der gesamten Zeit gültig wären (wenn keine Quell- oder Zielangaben mitgenannt werden).

Bei nicht-durativen und inchoativen Verben werden als Tiefenkasus DIRECTION und LOCATIVE gewählt, wenn das Verb zur Gruppe der Fortbewegungsverben gehört. Bei Verben mit ausgeprägter Richtungskomponente (z.B. *drehen, wenden*) wird eine LOCATIVE Angabe generiert, da die Richtung häufig zu den obligatorischen Kasus gehört oder vom Hörer, aufgrund vorheriger Angaben, inferiert werden kann (z.B. *Ein PKW fährt in Richtung Hallerplatz. Er wendet vor dem Fachbereich.*). Bei Verben vom Typ LOC, bei denen eine Ortsangabe obligatorisch ist, wird DIRECTION verbalisiert.

Bei resultativen Verben wird beim Verbtyp DIR, FBV eine LOCATIVE Angabe generiert, die vom Hörer wie eine Zielangabe verstanden wird (z.B. *Er hält an der Ampel an.*). Bei Verben vom Typ LOC (z.B. *erreichen*), bei denen das Referenzobjekt in der Instanz vorgegeben ist (z.B. (ERREICHEN PKW1 SCHLUETERSTRASSE (10. 15.) 16.)), da es gesehen werden muß, wird kein Tiefenkasus generiert.

Die Wahl der Tiefenkasus richtet sich bei durativen Verben sowohl nach dem Verbtyp als auch nach dem Zeitintervall, für das sie gültig sind. Für Verben vom Typ LOC wird aber unabhängig davon kein Tiefenkasus generiert. Im ersten Fall (siehe Abbildung 5.4) ist das entsprechende

Objekt vom Anfang der Szene bis zum Ende im Bild und bewegt sich. In diesem Fall können keine Angaben über Quelle oder Zielort der Bewegung gemacht werden, da kein Wissen darüber vorhanden ist. Es werden deshalb, abhängig vom Verbtyp, LOCATIVE und DIRECTION oder nur LOCATIVE generiert. Im zweiten Fall endet das Ereignis vor dem Szenenende. Bei statischen Verben wird dann eine Ortsangabe generiert. Bei direktionalen Verben wird keine Angabe und bei Fortbewegungsverben wird eine Richtungsangabe generiert. Man kann hierbei davon ausgehen, daß das Ende der Bewegung durch ein resultatives Verb beschrieben wird, mit dem dann die Ortsangabe steht. Deshalb wird hier kein GOAL generiert. Im dritten Fall beginnt das Ereignis nach dem Szenenanfang und endet mit dem Szenenende. Für Zustandsverben und direktionale Verben wird eine LOCATIVE Angabe generiert, für Verben vom Typ FBV werden SOURCE und DIRECTION generiert. Der letzte Fall ermöglicht eine Generierung von SOURCE und GOAL, da die Bewegung erst nach Beginn der Szene begonnen hat und vor dem Ende aufgehört hat.

Da die Tiefenkasus danach ausgewählt werden, welche Information der Hörer benötigt, um sich eine Vorstellung machen zu können und nicht danach, welche Tiefenkasus mit dem Verb stehen können, ist es möglich, daß Konflikte auftreten. Im folgenden gehen wir genauer auf diesen Fall ein.

5.3.4.2 Konfliktauflösungen

Zwei Arten von Konflikten treten auf. Zum einen sollen Tiefenkasus, die nicht mit dem Verb stehen können, generiert werden, zum anderen kann ein Kasus ausgewählt werden, der nur zusammen mit anderen Kasus generiert werden darf (z.B. ein SOURCE für das Verb *fahren*, der nur zusammen mit einem GOAL generiert werden kann).

Prinzipiell ist das Verfahren zur Auflösung von Konflikten, unter Zuhilfenahme der Ereignisrepräsentation, speziell der Angabe der erlaubten Kasuskombinationen, und der Verbhierarchie, einfach zu realisieren. Der Algorithmus lautet folgendermaßen:

1. Prüfe anhand der Ereignisrepräsentation, ob die Kasus für sich genommen mit dem Verb stehen dürfen, falls nein, gehe zu 2., ansonsten:
   - wenn die Kombination der Kasus ebenfalls mit dem Verb stehen darf, generiere die Kasus,
   - ansonsten wähle erlaubte Kombination;
2. falls das Verb zum Typ DIR oder FBV gehört,[15] gehe, in Abhängigkeit von der Klassenzugehörigkeit des Agenten, in der Verbhierarchie zu den allgemeineren Verben:
   - generiere den unzulässigen Kasus mit *fahren* oder *gehen* (je nach Agent),
   - generiere die restlichen Kasus mit dem ursprünglichen Verb.

Aus dem zweiten Schritt des Algorithmus geht hervor, daß bei unerlaubten Kasus zwei Sätze generiert werden. Einer, mit einem allgemeineren Verb, mit dem der Kasus stehen kann, und ein weiterer mit dem eigentlichen Ereignis.

Theoretisch kann das aufgrund von Schritt eins des Generierungsalgorithmus (siehe S. 84), bei dem Temporaladverbien erzeugt werden, zu Problemen führen. Betrachten wir dazu ein Beispiel.

[15] Die Kasus für Verben vom Typ ZST können immer generiert werden (vergl. Abbildung 5.4).

Nehmen wir an, Ereignis A und Ereignis B sollen nacheinander verbalisiert werden. Weiterhin wird festgestellt, daß Ereignis B innerhalb von Ereignis A stattfand, woraufhin das Adverb *dabei* bei der Verbalisierung von B an den Anfang gestellt wird (z.B. *Ein PKW fährt auf der Schlüterstraße. Dabei überholt er einen LKW.*). Wenn nun mit Ereignis B ein Tiefenkasus generiert werden soll, der nicht mit dem Verb stehen kann, werden zwei Sätze für Ereignis B generiert, erst Ereignis C (mit dem für B unerlaubten Kasus) und dann Ereignis B. Um die zeitliche Inklusion von B in A weiterhin mit dem Temporaladverb zu verdeutlichen, müssen in diesem Fall zwei koordinierte Hauptsätze gebildet werden: *Ereignis A. Dabei Ereignis C und Ereignis B.* Selbst bei dieser Konstruktion ist das Mißverständnis, daß Ereignis C und Ereignis B konsekutiv sind aber innerhalb von A stattgefunden haben, nicht auszuschließen. Die Möglichkeit dieses Mißverständnisses wird jedoch gering eingeschätzt, da Ereignis C grundsätzlich mit einem allgemeineren Verb beschrieben wird als Ereignis B und somit vom Hörer mitverstanden wird, wenn Ereignis B genannt wird.

Der entsprechende Algorithmus, mit dem dieser Fall behandelt wird, ist implementiert worden. Es wurden auch entsprechende Testdaten erzeugt, um die korrekte Ausführung zu überprüfen. Bisher ist jedoch dieser Fall bei der Beschreibungsgenerierung, auch längerer Szenen, nicht aufgetreten. Dies hat mehrere Gründe. Zum einen kommen nur vier verschiedene Tiefenkasus infrage, die als optionale Angaben generiert werden können (vergl. Abbildung 5.4). Bei diesen vier Kasus treten nur bei SOURCE, DIRECTION und GOAL Probleme auf, da ein LOCATIVE mit fast allen Verben stehen kann. Richtungsangaben wiederum werden im Falle von Fortbewegungsverben, bis auf zwei Fälle (siehe Abbildung 5.4), immer generiert, wenn sie noch unbekannt sind. Da nun die meisten relevanten Angaben bereits in den ersten Ereignissen genannt werden, bei denen keine Temporaladverbien auftreten, tritt obiger Fall selten ein. Ein weiterer Grund ist der, daß aufgrund der Ereignisauswahl nicht viele Ereignisse gleichzeitig stattfinden. Schließlich trägt sicherlich auch die Domäne der Straßenszenen dazu bei, daß der Fall nicht häufig auftritt, da viele Agenten sich auf vorgeschriebenen Bahnen bewegen, was z.B. ein häufiges Verbalisieren der Richtung überflüssig macht. Hinzu kommt, daß gerade Richtungswechsel auch von Verben ausgedrückt werden (z.B. *abbiegen, einbiegen*) und damit als optionale Angaben allgemeinerer Verben entfallen.

An dieser Stelle fassen wir zusammen. Abbildung 5.3 auf S. 85 zeigt die Prozesse schematisch.

Im wesentlichen sind bisher für jedes Objekt Ereignisse ausgewählt und linearisiert worden. Weiterhin wurde entschieden, welche optionalen Tiefenkasus mit einem Ereignis verbalisiert werden sollen. Im folgenden stellen wir die Prozesse zur Generierung der Tiefenkasus vor. Der Kasus TENSE wird gegenwärtig rudimentär behandelt, da nur Präsens generiert wird. Bei den Kasus AGENT und OBJECTIVE ist das Hauptproblem die Generierung von Nominalphrasen für interne Bezeichner. Bei den räumlichen Tiefenkasus kommt neben der Nominalphrasengenerierung noch die Wahl der Präposition dazu. Wir bezeichnen diesen Prozeß der Sprachgenerierung interner Daten als *Referenzierung*.

5.3.5 Referenzierung

Die Referenzierung umfaßt sowohl Nominal- als auch Präpositionalphrasengenerierung. Das Ziel dieser beiden Teilprozesse ist es, interne Bezeichner sprachlich so auszudrücken, daß sie für den Hörer eindeutig sind. Für diese Aufgabe ist es von Bedeutung, wie die zugrundegelegte Datenbasis aufgefaßt wird. Geht man, wie bei HAM-ANS (*Hoeppner et al. 83*) von einer **closed-world assumption** aus (*Reiter 77*), so ergeben sich andere Möglichkeiten Objekte zu charakterisieren als bei einer **open-world assumption**.

Closed-world assumption bedeutet, daß die Datenbasis als vollständig aufgefaßt wird, d.h. ist ein Eintrag nicht vorhanden, so gilt er auch nicht. Am Beispiel der Charakterisierung von Objekten werden die Auswirkungen besonders deutlich. Nehmen wir zwei Objekte an, von denen eines einen Eintrag, z.B. (FARBE OBJ1 GRUEN) hat. Da das zweite Objekt keinen Farbe-Eintrag hat, kann es unter der Annahme der Vollständigkeit der Datenbasis als *das Objekt, das nicht grün ist* charakterisiert werden. Die Negativcharakterisierungen in HAM-ANS basieren auf dieser Annahme.

In NAOS gehen wir von einer open-world assumption aus d.h., daß nur die Einträge in der Datenbasis wahr sind und darüberhinaus nichts bekannt ist. Über Dinge, die nicht repräsentiert sind, ist kein Wissen vorhanden. Im Kontext des obigen Beispiels bedeutet das insbesondere, daß der Farbe-Eintrag für OBJ1 nicht zur Diskriminierung dieses Objektes von OBJ2 herangezogen werden kann, da unbekannt ist welche Farbe OBJ2 hat. Als Konsequenz der open-world Annahme muß daher gefordert werden, daß Eigenschaften, die zur Objektcharakterisierung herangezogen werden sollen, für alle Objekte erkannt werden müssen. Bei photometrischen Eigenschaften läßt sich diese Forderung durch Analyse von Farbaufnahmen erfüllen.

Die Nominalphrasengenerierung wird in NAOS von der Prozedur REF geleistet. Bei der Präpositionalphrasengenerierung wird zweistufig vorgegangen, zuerst wird die Präposition bestimmt und danach wird wiederum REF aufgerufen, um eine sprachliche Beschreibung des Referenzobjektes zu erzeugen. Wir stellen im folgenden die verschiedenen Referenzierungskomponenten für räumliche Angaben vor und gehen danach detailliert auf die Nominalphrasengenerierung ein.

In NAOS sind folgende Referenzierungsprozesse realisiert:

TIME-REF:	Verbzeit (gegenwärtig nur Präsens);
LOC-REF:	LOCATIVE Angaben;
SRC-REF:	SOURCE Angaben;
GOAL-REF:	GOAL Angaben;
P-REF:	PATH Angaben;
INDOBJ-REF:	Spezialfall zur Angabe eines OBJECTIVE im Dativ.
REF:	Nominalphrasengenerierung

Im jetzigen Ausbaustadium des NAOS Systems sind sechs von den 19 implementierten Primitiven (vergl. 3.3) präpositionale Angaben, nämlich AUF, BEI, HINTER, NAHE, NEBEN und VOR. Wir gehen davon aus, daß alle Instantiierungen dieser Primitive durch die Ereigniserkennung in die GSB eingetragen wurden und somit für die Verbalisierung zur Verfügung stehen. Das Problem der Bestimmung räumlicher Tiefenkasus reduziert sich somit darauf, die entsprechenden Angaben aus der GSB zu entnehmen. Dadurch wird eine explizite Behandlung präpositionaler Relationen umgangen.[16] Im folgenden gehen wir auf den Referenzierungsprozeß LOC-REF ein.

---

[16]Die Probleme der Bestimmung und des Gebrauchs präpositionaler Angaben können kaum überschätzt werden, siehe dazu z.B. *Bogges 79, Herskovits 85*. Im Rahmen des NAOS Systems wurden ebenfalls weiterführende Untersuchungen durchgeführt (*Carsten und Janson 84*).

Nehmen wir an, die Tiefenkasuswahl entscheidet, daß zu einer UEBERHOLEN Instanz ein LOCATIVE verbalisiert werden soll. Schritt fünf des Algorithmus auf S. 84 fordert die Erzeugung formaler Strukturen für die optionalen Tiefenkasus. Die Ereignisrepräsentation stellt dazu die Information

(LOCATIVE LOC-EXP)
(LOC-REF LOC-EXP *OBJ1 *T1 *T2)

Loc-preps: (AN AUF BEI HINTER IN NEBEN UEBER UNTER
VOR ZWISCHEN)

zur Verfügung. Weiterhin liegt die Instanz des UEBERHOLEN Ereignisses vor, die dem Muster

(UEBERHOLEN *OBJ1 *OBJ2 *T1 *T2)

genügt, wobei die Variablen durch Konstanten ersetzt sind. Die Prozedur LOC-REF wird nun mit den Parametern *OBJ1, *T1 und *T2 aufgerufen, um den Ausdruck LOC-EXP zu erstellen. LOC-REF arbeitet wie folgt:

1. Hole die Liste der erlaubten Präpositionen für das Verb;
2. Ist die Liste leer, gib NIL aus und verlasse die Prozedur;
3. Nimm erstes Listenelement;
    - solange Einträge mit diesem Listenelement in der GSB vorhanden sind:[17]
        - falls der Eintrag **passend** ist, gib ihn aus und verlasse die Prozedur;
        - ansonsten, nimm nächsten Eintrag;
    - kein Eintrag mit diesem Listenelement, streiche es von der Liste und gehe zu 2.

Ein Eintrag ist **passend**, wenn er folgenden Bedingungen genügt:

1. Bringt die Ereignisinstanz zwei Objekte in Relation zueinander, wie z.B. obiges UEBERHOLEN, so darf das zweite Objekt des präpositionalen Eintrages **nicht** mit dem zweiten Objekt des Ereignisses identisch sein (also nicht (UEBERHOLEN PKW1 LKW1 T1 T2) und (NEBEN PKW1 LKW1 T1 T2));
2. Das zweite Objekt des präpositionalen Eintrages muß zum Typ $ALL-STAT-REF-OBJECTS gehören (vergl. S. 82);[18]
3. Das Ereignisintervall muß im Gültigkeitsbereich der präpositionalen Relation liegen, wobei bei Ereignissen, deren Anfang und/oder Ende in einem Intervall liegen, die größere Anfangszeit bzw. die kleinere Endzeit zur Festlegung des Ereignisintervalles genommen werden.

Die Evaluierung von LOC-REF beschränkt sich also im wesentlichen auf Zugriffe auf die GSB. Aus dem Algorithmus ist allerdings auch ersichtlich, daß die innere Schleife durch eine explizite

[17] Ein präpositionaler Eintrag in der GSB hat dieselbe Form wie ein instantiiertes Ereignismodell, z.B. (AUF PKW1 HARTUNGSTRASSE 20. 34.).

[18] Wir beschränken uns hier auf die Angabe räumlicher Relationen zu statischen Objekten. Zum einen ist die räumliche Relation eines bewegten Objektes zu einem anderen nur dann für den Hörer informativ, wenn ihm der genaue Trajektorienverlauf des anderen Objektes bekannt ist. Zum anderen erscheinen die wesentlichen Bedingungen, unter denen solche Angaben gemacht werden können gegenwärtig ungeklärt.

Berechnung der Relationen ersetzt werden kann. Dabei können dann die Primitive wie bei der Ereigniserkennung berechnet werden.

Die anderen Referenzierungsprozesse SRC-REF, GOAL-REF und P-REF sind analog zu LOC-REF aufgebaut und werden deshalb nicht im Einzelnen dargestellt. Bei SRC-REF und GOAL-REF muß darauf geachtet werden, daß die gefundene Relation nur am Anfang bzw. nur am Ende des Ereignisintervalles gültig ist. Wir wollen jedoch auf eine Besonderheit von SRC-REF eingehen.

Für eine SOURCE Angabe stehen im wesentlichen nur die Präpositionen *aus* und *von* zur Verfügung, sowie Ausdrücke wie *aus Richtung.* Diese Angaben zeichnen sich, perzeptiv gesehen, durch eine bemerkenswerte Ungenauigkeit aus. *Von* kann als eine Art Sammelbegriff für die Angabe so verschiedener Relationen wie *vor, neben, zwischen, auf* etc. angesehen werden. Eine genaue räumliche Angabe ist mit den SOURCE Präpositionen nicht möglich. Ist eine solche Angabe jedoch aufgrund des Sprecherzieles notwendig, so gibt es zumindest zwei syntaktische Varianten, die eine genaue Angabe des Quellortes erlauben:

1. Beschreibe den Ort des Objektes. Beschreibe dann die Bewegung und beziehe Dich deiktisch auf den Ort. Z.B. *Er befindet sich 2m vor dem Eingang zur Post. Von* **dort** *fährt er in Richtung Hallerplatz.*
2. Erzeuge einen Platzhalter für die genaue Ortsangabe auf den man sich mit *von* beziehen kann. Z.B. *Er fährt von* **der Stelle**, *zwei Meter vor dem Eingang zur Post, in Richtung Hallerplatz.*

Diese Beispiele verdeutlichen, daß syntaktische Konstruktionen in hohem Maße durch das Sprecherziel beeinflußt werden. Sie sind nicht so sehr eine Frage des Stils (vergl. im Gegensatz dazu *McDonald und Pustejovsky 85*) als vielmehr der Notwendigkeit zum Erreichen eines Zieles.[19]

Die Präpositionen *aus* und *von* gehören nicht zu den Primitiven von NAOS. Bei der Evaluierung von SRC-REF wird so vorgegangen, daß passende Einträge mit den Präpositionen *neben* und *vor* gesucht und im Erfolgsfall mit der Präposition *von* verbalisiert werden. Sowohl SRC-REF als auch GOAL-REF können auf zwei Arten arbeiten. Zum einen in der beschriebenen Weise und zum anderen zur Generierung obligater SOURCE (z.B. *abbiegen von*) bzw. GOAL Angaben (z.B. *einbiegen in*). Im letzten Fall wird das SOURCE bzw. GOAL Objekt direkt an die Prozedur übergeben und die entsprechende Präpositionalphrase erzeugt.

Richtungsangaben werden als SOURCE oder GOAL mit den Ausdrücken *aus Richtung* oder *in Richtung* realisiert. Die Berechnung erfolgt anhand der LAGE-Einträge des entsprechenden Objektes. Mithilfe zweier Punkte der Trajektorie wird eine Gerade bestimmt, deren Winkel zur x-Achse des Koordinatensystems berechnet wird. Stellt man sich ein um 45° gedrehtes Koordinatenkreuz in der Mitte des statischen Hintergrundes vor, so bekommt jeder 90° Sektor den Namen der in diesem Bereich liegenden Straße (Dammtor, Grindelhof, Hallerplatz, Rothenbaumchaussee). Je nach Lage und Richtung der berechneten Geraden wird der entsprechende Name ausgegeben.

Das Verb *nähern* hat unter den obligaten Tiefenkasus die Angabe

[19] Betrachtet man *Stil* als einen Begriff, der die textsorten- und sprecherzielabhängigen syntaktischen Optionen beschreibt, so sind wir einer Meinung mit *McDonald und Pustejovsky 85.*

(INDOBJ INDOBJ-EXP)
(REF INDOBJ-EXP *OBJ2)

Diese Angabe bewirkt, daß REF eine Nominalphrase für die Instanz von *OBJ2 erzeugt, die mit der Markierung INDOBJ an SUTRA weitergegeben wird, woraufhin sie an der Oberfläche im Dativ erscheint.

Das Verb *vorbeifahren* hingegen hat als obligate Tiefenkasus, u.a.

(INDOBJ INDOBJ-EXP)
(INDOBJ-REF INDOBJ-EXP *OBJ2)

INDOBJ-REF bewirkt dabei die Generierung einer Präpositionalphrase der Form *an OBJ2*. Linguistisch gesehen ist diese Angabe ein LOCATIVE und kein indirektes Objekt. SUTRA kann jedoch keine zwei LOCATIVE generieren, wie dies z.B. in dem Satz *Der VW fährt auf der Schlüterstraße an dem Fußgänger vorbei* der Fall ist. Um solche Konstruktionen zu ermöglichen, wurde obige Konstruktion gewählt (siehe auch Kapitel 6).

Im folgenden gehen wir auf die Nominalphrasengenerierung ein, die auch für die sprachliche Beschreibung der Referenzobjekte der Präpositionalphrasen benötigt wird.

5.3.5.1 Nominalphrasengenerierung

Das grundlegende Prinzip der Nominalphrasengenerierung (NP-Generierung) besteht darin, Mehrdeutigkeiten zu vermeiden (vergl. *Herrmann und Laucht 76*) und durch Einsatz von Pronominalisierungen zur Kohärenz des Textes beizutragen. Der verwendete Algorithmus entspricht im wesentlichen dem von HAM-RPM (siehe *Wahlster et al. 78, von Hahn et al. 80*), der auf den psycholinguistischen Untersuchungen von *Herrmann und Deutsch 76* beruht. Die Verwendung des Partnermodelles und des Koreferenzennetzes bei der NP-Generierung, wodurch die Generierung *pragmatischer Anaphern*[20] (*Clark und Marshall 81*) ermöglicht wird, ist in *Jameson und Wahlster 82* vorgestellt worden. Die Unterschiede des hier verwendeten Algorithmus bestehen darin, daß wir eine open-world Annahme zugrunde legen und auf eine Objektcharakterisierung durch räumliche Relationen zu anderen Objekten verzichten. Bei bewegten Objekten erscheint eine Charakterisierung durch die durchgeführte Bewegung plausibler als die nur schwer durchführbare Charakterisierung durch eine Ortsangabe. Für statische Objekte sind Ortsangaben sinnvoll, jedoch ist diese Art der Charakterisierung gegenwärtig nicht implementiert. Ein weiterer Unterschied besteht darin, daß keine FUZZY-Werte eingesetzt werden, um das Zutreffen einer Eigenschaft zu repräsentieren, die dann durch eine linguistische Hecke ausgedrückt werden kann, z.B. *der LKW, der ziemlich groß ist* (vergl. *von Hahn et al. 80*).

Die wesentlichen Wissensquellen für die NP-Generierung sind die GSB, das Partnermodell, das Koreferenzennetz und ein Vorerwähntheitsgedächtnis. Dieses Gedächtnis entspricht grob dem Kurzzeitgedächtnis des Hörers. In ihm werden die jeweils letzten drei referenzierten Objekte, die nicht a priori bekannt waren, mit der erzeugten Charakterisierung gespeichert. Objekte, die im Vorerwähntheitsgedächtnis abgelegt sind, bezeichnen wir als **direkt vorerwähnt**.

[20] Eine *pragmatische Anapher* ist eine definite Kennzeichnung eines Objektes, das im Diskurs noch nicht erwähnt wurde, aber als dem Partner bekannt vorausgesetzt wird.

Die Charakterisierung unbekannter Objekte erfolgt durch ihre Klassenzugehörigkeit und ihre Eigenschaften. Bei mehreren vorhandenen Eigenschaften wird nach einer Dimensionspräferenzliste vorgegangen (vergl. *Herrmann und Laucht 76*), die im System als Liste kodiert ist: (FARBE GROESSE ALTER ...). Kann das Objekt nicht durch Eigenschaften von bereits genannten Kohyponymen abgegrenzt werden, so wird eine Standardphrase (e- ander <Eigenschaft> <Klasse>)[21] erzeugt. Die Beschreibung (ander <Eigenschaft> <Klasse>) wird dem Objekt systemintern fest zugeordnet und auch bei Wiedereinführungen benutzt (siehe Text2, vierter Paragraph). Falls ein Objekt das einzige seiner Klasse ist, wird es mit definitem Artikel in den Diskurs eingeführt.

Bei der Charakterisierung bekannter Objekte wird geprüft, ob pronominalisiert werden kann, oder ob es sich um eine Wiederaufnahme in den Diskurs handelt. Wir betrachten diese beiden Fälle gesondert.

5.3.5.2 Pronominalisierung

Für die Pronominalisierung gilt, ebenso wie für die NP-Generierung, die Maxime, Mehrdeutigkeiten zu vermeiden. Der in NAOS verwendete Algorithmus generiert Pronomina nur dann, wenn Verwechslungen mit Sicherheit ausgeschlossen werden können. Unter dieser Voraussetzung werden Beispiele wie das folgende nicht generiert:[22]

> John didn't marry a Swedish woman.
> She was Norwegian.

In NAOS werden nur Beschreibungen für bewegte Objekte erzeugt. Der Algorithmus ist auf die eindeutige Pronominalisierung bewegter Objekte beschränkt und stellt in dieser Hinsicht eine Erweiterung des in *McDonald 78* vorgestellten Verfahrens dar. Der Algorithmus lautet wir folgt:

1. Ist das Objekt direkt vorerwähnt und wurde im vorangegangenen Satz ein weiteres bewegtes Objekt erwähnt, das die gegenwärtig zu beschreibende Bewegung ebenfalls ausführen kann, so wird es mit definitem Artikel charakterisiert (dieser Fall entspricht der Wiederaufnahme, siehe unten);
2. Ist das Objekt direkt vorerwähnt und wurde im vorangegangenen Satz ein weiteres bewegtes Objekt erwähnt, das aufgrund von Selektionsbeschränkungen nicht mit dem gegenwärtigen Verb stehen kann, so wird pronominalisiert;
3. Ist das Objekt direkt vorerwähnt und wurde vorher kein weiteres bewegtes Objekt erwähnt, so wird pronominalisiert.

Beispiele zu den verschiedenen Fällen verdeutlichen den Algorithmus:

1. *Ein VW nähert sich dem LKW.* **Der VW** *hält an.*
2. *Ein VW nähert sich dem Fußgänger.* **Er** *bremst.*
3. *Ein VW fährt in Richtung Hallerplatz. Dabei überholt* **er** *einen LKW.*

Schritt eins des Algorithmus kann durch Berücksichtigung des Genus des Objektes noch verbessert werden. Man denke an Fälle wie:

[21] e- ist die Stammform des indefiniten Artikels, die von SUTRA je nach Oberflächenkasus flektiert wird.

[22] aus *Webber 78*

Ein VW nähert sich der Vespa. Er (der VW) hält an.
Ein VW nähert sich der Vespa. Sie (die Vespa) hält an.

Aus Abbildung 5.1 geht hervor, daß NAOS keinen Zugriff auf das Wortlexikon hat. Obiger Schritt zeigt jedoch, daß Pronominalisierungsentscheidungen nur bedingt ohne Lexikonzugriff realisierbar sind. Insbesondere bedeutet dies, daß ein Generierungssystem wie SUTRA, bei dem alle Lexeme, Abweichungen von der üblichen Satzgliedstellung und Pronominalisierungen anzugeben sind, nicht alleinigen Zugriff auf das Wortlexikon haben kann.

5.3.5.3 Wiedereinführung

Bei der Generierung einer NP für ein Objekt, das dem Partner bekannt ist aber nicht direkt vorerwähnt ist, handelt es sich um eine Wiedereinführung. Es ist dabei unerheblich, ob das Objekt dem Partner bekannt ist, weil es zum statischen Hintergrund der Szene gehört, oder weil es früher in den Diskurs eingeführt wurde. In beiden Fällen wird folgendermaßen vorgegangen:

1. Hat das Objekt einen Namen, generiere ihn;
2. Charakterisiere das Objekt wie der Partner es kennt, vorausgesetzt, es kann nicht mit anderen, dem Partner bekannten Objekten, verwechselt werden;
3. Ist das Objekt bereits durch eine Bewegung bekannt und kennt der Partner ein gleichartiges Objekt, so charakterisiere es durch einen restriktiven Relativsatz im aktiv oder passiv, mit oder ohne Negation.

Die ersten beiden Schritte sind selbstverständlich, wohingegen Schritt drei neu ist für sprachgenerierende Systeme. Diese Möglichkeit der Charakterisierung bietet sich auch nur bei zeitveränderlichen Szenen, bei denen auf frühere Bewegungen der Objekte rekurriert werden kann, um sie von Kohyponymen zu unterscheiden. *McDonald 78* geht z.B. gar nicht auf das Problem der Unterscheidung von Objekten, die gleiche Eigenschaften haben, ein. In HAM-ANS wird von einer closed-world Annahme ausgegangen, was Negativcharakterisierungen durch Eigenschaftswerte erlaubt. Weiterhin können in HAM-ANS Kohyponyme durch räumliche Relationen abgegrenzt werden[23]. Die Abgrenzung bewegter Objekte durch räumliche Relationen ist sehr komplex, da auch die zeitliche Gültigkeit der Relation genannt werden muß. Es könnten solche Sätze entstehen wie:

Der gelbe VW, der vorhin vor der Post war, ...

Man beachte, daß eine Charakterisierung wie

Der gelbe VW, der an dem Fußgänger vorbeigefahren ist, ...

hier nicht als Abgrenzung durch eine räumliche Relation aufgefaßt wird, sondern als Abgrenzung durch eine vorherige Bewegung, die nur dann erlaubt ist, wenn die Bewegung auch geäußert wurde.

Im folgenden betrachten wir die Generierung restriktiver Relativsätze. Wir gehen davon aus, daß zwei Objekte nacheinander in den Diskurs eingeführt wurden, die sich nicht in ihrem Eigenschaften unterscheiden. Z.B. PKW1 als (e- gelb PKW) und PKW2 als (e- ander gelb PKW). Soll nun

[23] Ein sehr ausgefeilter Algorithmus zur Abgrenzung eines Objektes von einer Menge gleichartiger Objekte wird in *Wahlster et al. 78* vorgestellt.

später im Text wiederum eine NP für PKW1 erzeugt werden, so wird festgestellt, daß ein gleichartig charakterisiertes Objekt beim Partner zu Verwechslungen führen kann. Daraufhin wird aus dem Partnermodell die speziellste Bewegung von PKW1 geholt, und das Objekt wird durch einen restriktiven Relativsatz mit diesem Bewegungsverb charakterisiert. Sollte PKW2 dieselbe Bewegung mit denselben beteiligten Objekten ausgeführt haben, wird das Risiko einer Verwechslung eingegangen.[24]

Abhängig davon, ob PKW1 als AGENT oder OBJECTIVE in der vorher genannten Bewegung auftrat, wird ein Aktiv- oder Passivsatz erzeugt. Die anderen an der vorherigen Bewegung beteiligten Objekte werden durch ihre Eigenschaften charakterisiert, um Sätze wie den folgenden zu vermeiden:

Der PKW, der von dem LKW, der den PKW überholt hat, überholt wurde, fährt.

Gegenwärtig können in NAOS folgende Typen restriktiver Relativsätze generiert werden (man achte auf die Kombination reflexives Verb und passiv):

1. *Der gelbe VW, der gefahren ist, hält.*
2. *Der gelbe VW, der sich bewegt hat, hält.*
3. *Der gelbe VW, der den schwarzen BMW überholt hat, hält.*
4. *Der gelbe VW, der überholt worden ist, hält.*
5. *Der gelbe VW, der sich dem LKW genähert hat, hält.*
6. *Der gelbe VW, dem der LKW sich genähert hat, hält.*

Negierte restriktive Relativsätze werden in folgendem Fall generiert. Nehmen wir wieder, wie oben, PKW1 und PKW2 als bereits bekannt an. PKW1 soll erneut referenziert werden. Die speziellsten Bewegungen beider Objekte, die dem Partner ja bekannt sind, lauten:

für PKW1: (FAHREN PKW1 10. 30.)
für PKW2: (UEBERHOLEN PKW2 LKW1 (10. 15.)(18. 24.))

Anhand der Verbhierarchie wird festgestellt, daß UEBERHOLEN FAHREN impliziert (vergl. Abbildung 5.2), woraus folgt, daß das FAHREN Ereignis PKW1 nicht von PKW2 unterscheidet, da für PKW2 ein FAHREN mitverstanden wird. PKW1 wird daraufhin referenziert als

Der gelbe PKW, der den LKW nicht überholt hat, ...

Diese Möglichkeit der Negativcharakterisierung beruht nicht auf einer closed-world Annahme sondern auf dem Partnerwissen und der Verbhierarchie.

Hier zeigt sich wiederum, daß restriktive Relativsätze und Negation nicht unbedingt eine Frage des Stils sind (*McDonald und Pustejovsky 85*), sondern eine syntaktische Möglichkeit, um eindeutige Nominalphrasen zu generieren.

Die nächste Frage, die sich stellt, ist: *Was geschieht, wenn mehr als zwei gleichartige Objekte in der Szene vorkommen?* Experimente mit der bisher dargestellten NP-Generierung haben gezeigt, daß bei mehr als zwei gleichartigen Objekten die erzeugten Texte unleserlich und schwer

---

[24] Bisher ist dieser Fall nicht aufgetreten, doch sollte der Algorithmus dahingehend erweitert werden.

verständlich werden, was primär an den Relativsätzen liegt. In NAOS wurde deshalb eine weitere Möglichkeit der Abgrenzung von Kohyponymen realisiert, nämlich die Vergabe konstanter definiter Kennzeichnungen. Ein entscheidender Unterschied dieser Technik gegenüber den bisherigen ist, daß sie voraussetzt, daß zu Beginn der Verbalisierung alle vorkommenden Objekte und ihre Eigenschaften bekannt sind. Damit fällt diese Technik stärker unter das Planungsparadigma als die bisherigen. Algorithmisch ist dieses Verfahren folgendermaßen realisiert. Wird zu Beginn der Texterzeugung, wobei auch der standardisierte erste Satz jedes Beschreibungstextes errechnet wird (siehe 1.1.4), festgestellt, daß mehr als zwei gleichartige Objekte in der Szene vorhanden sind, so werden konstante definite Kennzeichnungen an die Objekte vergeben, *der erste gelbe VW, der zweite gelbe VW,* etc. Diese Kennzeichnungen werden bei der weiteren Verbalisierung beibehalten.

Im folgenden zeigen wir vier Texte, die von NAOS generiert wurden. Die Ortsangaben, die generiert werden, beruhen auf Einträgen, die von Hand in die GSB eingefügt wurden. Die verbalisierten Ereignisse wurden anhand der LAGE-Einträge von der Ereigniserkennung bestimmt. Der erste Text enthält vier verschiedene Objekte, der zweite enthält zwei gleiche Objekte, der dritte zeigt den Gebrauch konstanter definiter Kennzeichnungen und der vierte schließlich beschreibt die Bewegungen in einer anderen Objektreihenfolge, was zu anderen Referenzierungen führt. Die beschriebenen Bewegungen sind jeweils dieselben.

Text1

[DSKLOG started: 11-4-85 7:01 PM on file (TEXT1. VRB)]

18. ,ausgabe text

DIE SZENE ENTHAELT VIER BEWEGTE OBJEKTE: DREI PKWS UND EINEN FUSSGAENGER.

EIN GRUENER VW NAEHERT SICH DEM FUSSGAENGER AUS RICHTUNG HALLERPLATZ. ER FAEHRT AUF DER SCHLUETERSTRASSE.

EIN GELBER VW FAEHRT VON DER ALTEN POST VOR DIE AMPEL. DABEI ENTFERNT ER SICH VON DEM GRUENEN VW.

EIN SCHWARZER BMW FAEHRT IN RICHTUNG HALLERPLATZ. DABEI UEBERHOLT ER DEN GELBEN VW VOR DEM FACHBEREICH INFORMATIK. DER SCHWARZE BMW ENTFERNT SICH VON DEM GRUENEN VW.

DER FUSSGAENGER GEHT IN RICHTUNG DAMMTOR AUF DEM SUEDLICHEN FUSSWEG WESTLICH DER SCHLUETERSTRASSE. DABEI ENTFERNT ER SICH VON DEM FACHBEREICH INFORMATIK.

NIL

19. ,logout

[DSKLOG finished: 11-4-85 7:10 PM]

Text2

[DSKLOG started: 11-4-85 5:03 PM on file (TEXT2 . VRB)]
10. ,ausgabe text
DIE SZENE ENTHAELT VIER BEWEGTE OBJEKTE: DREI PKWS UND EINEN FUSSGAENGER.
EIN GELBER VW NAEHERT SICH DEM FUSSGAENGER AUS RICHTUNG HALLERPLATZ. ER FAEHRT AUF DER SCHLUETERSTRASSE.
EIN ANDERER GELBER VW FAEHRT VON DER ALTEN POST VOR DIE AMPEL. DABEI ENTFERNT ER SICH VON DEM GELBEN VW, DER SICH DEM GROSSEN FUSSGAENGER GENAEHERT HAT.
EIN SCHWARZER BMW FAEHRT IN RICHTUNG HALLERPLATZ. DABEI UEBERHOLT ER DEN ANDEREN GELBEN VW, DER SICH VON DEM GELBEN VW ENTFERNT HAT, VOR DEM FACHBEREICH INFORMATIK. DER SCHWARZE BMW ENTFERNT SICH VON DEM GELBEN VW, DER NICHT UEBERHOLT WORDEN IST.
DER FUSSGAENGER GEHT IN RICHTUNG DAMMTOR AUF DEM SUEDLICHEN FUSSWEG WESTLICH DER SCHLUETERSTRASSE. DABEI ENTFERNT ER SICH VON DEM FACHBEREICH INFORMATIK.
NIL
11. ,logout
[DSKLOG finished: 11-4-85 6:47 PM]

Text3

[DSKLOG started: 11-4-85 6:49 PM on file (TEXT3 . VRB)]
14. ,ausgabe text
DIE SZENE ENTHAELT VIER BEWEGTE OBJEKTE: DREI PKWS UND EINEN FUSSGAENGER.
DER ERSTE GELBE VW NAEHERT SICH DEM FUSSGAENGER AUS RICHTUNG HALLERPLATZ. ER FAEHRT AUF DER SCHLUETERSTRASSE.
DER ZWEITE GELBE VW FAEHRT VON DER ALTEN POST VOR DIE AMPEL. DABEI ENTFERNT ER SICH VON DEM ERSTEN GELBEN VW.
DER DRITTE GELBE VW FAEHRT IN RICHTUNG HALLERPLATZ. DABEI UEBERHOLT ER DEN ZWEITEN GELBEN VW VOR DEM FACHBEREICH INFORMATIK. DER DRITTE GELBE VW ENTFERNT SICH VON DEM ERSTEN GELBEN VW.
DER FUSSGAENGER GEHT IN RICHTUNG DAMMTOR AUF DEM SUEDLICHEN FUSSWEG WESTLICH DER SCHLUETERSTRASSE. DABEI ENTFERNT ER SICH VON DEM FACHBEREICH INFORMATIK.
NIL
15. ,logout
[DSKLOG finished: 11-4-85 6:59 PM]

Text4

[DSKLOG started: 11-8-85 9:26 AM on file (TEXT4 . VRB)]
10. ,ausgabe text
DIE SZENE ENTHAELT VIER BEWEGTE OBJEKTE: EINEN FUSSGAENGER UND DREI PKWS.
DER FUSSGAENGER GEHT IN RICHTUNG DAMMTOR AUF DEM SUEDLICHEN FUSSWEG WESTLICH DER SCHLUETERSTRASSE. WAEHRENDDESSEN ENTFERNT ER SICH VON DEM FACHBEREICH INFORMATIK.
EIN SCHWARZER BMW FAEHRT IN RICHTUNG HALLERPLATZ. DABEI UEBERHOLT ER EINEN GELBEN VW VOR DEM FACHBEREICH INFORMATIK. DER SCHWARZE BMW ENTFERNT SICH VON EINEM ANDEREN GELBEN VW.
DER GELBE VW FAEHRT VON DER ALTEN POST VOR DIE AMPEL. WAEHREND-DESSEN ENTFERNT ER SICH VON DEM ANDEREN GELBEN VW, DER NICHT UE-BERHOLT WORDEN IST.
DER ANDERE GELBE VW NAEHERT SICH DEM FUSSGAENGER AUS RICHTUNG HALLERPLATZ. ER FAEHRT AUF DER SCHLUETERSTRASSE.
NIL
11. ,logout
[DSKLOG finished: 11-8-85 9:33 AM]

Die Generierung restriktiver Relativsätze und die Vergabe konstanter definiter Kennzeichnungen sind als unterschiedliche Optionen zur Generierung eindeutiger NPs zu betrachten. Bei der Beschreibung parallel zum Ablauf der Szene hat der Sprecher ebenfalls die Möglichkeit, konstante Kennzeichnungen zu generieren. So kann er das erste Objekt z.B. als *einen gelben VW* in den Diskurs einführen. Weitere gleichartige Objekte können dann als *ein zweiter gelber VW, ein dritter gelber VW, ...* eingeführt werden, und der Sprecher kann über die Kennzeichnungen auf die Objekte rekurrieren.

Ein dritte Art der Folgereferenz soll an dieser Stelle noch angesprochen werden. Der Sprecher kann sich auch auf bereits genannte **Sätze** beziehen, z.B. durch *der VW, den ich zuletzt erwähnt habe, ...*, d.h. er kann von kontextueller zu ko-textueller Referenz übergehen (vergl. *Dressler 73*, S. 25f, S. 40ff). Obwohl das Phänomen in der Linguistik lange bekannt ist und Ansätze zum Verstehen solcher Anaphora in der KI vorhanden sind (*Webber 78*), fehlen doch für eine Generierung Untersuchungen zum Gebrauch ko-textueller Referenz.

5.4 Die Schnittstelle zu SUTRA

SUTRA ist in UCI-LISP (*Meehan 79*) auf dem DECsystem-10 des Fachbereichs Informatik der Universität Hamburg implementiert. Wie in Abbildung 5.1 verdeutlicht wird, besteht die Eingabe aus formalen Satzstrukturen. Eine Definition der möglichen Strukturen, die in der Sprache VS angegeben werden und gleichzeitig den grammatischen Sprachumfang von SUTRA definieren, enthält Anhang A. Die weiteren benötigten Wissensquellen sind das HAM-ANS Wortlexikon, Endungsbäume (Flexionsparadigmen) sowie Regeln zur Satzgliedstellung.

Auch isoliert kann SUTRA wegen des notwendigen Zugriffs auf das Wortlexikon nur in der Programmierumgebung von HAM-ANS gestartet werden, da der Zugriff auf verwendete Prozeduren der lexikalischen Analyse von HAM-ANS sowie auf das Lexikon mit dem ATTACH-Paket (*Jameson 80*) hergestellt wird. Dieses Paket ermöglicht die externe Datenhaltung auf peripheren Plattenspeichern und das Nachladen bei Bedarf in den Hauptspeicher. Die Implementation des ATTACH-Pakets bedingte die Änderung einiger LISP/FUZZY Systemprozeduren wie z.B. DSKIN und DSKOUT. Weiterhin enthält die Programmierumgebung von HAM-ANS einige Erweiterungen des Standard-FUZZY, z.B. etliche Redefinitionen von Sonderzeichen als Read-Makros, die dazu führen, daß weder NAOS in der HAM-ANS Umgebung noch SUTRA in der normalen FUZZY Umgebung lauffähig sind.

NAOS ist in der Programmiersprache FUZZY (*LeFaivre 77*) implementiert,[25] die eine echte Erweiterung von UCI-LISP darstellt und selbst in UCI-LISP implementiert ist. Dies macht einen eigenen Interpreter für FUZZY überflüssig, es wird der LISP Interpreter benutzt.

Da ohne größeren Aufwand die Herauslösung von SUTRA aus der HAM-ANS Umgebung nicht möglich ist und umgekehrt viele Prozeduren von NAOS geändert werden müßten, damit sie in der HAM-ANS Umgebung lauffähig sind, wird deshalb so vorgegangen, daß der von NAOS erzeugte Text als Liste einzelner VS-Strukturen (jeweils eine pro erzeugtem Satz) an eine Variable gebunden wird und auf die Platte ausgelesen wird. Anschließend wird diese Liste in der HAM-ANS Umgebung sequentiell von SUTRA abgearbeitet und die entsprechenden Sätze werden erzeugt. Diese FILE Schnittstelle ist sicherlich inadäquat. Der erhöhte Programmieraufwand zur Realisierung einer besseren Schnittstelle hätte jedoch keine neuen Erkenntnisse erbracht, weshalb darauf verzichtet wurde.

Für die Erzeugung von VS-Strukturen stehen zwei Möglichkeiten zur Verfügung. Zum einen können von NAOS direkt die entsprechenden terminalen Symbole[26] zusammen mit den Lexemen zu sinnvollen Ausdrücken der Sprache VS zusammengefaßt werden, zum anderen kann der für HAM-ANS entwickelte Interpreter von Ausdrücken in erweiterter Backus-Naur-Form (EBNF) verwendet werden. Der Vorteil dieser letzten Methode liegt darin, daß

1. die Verwendung des Synthese-Operators BUILD des Interpreters die Erzeugung syntaktisch korrekter VS-Strukturen garantiert;
2. der Interpreter sich automatisch an Veränderungen der Definition von VS anpaßt und somit in einem solchen Fall nur geringfügige Programmänderungen nötig werden.

Für die Verbalisierungskomponente von NAOS wurde der zweite Weg gewählt, d.h. es werden Aufrufe des EBNF-Interpreters erzeugt, deren Evaluierung in der HAM-ANS Umgebung zu einer VS-Struktur führt. Wir zeigen hier ein Beispiel für Aufrufe des EBNF-Interpreters, deren Evaluierung zu einer VS-Struktur für den Satz *Der gelbe VW, der überholt worden ist, fährt* führt.[27]

---

[25] Das System besteht gegenwärtig aus ca. 140 LISP-FUZZY Prozeduren.

[26] In der Definition im Anhang in Großbuchstaben

[27] siehe die formale Definition von VS sowie die Bemerkungen in Anhang A

10. ,vs1

```
(BUILD (SENTENCE SIMPLE)
       SENTENCE-CONSTITUENTS
       (LIST (BUILD (SENTENCE-CONSTITUENT VERB)
                    MODALITY
                    (LIST (BUILD (MSI VOICE) MSI-VOICE 'ACTIVE)
                          (BUILD (MSI MOOD) MSI-MOOD 'IND)
                          (BUILD (MSI TENSE) MSI-TENSE 'PRES))
                    VERB
                    'FAHR)
             (BUILD
              (SENTENCE-CONSTITUENT CASE-SLOT)
              NAME
              'S-AGENT
              PHRASE
              (BUILD (NOUN-PHRASE SIMPLE)
                     NUMB
                     (BUILD (MSI NUMBER) MSI-NUMBER 'SG)
                     PRO-TYPE
                     NIL
                     WORDS
                     '(D- GELB VW)
                     ATTRIBUTE
                     (BUILD (ATTRIBUTE RELATIVE-CLAUSE)
                            SENTENCE
                            (BUILD (SENTENCE SIMPLE)
                                   SENTENCE-CONSTITUENTS
                                   (LIST (BUILD (SENTENCE-CONSTITUENT VE
RB)                                                   MODALITY
                                                (LIST (BUILD (MSI VOICE)
                                                             MSI-VOICE
                                                             'PASSIVE)
                                                      (BUILD (MSI MOOD)
                                                             MSI-MOOD
                                                             'IND)
                                                      (BUILD (MSI TENSE)
                                                             MSI-TENSE
                                                             'PERF))
                                                VERB
                                                'UEBERHOL)
                                         (BUILD (SENTENCE-CONSTITUENT CA
SE-SLOT)                                        NAME
                                                'S-OBJECTIVE
                                                PHRASE
                                                (BUILD (NOUN-PHRASE SIMP
```

```
LE)                                             NUMB
                                                (BUILD
                                                 (MSI NUMBER)
                                                 MSI-NUMBER
                                                 'SG)
                                                PRO-TYPE
                                                (BUILD
                                                 (MSI PROFORM)
                                                 MSI-PROFORM
                                                 'REL)
                                                WORDS
                                                '(GELB VW)
                                                ATTRIBUTE
                                                NIL)))))))))
```

```
11. ,setq satz (eval vs1)

(sent-s (verb (v: ACTIVE) (m: IND) (t: PRES) FAHR)
 (case-slot S-AGENT
  (np-s (n: SG)
   D-
   GELB
   VW ,
   (attr-rel (sent-s (verb (v: PASSIVE) (m: IND) (t: PERF) UEBERHOL)
             (case-slot S-OBJECTIVE (np-s (n: SG) (pro: REL) GELB VW)))
    ))))

12. ,sutra satz

(DER GELBE VW, DER UEBERHOLT WORDEN IST, FAEHRT/./ )
```

Für die vorliegende Arbeit wurde das Wortlexikon von HAM-ANS, auf das SUTRA zugreift, um alle Verben der Hierarchie (siehe Abbildung 5.2), sowie um einige Nomina und Adjektive erweitert.

Um Verben, die bei der bisherigen Anwendung von SUTRA in HAM-ANS keine wesentliche Rolle spielen, angemessen behandeln zu können, muß eine weitergehende Klassifizierung vorgenommen werden. Insbesondere muß die Reihenfolge möglicher Konstituenten repräsentiert werden (siehe Beispiel *nähern* auf S. 86), sowie die Überführung semantisch orientierter Kasusbezeichner in entsprechende Oberflächenkasus.

Im folgenden Kapitel werden Ergebnisse und Probleme des vorliegenden Ansatzes, sowie weiterführende Untersuchungen aufgezeigt.

Kapitel 6

Rückblick und Ausblick

In der Einleitung zu dieser Arbeit werden zwei Aspekte hervorgehoben, zum einen, daß in diesem Ansatz Sprache in Bezug auf konkrete Szenen verwendet wird, zum anderen wird ein Textziel für eine Beschreibung vorgegeben: Der Hörer soll sich ein Bild von der beschriebenen Szene machen können. Dieses konkrete Textziel, zusammen mit der Verbhierarchie und der Wahrscheinlichkeit des Auftretens eines Ereignisses führt zur Operationalisierung der Auswahlprozesse für Verben und Tiefenkasus, die im letzten Kapitel vorgestellt wurden. Die speziell für zeitveränderliche Daten entworfene Referenzierungskomponente, die auf einer open-world Annahme beruht[1], führt zu eindeutigen Charakterisierungen von Szenenobjekten.

Der wesentliche Unterschied des vorliegenden Ansatzes zur Generierung von Beschreibungen zu anderen Textgenerierungssystemen besteht darin, daß alle Entscheidungen perzeptiv motiviert sind, z.T. indirekt, da gefordert wird, daß es dem Hörer möglich sein soll, sich eine Vorstellung zu bilden. Dadurch wird ein konkreter Bezug zur außersprachlichen Welt hergestellt. Im Gegensatz zu den drei wichtigsten Bedeutungstheorien,

- lexikalischer Dekomposition (*Katz und Fodor 63*)
- semantische Netzwerke (*Collins und Quillian 72*)
- Bedeutungspostulate (*Carnap 56, Montague 74*)

in denen vorgeschlagen wird, die Bedeutung von Wörtern durch Ausdrücke einer *mentalen* Sprache zu repräsentieren, die aber nichts über die Referenz dieser Ausdrücke zur außersprachlichen Welt aussagen (vergl. auch *Johnson-Laird 83*, S. 205-242), steht die Referenz sprachlicher Ausdrücke in dieser Arbeit im Vordergrund. Hier soll keineswegs einer rein in der Perzeption verankerten Bedeutungstheorie das Wort geredet werden, da das genauso einseitig wäre wie rein intensionale Theorien, sondern eher darauf hingewiesen werden, daß der vorliegende Ansatz den referenzsemantischen Aspekt der Sprache stärker berücksichtigt als bisherige und somit Möglichkeiten weiterer Untersuchungen eröffnet, wie intensionale Konzepte, z.B. bei den Auswahlprozessen, integriert werden können (vergl. *Appelt 82*).

Olson (*Olson 70*) entwickelt einen alternativen Ansatz einer Bedeutungstheorie für Sprache, die sich primär auf Wahrnehmung bezieht, auf den wir im folgenden eingehen, da die vorliegende Arbeit als eine Konkretisierung dieser theoretischen Überlegungen angesehen werden kann. Olson sieht *Bedeutung* an als die Information, die einem Hörer durch eine Äußerung zur Verfügung gestellt wird, wobei er unter *Information* jeden sprachlichen Hinweis versteht, der die Anzahl der Alternativen zum intendierten Referenten einer Äußerung verringert. Betrachten wir dazu ein Beispiel. Nehmen wir eine Situation an, in der ein Notizzettel auf dem Schreibtisch unter einem weißen Buch ist. Falls das Buch das einzige ist, kann man sagen *unter dem Buch*, ist außerdem

[1]Diese Annahme ist bei der Behandlung visueller Daten weitaus plausibler als die closed-world Annahme, da nur das repräsentiert wird, was gesehen wurde. Was nicht wahrgenommen wurde, ist unbekannt.

noch ein schwarzes Buch auf dem Schreibtisch, so sagt man *unter dem weißen Buch*. Das bedeutet, daß die Alternativen die Art der Charakterisierung determinieren. Aus heutiger Sicht ist diese Tatsache allgemein anerkannt.[2] Olson geht noch einen Schritt weiter und argumentiert, daß eine Charakterisierung nicht nur die wahrgenommenen, sondern auch die inferierbaren Alternativen berücksichtigen muß. Dieser Schritt führt direkt zu der vorgestellten Beschreibungskomponente, bei der die Auswahl der zu verbalisierenden Einheiten durch Antizipation des Hörerverständnisses gesteuert wird. Da für den Hörer die Szene nicht sichtbar ist, muß der Sprecher (in unserem Fall das System) die mitverstandenen Alternativen antizipieren und Äußerungen entsprechend auswählen (diese Strategie führt z.B. zur Generierung negierter restriktiver Relativsätze (siehe S. 97)). Die Ereignisauswahl, bei der jeweils das speziellste Ereignis gewählt wird, trägt neben der Charakterisierung des Objektes, das die Bewegung ausgeführt hat, ebenfalls dazu bei, den Referenten für den Hörer eindeutig zu kennzeichnen.

Die Betonung der Referenz sprachlicher Ausdrücke, die sich auch im Textziel äußert, führte dazu, die Abhängigkeit der Auswahl optionaler Tiefenkasus von verbinhärenten Eigenschaften wie der Aktionsart und dem Verbtyp zu sehen und im System zu konkretisieren.

An drei Stellen der hier entwickelten Vorgehensweise zur Generierung von Beschreibungen, nämlich bei der Konfliktauflösung zu generierender optionaler Tiefenkasus (S. 89), bei SOURCE-Angaben (S. 93) und bei der Generierung restriktiver Relativsätze (S. 96) wurde deutlich, daß die angegebenen syntaktischen Konstruktionen durch das Textziel vorgegeben werden. Dies steht im Widerspruch zu der Auffassung, daß die Oberflächenform einer Äußerung frei wählbar ist bzw. vom gewählten Stil determiniert wird (vergl. *McDonald und Pustejovsky 85*). Stil sollte eher aufgefaßt werden als *sprachliche Variationsmöglichkeit innerhalb einer* **Textsorte** (hier Szenenbeschreibung), da diese die Möglichkeiten einschränkt.

In der Arbeit wurde ferner gezeigt (Kapitel 4), daß die Diskurswelt und das Textziel den gewählten Textaufbau nahelegen. Für die Generierung von Beschreibungen scheint dies die richtige Vorgehensweise zu sein, wie die generierten Texte zeigen. Für andere Aufgaben (siehe *McKeown 85*) müssen andere Techniken des Mitteilens entwickelt werden.

Im folgenden gehen wir auf Probleme des vorliegenden Ansatzes ein, um daraufhin weiterführende Untersuchungen aufzuzeigen.

Um bei der Verbalisierung auf das Partnerwissen zugreifen zu können, wird das Partnermodell benutzt, das nach jeder Entscheidung aktualisiert wird. Die relevanten Entscheidungen betreffen dabei

- das zu verbalisierende Ereignis,
- die optionalen Tiefenkasus,
- die zu generierenden NPs.

In der jetzigen Implementation werden die Propositionen, die für die Verbalisierung aus der GSB geholt werden, unverändert in das Partnermodell eingetragen.

[2] In der sprachorientierten KI folgen die meisten NP-Generierungskomponenten diesem Prinzip, das später (*Herrmann und Laucht 76*) auch psychologisch validiert wurde. Für Olson besteht die Bedeutung einer solchen Äußerung darin, daß der Hörer, der die Szene nicht sieht, Alternativen **erwartet**, die durch die Charakterisierung impliziert werden. Diese Auffassung führt zur Vorstellung mentaler Modelle, die auch von *Johnson-Laird 83* vertreten wird.

Problematisch bei dieser Vorgehensweise ist die Übernahme der Ereigniszeiten, wie sie in der GSB vorgegeben sind. Beim gegenwärtigen Vorgehen wird der Verstehensprozeß des Hörers nicht explizit modelliert, sondern bei der Generierung antizipiert (was allerdings auch beabsichtigt ist). Für eine explizite Modellierung des zeitlichen Hörerverständnisses wären Methoden, wie die in *Kahn 75* vorgestellte, geeignet. Geht man der Frage nach, wie aus verbalen Bewegungsbeschreibungen Szenen generiert werden können, so sind jedoch auch diese Ansätze unzureichend. Zur Visualisierung zeitveränderlicher Szenen müssen die Fragen von Seite 19 beantwortet werden. Sicherlich können prototypische Dauern für Ereignisse auch in die hier vorgestellte Ereignisrepräsentation integriert werden und somit auch zeitliche Trajektorienverläufe berechnet werden. Einer derart detaillierten Modellierung sollten jedoch Untersuchungen menschlichen Verhaltens vorangehen. Der vorliegende Ansatz läßt auch Zweifel an einer Performanzverbesserung bei der Verbalisierung durch eine explizite Hörermodellierung obiger Detailliertheit aufkommen. Die sprachlich expliziteste Methode der Verdeutlichung temporaler Verhältnisse besteht in der Angabe konkreter Zeiten bei festgelegtem Maßstab der Zeitachse. Diese Methode ist auch am einfachsten zu realisieren.

Derzeit kann die Frage, ob und inwieweit Menschen in der Lage sind, zu komplexen Szenenbeschreibungen entsprechende Vorstellungen zu erzeugen, nur ansatzweise beantwortet werden (siehe z.B. *Block 81*).

Ein weiteres Problem betrifft die Verbrepräsentation. Es wurde bereits erwähnt (siehe S. 86), daß eine Verbklassifikation auch Angaben über die Reihenfolge möglicher Satzkonstituenten enthalten muß. Die Überführung semantisch orientierter Tiefenkasusbezeichner in Oberflächenkasus ist bisher, zumindest in SUTRA, nur in Ansätzen gelöst. Die Probleme werden erst durch die vorliegende Arbeit, im wesentlichen durch die relativ breite Sprachfähigkeit von NAOS, aufgedeckt.

Aus der Definition der Sprache VS (siehe Anhang A) geht hervor, daß ein einfacher Satz vom Typ ;SIMPLE, mehrere Konstituenten haben darf, deren Typ gleich sein kann. Für einige Angaben ist das unsinnig, z.B. für die Angabe von drei Verben, für andere jedoch kann das durchaus sinnvoll sein. Betrachten wir einmal den folgenden Satz:

> *Der PKW fährt auf der Schlüterstraße in Richtung Hallerplatz an dem Fußgänger vorbei vor den Fachbereich Informatik.*

Betrachten wir *auf der Schlüterstraße* und *an dem Fußgänger* als LOCATIVE Angaben und geben sie für SUTRA als solche an, so kann der Satz nicht generiert werden, da SUTRA nicht zwei gleiche Kasusangaben verarbeiten kann. Das gleiche gilt deshalb, wenn *in Richtung Hallerplatz* und *vor den Fachbereich Informatik* als GOAL Angaben aufgefaßt werden. Geht man oberflächenorientiert vor, so kann *an dem Fußgänger vorbei* als PATH Angabe aufgefaßt werden. Diese Auffassung wird jedoch in NAOS nicht geteilt, da die hier betrachteten Verben in der Perzeption verankert sind. In obigem Beispiel wird das Verb *vorbeifahren* erkannt, wozu ein obligater LOCATIVE gehört, d.h. es müssen zwei LOCATIVE Angaben generiert werden können. Die Kasustheorie schreibt jedoch vor, daß pro Satz maximal eine Kasusangabe eines Typs vorkommen darf.

Hierbei wird folgendes deutlich: Methoden der Zuordnung sprachlich ausdrückbarer Teile einer Szene zu Tiefenkasusbezeichnern müssen anhand einer weiteren Verbreiterung der Sprachfähigkeit des Systems entwickelt werden, wobei die Verankerung in der Perzeption neue Sichten eröffnet. Von einem Generierungssystem muß dabei gefordert werden, daß mehrere gleiche Kasusbezeichner in den durch die jeweilige Präposition vorgegebenen Oberflächenkasus transformiert werden.

Im System sind gegenwärtig keine Regeln zur Satzverknüpfung implementiert, wie sie z.B. für einen anderen Bereich von *Mann und Moore 81* vorgeschlagen werden. Solche Regeln sind eng mit stilistischen Überlegungen verknüpft, z.B. je kürzer die Äußerung desto besser. Mögliche Regeln für NAOS, die mehrere Bewegungen zu sinnvollen Einheiten zusammenfassen, könnten z.B. sein:

1. Verbinde ein inchoatives Ereignis gefolgt von einem durativen mit *und*;
   Der PKW fährt von der Post los und nähert sich dem LKW.
2. Falls das letzte zu verbalisierende Ereignis resultativ ist, verbinde es mit dem Vorgängerereignis durch *und*;
   Er fährt in Richtung Hallerplatz und hält vor der Ampel an.

Eine andere Grundlage solcher Regeln könnte sein, daß visuell wahrgenommene Bewegungseinheiten auch sprachliche Einheiten bilden sollten, in diesem Fall Sätze.

In der vorgestellten Implementation ist bei der Verbalisierung und Generierung über die nachfolgenden Ereignisse nichts bekannt. Die Entscheidungen werden lokal gefällt und berücksichtigen nur, was bereits geäußert wurde. Diese Vorgehensweise entspricht der in *McDonald 83* vorgeschlagenen. Alternativ dazu könnte untersucht werden, in welcher Weise eine Planung des Textes die Prozeßabläufe verändert. Bei der Generierung optionaler Tiefenkasus kann dann z.B. so vorgegangen werden, daß zuerst geprüft wird, ob ein Kasus, der nicht mit dem Verb stehen kann, mit dem nachfolgenden Verb generiert werden kann, bevor ein allgemeineres Verb gewählt wird.

Zuletzt wollen wir noch darauf hinweisen, daß dieser Ansatz keine Alternative zu anderen Ansätzen der Textgenerierung darstellt, sondern spezifische Mechanismen für die Textgenerierung aus visuellen Ausgangsdaten vorstellt. Diese Fragestellung ist bisher in der KI nur bezüglich der Erkennung von Ereignissen (*Okada 80, Tsotsos 80, Abe et al. 81*), nicht aber für die Textgenerierung untersucht worden. Ein Wechsel der Diskurswelt, z.B. zu einem Fußballspiel, bei dem neben den visuellen Daten auch die Intentionen der Spieler eine wesentliche Rolle spielen, erlaubt dann die Untersuchung der Interaktionen zwischen den hier vorgestellten Auswahlmechanismen und intensional basierten Entscheidungen, wie sie in *Appelt 82* vorgestellt werden.

Anhang A

Definition der Sprache VS

Nachfolgend ist die deklarative Definition des von SUTRA verarbeitbaren Sprachumfanges in erweiterter Backus-Naur-Form dargestellt.[1] Ausdrücke der Sprache VS können durch den Synthese-Operator BUILD des zugehörigen EBNF-Interpreters aufgebaut werden. Analog dazu gibt es einen Zergliederungsoperator, TAKE, der intern in SUTRA zur Extrahierung von Teilstrukturen aus komplexen VS-Strukturen benutzt wird. Der EBNF-Formalismus ist im Rahmen von HAM-ANS erstellt worden und dient zur semantischen Interpretation von Ausdrücken der Repräsentationsprachen SURF und DEEP (*Jameson et al. 80*).

Bei alternativen Definitionen eines Nonterminals wird hinter jeder Definition der Typ angegeben (dieser ist rechtsbündig geschrieben und mit einem Semikolon präfigiert). Typbezeichnungen innerhalb einer Definition führen zu effizienter Verarbeitung von VS mit dem EBNF-Interpreter, da anstelle von Parsingprozessen einfachere Vergleichsprozesse eingesetzt werden.

+ bedeutet, daß mehrfaches Auftreten des vorangehenden Nonterminals möglich ist.

Nonterminale in geschweiften Klammern sind fakultativ.

* bedeutet, daß das vorangehende Nonterminal fakultativ ist, aber auch mehrfach auftreten kann.

```
"VS.BNF      von Stephan Busemann   Montag,den 28.5.84  um 18.52  "


<adjective-phrase>
    ::=  (ap-c <adjective-phrase>.+ ;FIRST-ONES
          <word> ;CO-CONJ
          <adjective-phrase> ;LAST-ONE)                    ;COORDINATE
    ::=  (ap-m <noun-phrase> ;MEASURE <word> ;ADJECTIVE)  ;MEASUREMENT
    ::=  (ap-s <word>.+ ;WORDS
          {<sentence> ;COMP-BASE})                          ;SIMPLE

<attribute>
    ::=  (attr-rel <sentence>)                       ;RELATIVE-CLAUSE
    ::=  (attr-gen <noun-phrase>)                           ;GENITIVE
    ::=  (attr-prp <prepositional-phrase>)           ;PREP-SUPPLEMENT

<deep-case-label>
    ::=  S-AGENT | S-GOAL | S-INSTRUMENT | S-LOCATIVE |
         S-OBJECTIVE | S-PATH | S-RECIPIENT | S-SOURCE | S-TIME
```

[1] Hierbei muß allerdings beachtet werden, daß auch syntaktisch korrekte aber sinnlose Ausdrücke erstellt werden können, z.B. ein Hauptsatz mit drei Verben. Die Semantik der erstellten Ausdrücke ist durch die Interpretierbarkeit durch den Interpreter gegeben.

```
<inf-verb-const>
    ::=  (<msi> ;VINFIN <word> ;VERB)

<msi>
    ::=  (v: <msi-voice>)                          ;VOICE
    ::=  (m: <msi-mood>)                           ;MOOD
    ::=  (t: <msi-tense>)                          ;TENSE
    ::=  (n: <msi-number>)                         ;NUMBER
    ::=  (pro: <msi-proform>)                      ;PROFORM
    ::=  (cmp: <msi-comparison>)                   ;COMPARISON
    ::=  (p: <msi-person>)                         ;PERSON
    ::=  (vinfin: <msi-vinfin>)                    ;INFINITE
    ::=  (d: <msi-det>)                            ;DET-TYPE
    ::=  (g: <msi-gender>)                         ;GENDER
    ::=  (k: <possible-cases>)                     ;CASES

<msi-case>
    ::=  AKK | DAT | GEN | NOM

<msi-comparison>
    ::=  KOMP | SUP

<msi-det>
    ::=  DEF | INDEF | WITHOUT

<msi-gender>
    ::=  FEM | MAS | NTR

<msi-mood>
    ::=  IMP | IND | KON

<msi-number>
    ::=  SG | PL

<msi-person>
    ::=  1 | 2 | 3

<msi-proform>
    ::=  REL | PRN

<msi-tense>
    ::=  FUT | PAST | PASTPERF | PERF | PERFUT | PRES

<msi-vinfin>
    ::=  INF | PPRF | PPRS
```

```
<msi-voice>
    ::=  ACTIVE | PASSIVE
<noun-phrase>
    ::=  (np-c <noun-phrase>.+ ;FIRST-ONES
          <word> ;CO-CONJ
          <noun-phrase> ;LAST-ONE)                           ;COORDINATE
    ::=  (np-s <msi> ;NUMB
          {<msi>. ;PRO-TYPE}
          <word>.+ ;WORDS
          {<attribute>. ;ATTRIBUTE})                             ;SIMPLE

<part-of-speech>
    ::=  ADJ | VRB | PERSPRN | DETDEF | DETIND | DETQ | NOM | PRP |
         POSSPRN | RELPRN | XXX

<phrase>
    ::=  <prepositional-phrase>.
    ::=  <noun-phrase>.
    ::=  <adjective-phrase>.

<possible-cases>
    ::=  (<msi-case>.+ ;CASES)                                       ;PP
    ::=  <msi-case>                                                  ;NP

<prepositional-phrase>
    ::=  (pp-c <prepositional-phrase>.+ ;FIRST-ONES
          <word> ;CO-CONJ
          <prepositional-phrase> ;LAST-ONE)                  ;COORDINATE
    ::=  (pp-s <word> ;PREPOSITION <noun-phrase>)                ;SIMPLE

<sentence>
    ::=  (sent-c <sentence>.+ ;FIRST-ONES
          <word> ;CO-CONJ
          <sentence> ;LAST-ONE)                              ;COORDINATE
    ::=  (sent-s <sentence-constituent>.+ ;SENTENCE-CONSTITUENTS)
                                                                 ;SIMPLE

<sentence-constituent>
    ::=  (elision <sentence-constituent>)                       ;ELISION
    ::=  (top <sentence-constituent>)                             ;TOPIC
    ::=  (modifier <adjective-phrase>)                         ;SENT-MOD
    ::=  (case-slot <deep-case-label> ;NAME <phrase>)         ;CASE-SLOT
    ::=  (subject-p <noun-phrase>)                              ;SUBJECT
    ::=  (subject-s <sentence>)                               ;SUBJ-SENT
    ::=  (predicative <phrase>)                             ;COPULA-PRED
    ::=  (object-p <noun-phrase>)                                ;DIRECT
```

```
    ::= (object-s <sentence>)                                    ;OBJ-SENT
    ::= (indobj <noun-phrase>)                                   ;INDIRECT
    ::= (subclause <word> ;SUB-CONJ <sentence>)               ;SUBORDINATE
    ::= (verb <msi>.3-5 ;MODALITY <word> ;VERB)                    ;VERB
    ::= (finite <msi> ;PERSON
         <msi> ;NUMB
         <msi> ;MORPH-TENSE
         <msi> ;MOOD
         <word> ;FINITE-ROOT)                                    ;FINITE
    ::= (infinite <word>.)                                       ;PREFIX
    ::= (infinite <inf-verb-const>.+ ;CONSTITUENTS)            ;INFINITE

<word>
    ::= (elision <word> ;NOUN)                                  ;ELISION
    ::= (comparison <msi> ;GRADE <word> ;ADJECTIVE)          ;COMPARISON
    ::= (*LOCAL (*R ?WORD (AND (ATOM !WORD) (IN-LEXICON !WORD))))
                                                                ;LEXICON
    ::= (*LOCAL (*R ?N (NUMBERP !N)))                              ;CARD
    ::= (<part-of-speech>. <word> ;LEXEME)                   ;CLASSIFIED
```

Anhang B

Verbtabelle

Im folgenden sind alle in NAOS implementierten Verben mit ihrem Typ und ihren Verzweigungsfaktoren dargestellt.

VERB	VERBTYP	VERZWEIGUNGSFAKTOR
abbiegen	LOC	0.01
abfahren	FBV	0.09
anfahren	FBV	0.04
anhalten	FBV	0.06
beschleunigen	FBV	0.08
bewegen-r	FBV	0.5
bremsen	FBV	0.16
drehen	DIR	0.1
entfernen-r	FBV	0.15
erreichen	LOC	0.03
existieren	ZST	1.0
fahren	FBV	0.3
gehen	FBV	0.2
halten	ZST	0.1
kommen	LOC	0.12
laufen	FBV	0.05
losfahren	FBV	0.06
losgehen	FBV	0.04
nähern-r	FBV	0.15
passieren	FBV	0.08
rasen	FBV	0.02
stehen	ZST	0.5
stehenbleiben-1	ZST	0.1
stoppen	FBV	0.06
überholen	FBV	0.01
überqueren	LOC	0.005
verlassen	LOC	0.03
vorbeifahren	FBV	0.04
vorbeigehen	FBV	0.04
wegfahren	LOC	0.06
weggehen	LOC	0.06
weiterfahren-1	FBV	0.03
weitergehen-1	FBV	0.02

Abb. B.1 Verbdaten

Anhang C

Ein kommentiertes Beispiel

Das folgende Beispiel zeigt einen Systemlauf zur Verbalisierung einer Szene. Als erstes zeigen wir den Trajektorienverlauf der Objekte in der Szene. In der Graphik sind die verschiedenen Richtungen durch kleine Pfeile, an denen die Namen der Straßen stehen, angegeben (oben, unten, rechts und links am Rand der Graphik).

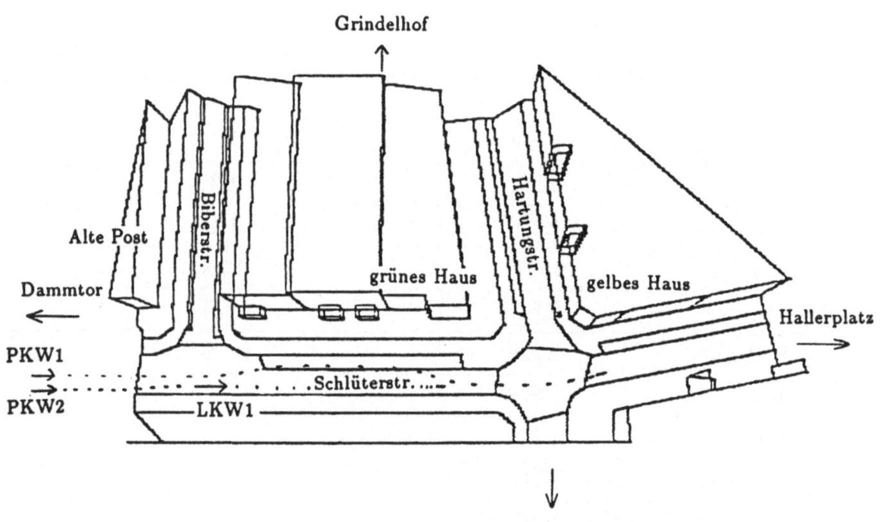

Abb. C.1 Trajektorienverlauf

Als nächstes zeigen wir die dazugehörige geometrische Szenenbeschreibung.

```
((LAGE AMPEL-1 (924. 301. 50.) NIL 1. 40.) . 1.)
((LAGE HAUS-1 (-67. 630. 75.) (0.0 -1.0 0.0) 1. 40.) . 1.)
((LAGE HAUS-2 (484. 637. 125.) (0.0 -1.0 0.0) 1. 40.) . 1.)
((LAGE HAUS-3 (1249. 640. 100.) (0.19570703 -0.98066239 0.0)
              1. 40.) . 1.)
((LAGE HAUS-4 (1358. 100. 100.) (-0.26029258 0.96552978 0.0)
              1. 40.) . 1.)
((LAGE RECHENZENTRUM (405. 0. 100.) (0.0 1.0 0.0)
              1. 40.) . 1.)
((KLASSE LKW1 LKW) . 1.)
((KLASSE PKW1 PKW) . 1.)
((KLASSE PKW2 PKW) . 1.)
```

```
((LAGE LKW1 (50. 150. 15.) (1.0 0.0 0.0) 1. 2.) . 1.)
((LAGE LKW1 (60. 150. 15.) (1.0 0.0 0.0) 2. 3.) . 1.)
((LAGE LKW1 (70. 150. 15.) (1.0 0.0 0.0) 3. 4.) . 1.)
((LAGE LKW1 (80. 150. 15.) (1.0 0.0 0.0) 4. 5.) . 1.)
((LAGE LKW1 (90. 150. 15.) (1.0 0.0 0.0) 5. 6.) . 1.)
((LAGE LKW1 (100. 150. 15.) (1.0 0.0 0.0) 6. 7.) . 1.)
((LAGE LKW1 (110. 150. 15.) (1.0 0.0 0.0) 7. 8.) . 1.)
((LAGE LKW1 (120. 150. 15.) (1.0 0.0 0.0) 8. 9.) . 1.)
((LAGE LKW1 (130. 150. 15.) (1.0 0.0 0.0) 9. 10.) . 1.)
((LAGE LKW1 (140. 150. 15.) (1.0 0.0 0.0) 10. 11.) . 1.)
((LAGE LKW1 (150. 150. 15.) (1.0 0.0 0.0) 11. 12.) . 1.)
((LAGE LKW1 (160. 150. 15.) (1.0 0.0 0.0) 12. 13.) . 1.)
((LAGE LKW1 (170. 150. 15.) (1.0 0.0 0.0) 13. 14.) . 1.)
((LAGE LKW1 (180. 150. 15.) (1.0 0.0 0.0) 14. 15.) . 1.)
((LAGE LKW1 (190. 150. 15.) (1.0 0.0 0.0) 15. 16.) . 1.)
((LAGE LKW1 (200. 150. 15.) (1.0 0.0 0.0) 16. 17.) . 1.)
((LAGE LKW1 (210. 150. 15.) (1.0 0.0 0.0) 17. 18.) . 1.)
((LAGE LKW1 (220. 150. 15.) (1.0 0.0 0.0) 18. 19.) . 1.)
((LAGE LKW1 (230. 150. 15.) (1.0 0.0 0.0) 19. 20.) . 1.)
((LAGE LKW1 (240. 150. 15.) (1.0 0.0 0.0) 20. 21.) . 1.)
((LAGE LKW1 (250. 150. 15.) (1.0 0.0 0.0) 21. 22.) . 1.)
((LAGE LKW1 (255. 150. 15.) (1.0 0.0 0.0) 22. 23.) . 1.)
((LAGE LKW1 (260. 150. 15.) (1.0 0.0 0.0) 23. 30.) . 1.)
((LAGE LKW1 (255. 150. 15.) (1.0 0.0 0.0) 30. 31.) . 1.)
((LAGE LKW1 (250. 150. 15.) (1.0 0.0 0.0) 31. 32.) . 1.)
((LAGE LKW1 (245. 150. 15.) (1.0 0.0 0.0) 32. 33.) . 1.)
((LAGE LKW1 (240. 150. 15.) (1.0 0.0 0.0) 33. 34.) . 1.)
((LAGE LKW1 (238. 150. 15.) (1.0 0.0 0.0) 34. 40.) . 1.)
((LAGE PKW1 (-100. 170. 8.) (0.97010000 0.24249999 0.0) 1. 2.) . 1.)
((LAGE PKW1 (-80. 175. 8.) (0.97010000 0.24249999 0.0) 2. 3.) . 1.)
((LAGE PKW1 (-60. 180. 8.) (0.97010000 0.24249999 0.0) 3. 4.) . 1.)
((LAGE PKW1 (-40. 185. 8.) (0.97010000 0.24249999 0.0) 4. 5.) . 1.)
((LAGE PKW1 (-20. 190. 8.) (0.97010000 0.24249999 0.0) 5. 6.) . 1.)
((LAGE PKW1 (0. 195. 8.) (0.97010000 0.24249999 0.0) 6. 7.) . 1.)
((LAGE PKW1 (20. 200. 8.) (0.97010000 0.24249999 0.0) 7. 8.) . 1.)
((LAGE PKW1 (40. 205. 8.) (0.97010000 0.24249999 0.0) 8. 9.) . 1.)
((LAGE PKW1 (60. 210. 8.) (1.0 0.0 0.0) 9. 10.) . 1.)
((LAGE PKW1 (90. 210. 8.) (1.0 0.0 0.0) 10. 11.) . 1.)
((LAGE PKW1 (125. 210. 8.) (1.0 0.0 0.0) 11. 12.) . 1.)
((LAGE PKW1 (165. 210. 8.) (1.0 0.0 0.0) 12. 13.) . 1.)
((LAGE PKW1 (210. 210. 8.) (1.0 0.0 0.0) 13. 14.) . 1.)
((LAGE PKW1 (260. 210. 8.) (1.0 0.0 0.0) 14. 15.) . 1.)
((LAGE PKW1 (310. 210. 8.) (1.0 0.0 0.0) 15. 16.) . 1.)
((LAGE PKW1 (360. 210. 8.) (1.0 0.0 0.0) 16. 17.) . 1.)
((LAGE PKW1 (410. 210. 8.) (1.0 0.0 0.0) 17. 18.) . 1.)
((LAGE PKW1 (450. 210. 8.) (0.97010000 -0.24249999 0.0) 18. 19.) . 1.)
```

```
((LAGE PKW1 (490. 200. 8.) (0.98059999 -0.19610000 0.0) 19. 20.) . 1.)
((LAGE PKW1 (540. 190. 8.) (0.97010000 -0.24249999 0.0) 20. 21.) . 1.)
((LAGE PKW1 (580. 180. 8.) (0.97010000 -0.24249999 0.0) 21. 22.) . 1.)
((LAGE PKW1 (620. 170. 8.) (0.97010000 -0.24249999 0.0) 22. 23.) . 1.)
((LAGE PKW1 (660. 160. 8.) (0.97010000 -0.24249999 0.0) 23. 24.) . 1.)
((LAGE PKW1 (700. 150. 8.) (1.0 0.0 0.0) 24. 25.) . 1.)
((LAGE PKW1 (740. 150. 8.) (1.0 0.0 0.0) 25. 26.) . 1.)
((LAGE PKW1 (775. 150. 8.) (1.0 0.0 0.0) 26. 27.) . 1.)
((LAGE PKW1 (805. 150. 8.) (1.0 0.0 0.0) 27. 28.) . 1.)
((LAGE PKW1 (830. 150. 8.) (1.0 0.0 0.0) 28. 29.) . 1.)
((LAGE PKW1 (850. 150. 8.) (1.0 0.0 0.0) 29. 30.) . 1.)
((LAGE PKW1 (865. 150. 8.) (1.0 0.0 0.0) 30. 31.) . 1.)
((LAGE PKW1 (875. 150. 8.) (1.0 0.0 0.0) 31. 32.) . 1.)
((LAGE PKW1 (880. 150. 8.) (1.0 0.0 0.0) 32. 40.) . 1.)
((LAGE PKW2 (-100. 140. 7.) (1.0 0.0 0.0) 32. 33.) . 1.)
((LAGE PKW2 (-80. 140. 7.) (1.0 0.0 0.0) 33. 34.) . 1.)
((LAGE PKW2 (-60. 140. 7.) (1.0 0.0 0.0) 34. 35.) . 1.)
((LAGE PKW2 (-40. 140. 7.) (1.0 0.0 0.0) 35. 36.) . 1.)
((LAGE PKW2 (-20. 140. 7.) (1.0 0.0 0.0) 36. 37.) . 1.)
((LAGE PKW2 (0. 140. 7.) (1.0 0.0 0.0) 37. 38.) . 1.)
((LAGE PKW2 (10. 140. 7.) (1.0 0.0 0.0) 38. 39.) . 1.)
((LAGE PKW2 (20. 140. 7.) (1.0 0.0 0.0) 39. 40.) . 1.)
```

Aus dieser GSB wurden durch die Ereigniserkennung folgende Ereignisse instantiiert:

```
((STOPPEN LKW1 (32. 34.) 35.) . 1.)
((STOPPEN PKW1 (21. 32.) 33.) . 1.)
((HALTEN PKW1 33. 40.) . 1.)
((HALTEN LKW1 35. 40.) . 1.)
((ANHALTEN LKW1 (32. 34.) 35.) . 1.)
((HALTEN LKW1 23. 26.) . 1.)
((BREMSEN LKW1 17. 23.) . 1.)
((ANHALTEN LKW1 (17. 22.) 23.) . 1.)
((ANHALTEN PKW1 (21. 32.) 33.) . 1.)
((UEBERHOLEN PKW1 LKW1 (1. 9.) (15. 22.)) . 1.)
((WEITERFAHREN-1 LKW1 26. (27. 30.)) . 1.)
((ANFAHREN LKW1 (26. 26.) (27. 30.)) . 1.)
((QUER PKW2 HARTUNGSTRASSE 32. 40.) . 1.)
((QUER PKW2 FUSSWEG-4 32. 40.) . 1.)
((QUER PKW2 FUSSWEG-3 32. 40.) . 1.)
((QUER PKW2 FUSSWEG-2 32. 40.) . 1.)
((QUER PKW2 BIEBERSTRASSE 32. 40.) . 1.)
((QUER PKW1 HARTUNGSTRASSE 1. 33.) . 1.)
((QUER PKW1 FUSSWEG-4 1. 33.) . 1.)
((QUER PKW1 FUSSWEG-3 1. 33.) . 1.)
((QUER PKW1 FUSSWEG-2 1. 33.) . 1.)
((QUER PKW1 BIEBERSTRASSE 1. 33.) . 1.)
```

```
((VORBEIFAHREN PKW1 LKW1 (1. 9.) (15. 27.)) . 1.)
((RASEN PKW1 9. 27.) . 1.)
((PASSIEREN PKW1 LKW1 (1. 9.) (15. 27.)) . 1.)
((NEBEN LKW1 PKW1 4. 16.) . 1.)
((ERREICHEN PKW2 SCHLUETERSTRASSE (32. 33.) 34.) . 1.)
((SYM-NAEHERN PKW2 SCHLUETERSTRASSE 32. 34.) . 1.)
((ERREICHEN PKW1 SCHLUETERSTRASSE (1. 2.) 3.) . 1.)
((SYM-NAEHERN PKW1 SCHLUETERSTRASSE 1. 3.) . 1.)
((ERREICHEN PKW1 KREUZUNG-1 (1. 29.) 30.) . 1.)
((SYM-NAEHERN PKW1 KREUZUNG-1 1. 30.) . 1.)
((ERREICHEN PKW1 HARTUNGSTRASSE (1. 29.) 30.) . 1.)
((SYM-NAEHERN PKW1 HARTUNGSTRASSE 1. 30.) . 1.)
((AUF PKW2 SCHLUETERSTRASSE 34. 40.) . 1.)
((AUF PKW1 KREUZUNG-1 30. 40.) . 1.)
((AUF PKW1 HARTUNGSTRASSE 30. 40.) . 1.)
((STOPPEN LKW1 (17. 22.) 23.) . 1.)
((ABFAHREN LKW1 26. (27. 30.)) . 1.)
((LOSFAHREN LKW1 26. (27. 30.)) . 1.)
((AUF PKW1 SCHLUETERSTRASSE 3. 40.) . 1.)
((PARALLEL PKW1 SCHLUETERSTRASSE 3. 40.) . 1.)
((PARALLEL PKW1 FUSSWEG-5 3. 30.) . 1.)
((PARALLEL PKW1 FUSSWEG-2 12. 29.) . 1.)
((AUF LKW1 SCHLUETERSTRASSE 1. 40.) . 1.)
((PARALLEL LKW1 SCHLUETERSTRASSE 30. 40.) . 1.)
((PARALLEL LKW1 SCHLUETERSTRASSE 1. 23.) . 1.)
((PARALLEL LKW1 FUSSWEG-5 30. 40.) . 1.)
((PARALLEL LKW1 FUSSWEG-5 1. 23.) . 1.)
((PARALLEL LKW1 FUSSWEG-2 30. 40.) . 1.)
((PARALLEL LKW1 FUSSWEG-2 11. 23.) . 1.)
((BREMSEN PKW2 34. 38.) . 1.)
((BREMSEN PKW1 16. 20.) . 1.)
((BREMSEN PKW1 21. 33.) . 1.)
((BESCHLEUNIGEN PKW1 5. 16.) . 1.)
((BESCHLEUNIGEN LKW1 26. 30.) . 1.)
((SCHNELL PKW1 9. 27.) . 1.)
((DREHEN PKW1 21. 27.) . 1.)
((LINKS-DREHEN PKW1 21. 27.) . 1.)
((DREHEN PKW1 5. 12.) . 1.)
((DREHEN PKW1 14. 20.) . 1.)
((RECHTS-DREHEN PKW1 14. 20.) . 1.)
((RECHTS-DREHEN PKW1 5. 12.) . 1.)
((HINTER PKW2 LKW1 32. 40.) . 1.)
((ENTFERNEN-R LKW1 PKW1 29. 33.) . 1.)
((HINTER PKW1 LKW1 27. 33.) . 1.)
((HINTER PKW1 LKW1 24. 26.) . 1.)
((HINTER PKW1 LKW1 1. 10.) . 1.)
```

```
((ENTFERNEN-R PKW1 LKW1 14. 27.) . 1.)
((HINTER LKW1 PKW1 14. 27.) . 1.)
((SYM-ENTFERNEN PKW1 LKW1 11. 33.) . 1.)
((SYM-ENTFERNEN PKW2 PKW1 32. 40.) . 1.)
((SYM-ENTFERNEN PKW2 LKW1 38. 40.) . 1.)
((VOR PKW1 LKW1 14. 22.) . 1.)
((NAEHERN-R PKW1 LKW1 1. 10.) . 1.)
((VOR LKW1 PKW1 1. 10.) . 1.)
((NAEHERN-R PKW2 LKW1 32. 38.) . 1.)
((VOR LKW1 PKW2 32. 40.) . 1.)
((SYM-NAEHERN PKW1 LKW1 1. 11.) . 1.)
((SYM-NAEHERN PKW2 LKW1 32. 38.) . 1.)
((STEHENBLEIBEN-1 PKW1 (21. 32.) 32.) . 1.)
((STEHENBLEIBEN-1 LKW1 (17. 24.) 23.) . 1.)
((STEHENBLEIBEN-1 LKW1 (32. 34.) 34.) . 1.)
((LANGSAMER-WERDEN PKW2 34. 38.) . 1.)
((LANGSAMER-WERDEN PKW1 21. 33.) . 1.)
((LANGSAMER-WERDEN PKW1 16. 20.) . 1.)
((LANGSAMER-WERDEN LKW1 32. 35.) . 1.)
((LANGSAMER-WERDEN LKW1 17. 25.) . 1.)
((SCHNELLER-WERDEN PKW1 5. 16.) . 1.)
((SCHNELLER-WERDEN LKW1 26. 30.) . 1.)
((LANGSAM PKW1 30. 33.) . 1.)
((LANGSAM LKW1 21. 35.) . 1.)
((FAHREN LKW1 1. 23.) . 1.)
((FAHREN LKW1 29. 34.) . 1.)
((FAHREN PKW1 1. 32.) . 1.)
((FAHREN PKW2 32. 40.) . 1.)
((STEHEN PKW1 32. 40.) . 1.)
((STEHEN LKW1 23. 29.) . 1.)
((STEHEN LKW1 34. 40.) . 1.)
((BEWEGEN-R PKW2 32. 40.) . 1.)
((BEWEGEN-R PKW1 1. 32.) . 1.)
((BEWEGEN-R LKW1 29. 34.) . 1.)
((BEWEGEN-R LKW1 1. 23.) . 1.)
((EXISTIEREN LKW1 1. 40.) . 1.)
((EXISTIEREN PKW1 1. 40.) . 1.)
((EXISTIEREN PKW2 32. 40.) . 1.)
```

Für die Zwecke der Verbalisierung wurden weiterhin folgende Einträge hinzugefügt:

```
((FARBE PKW1 GELB) . 1.)
((FARBE PKW2 SCHWARZ) . 1.)
((AUF PKW2 HARTUNGSTRASSE 32. 34.) . 1.)
((VOR LKW1 HAUS-1 1. 5.) . 1.)
((VOR PKW2 FBI 37. 40.) . 1.)
((NEBEN PKW2 HAUS-1 32. 37.) . 1.)
```

```
((VOR PKW1 HAUS-3 27. 40.) . 1.)
((NEBEN PKW1 HAUS-1 3. 10.) . 1.)
((VOR LKW1 HAUS-2 22. 32.) . 1.)
```

Die weiter oben, bei den Ereignisinstanzen angegebenen Ortseinträge stammen von den Ereignismodellen, in denen räumliche Relationen überprüft werden. Im weiteren zeigen wir einen Ausschnitt des Verbalisierungstrace von NAOS. Der gesamte Trace für diese Szene ist recht lang, so daß nur einige Teile gezeigt werden, gefolgt von dem generierten Text. Als erstes ist hier die Ereignisauswahl zu sehen:

```
[DSKLOG started: 3-29-86 6:00 PM on file (UM6N1 . LOG)]


*(verbalize-scene)


             ***    Verbalisierung der Ereignisse    ***


Alle Ereignisse mit PKW1:

                (BEWEGEN-R PKW1 1 32)
                (STEHEN PKW1 32 40)
                (FAHREN PKW1 1 32)
                (STEHENBLEIBEN-1 PKW1 (21 32) 32)
                (NAEHERN-R PKW1 LKW1 1 10)
                (ENTFERNEN-R PKW1 LKW1 14 27)
                (DREHEN PKW1 14 20)
                (DREHEN PKW1 5 12)
                (DREHEN PKW1 21 27)
                (BESCHLEUNIGEN PKW1 5 16)
                (BREMSEN PKW1 21 33)
                (BREMSEN PKW1 16 20)
                (ERREICHEN PKW1 HARTUNGSTRASSE (1 29) 30)
                (ERREICHEN PKW1 KREUZUNG-1 (1 29) 30)
                (ERREICHEN PKW1 SCHLUETERSTRASSE (1 2) 3)
                (PASSIEREN PKW1 LKW1 (1 9) (15 27))
                (RASEN PKW1 9 27)
                (VORBEIFAHREN PKW1 LKW1 (1 9) (15 27))
                (UEBERHOLEN PKW1 LKW1 (1 9) (15 22))
                (ANHALTEN PKW1 (21 32) 33)
                (HALTEN PKW1 33 40)
                (STOPPEN PKW1 (21 32) 33)
```

Fuer PKW1 werden folgende Ereignisse verbalisiert:

```
((UEBERHOLEN PKW1 LKW1 (1 9) (15 22)) (1 22))
((RASEN PKW1 9 27) (22 27))
((ERREICHEN PKW1 HARTUNGSTRASSE (1 29) 30) (27 30))
((ANHALTEN PKW1 (21 32) 33) (30 33))
((HALTEN PKW1 33 40) (33 40))
```

Alle Ereignisse mit PKW2:

```
(BEWEGEN-R PKW2 32 40)
(FAHREN PKW2 32 40)
(NAEHERN-R PKW2 LKW1 32 38)
(BREMSEN PKW2 34 38)
(ERREICHEN PKW2 SCHLUETERSTRASSE (32 33) 34)
```

Fuer PKW2 werden folgende Ereignisse verbalisiert:

```
((ERREICHEN PKW2 SCHLUETERSTRASSE (32 33) 34) (32 34))
((NAEHERN-R PKW2 LKW1 32 38) (34 38))
((FAHREN PKW2 32 40) (38 40))
```

Alle Ereignisse mit LKW1:

```
(BEWEGEN-R LKW1 1 23)
(BEWEGEN-R LKW1 29 34)
(STEHEN LKW1 34 40)
(STEHEN LKW1 23 29)
(FAHREN LKW1 29 34)
(FAHREN LKW1 1 23)
(STEHENBLEIBEN-1 LKW1 (32 34) 34)
(STEHENBLEIBEN-1 LKW1 (17 24) 23)
(ENTFERNEN-R LKW1 PKW1 29 33)
(BESCHLEUNIGEN LKW1 26 30)
(LOSFAHREN LKW1 26 (27 30))
(ABFAHREN LKW1 26 (27 30))
(STOPPEN LKW1 (17 22) 23)
(ANFAHREN LKW1 (26 26) (27 30))
(WEITERFAHREN-1 LKW1 26 (27 30))
(ANHALTEN LKW1 (17 22) 23)
(BREMSEN LKW1 17 23)
(HALTEN LKW1 23 26)
(ANHALTEN LKW1 (32 34) 35)
(HALTEN LKW1 35 40)
(STOPPEN LKW1 (32 34) 35)
```

```
Fuer LKW1 werden folgende Ereignisse verbalisiert:

        ((FAHREN LKW1 1 23) (1 17))
        ((STOPPEN LKW1 (17 22) (23 23)) (17 23))
        ((HALTEN LKW1 19 26) (23 26))
        ((WEITERFAHREN-1 LKW1 26 (27 30)) (26 30))
        ((ENTFERNEN-R LKW1 PKW1 29 33) (30 32))
        ((ANHALTEN LKW1 (32 34) 35) (32 35))
        ((HALTEN LKW1 35 40) (35 40))

Die Ereignisse werden in folgender Objektreihenfolge verbalisiert:

        (PKW1 PKW2 LKW1)
```

Die folgende Graphik (Abbildung C.2) veranschaulicht die zeitlichen Beziehungen der ausgewählten Ereignisse zueinander, wobei rechts von den Variablennamen, welche die drei bewegten Objekte bezeichnen, die Ereignisse aufgeführt sind. Jeweils das speziellste von gleichzeitig gültigen Ereignissen wird verbalisiert.

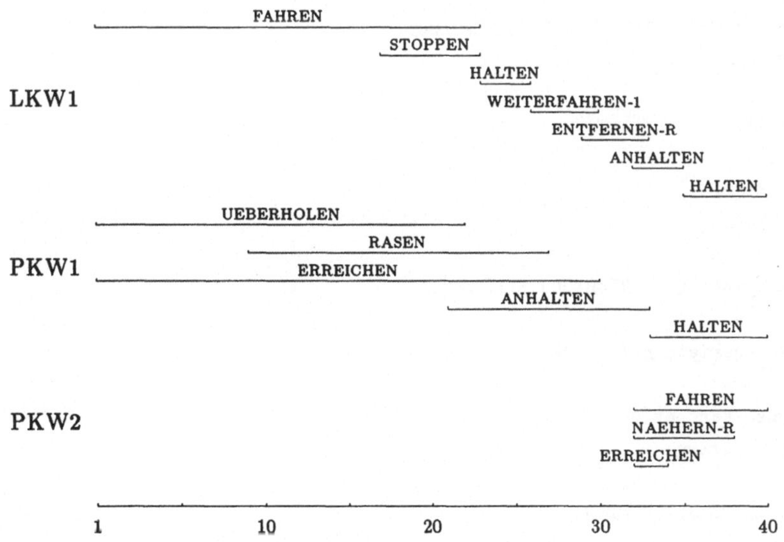

Abb. C.2 Ereigniszeiten der ausgewählten Ereignisse

Nachdem die Ereignisse für jedes Objekt ausgewählt wurden, werden sie verbalisiert. Der Trace zeigt, welches Ereignis zur Verbalisierung ansteht und welche Tiefenkasus mit ihm genannt werden sollen. Entstehen Konflikte, so wird die Konfliktlösung gezeigt. Bei der Generierung von Nominalphrasen sind die erzeugten BUILD-Strukturen zu sehen, die von SUTRA weiterverarbeitet werden.

```
Das Ereignis (UEBERHOLEN PKW1 LKW1 (1 9) (15 22))
soll mit folgenden Tiefenkasus verbalisiert werden:

(DIRECTION LOCATIVE)


Es kann keine Richtungsangabe mit UEBERHOLEN stehen.

Richtung wird gesondert verbalisiert.
```

Diese Meldung besagt, daß zwei Sätze generiert werden, einer mit dem Verb *fahren* und der Richtungsangabe, ein weiterer mit dem UEBERHOLEN Ereignis.

```
***    NP-Generierung fuer PKW1     ***



PKW1 ist dem Partner unbekannt

(BUILD (NOUN-PHRASE SIMPLE)
       NUMB
       (BUILD (MSI NUMBER) MSI-NUMBER 'SG)
       PRO-TYPE
       NIL
       WORDS
       '(E- GELB PKW)
       ATTRIBUTE
       NIL)NIL

Richtungsangabe: (IN/ RICHTUNG HALLERPLATZ)

***    NP-Generierung fuer PKW1     ***

PKW1 ist dem Partner bekannt und vorerwaehnt
Pronominalisierung:

(BUILD (NOUN-PHRASE SIMPLE)
       NUMB
       (BUILD (MSI NUMBER) MSI-NUMBER 'SG)
       PRO-TYPE
       (BUILD (MSI PROFORM) MSI-PROFORM 'PRN)
       WORDS
       '(E- GELB PKW)
       ATTRIBUTE)NIL
```

```
***    NP-Generierung fuer LKW1    ***


LKW1 ist dem Partner unbekannt

aber das einzige Element seiner Klasse!

(BUILD (NOUN-PHRASE SIMPLE)
       NUMB
       (BUILD (MSI NUMBER) MSI-NUMBER 'SG)
       PRO-TYPE
       NIL
       WORDS
       '(D- LKW)
       ATTRIBUTE
       NIL)NIL

Locative: AUF SCHLUETERSTRASSE


***    NP-Generierung fuer SCHLUETERSTRASSE    ***

SCHLUETERSTRASSE ist dem Partner bekannt

(BUILD (NOUN-PHRASE SIMPLE)
       NUMB
       (BUILD (MSI NUMBER) MSI-NUMBER 'SG)
       PRO-TYPE
       NIL
       WORDS
       '(D- SCHLUETERSTRASSE)
       ATTRIBUTE
       NIL)NIL


              ***    Partnermodell    ***


               (UEBERHOLEN PPKW1 PLKW1 (1 9) (15 22))
               (LOC AUF PPKW1 PSCHLUETERSTRASSE 3 40)
               (KOREF PLKW1 LKW1)
               (KLASSE PLKW1 LKW)
               (FAHREN PPKW1 1 40)
               (RICHTUNG IN/ RICHTUNG PPKW1 HALLERPLATZ 1 40)
               (KOREF PPKW1 PKW1)
```

```
        (KLASSE PPKW1 PKW)
        (FARBE PPKW1 GELB)
```

Das Ereignis (RASEN PKW1 9 27)
soll mit folgenden Tiefenkasus verbalisiert werden:

(SOURCE)

Die Kasuskombination (SOURCE) ist fuer RASEN nicht erlaubt!
Es werden folgende TK verbalisiert:

```
        SOURCE
        GOAL
```

***   NP-Generierung fuer PKW1   ***

PKW1 ist dem Partner bekannt und vorerwaehnt
Wegen bewegtem Objekt im letzten Satz:

```
(BUILD (NOUN-PHRASE SIMPLE)
       NUMB
       (BUILD (MSI NUMBER) MSI-NUMBER 'SG)
       PRO-TYPE
       NIL
       WORDS
       '(D- GELB PKW)
       ATTRIBUTE
       NIL)NIL
```

Source: VON HAUS-1

***   NP-Generierung fuer HAUS-1   ***

HAUS-1 ist dem Partner bekannt

```
(BUILD (NOUN-PHRASE SIMPLE)
       NUMB
       (BUILD (MSI NUMBER) MSI-NUMBER 'SG)
       PRO-TYPE
       NIL
```

```
        WORDS
        '(D- ALT POST)
        ATTRIBUTE
        NIL)NIL

Goal: VOR HAUS-3


***     NP-Generierung fuer HAUS-3      ***

HAUS-3 ist dem Partner bekannt

(BUILD (NOUN-PHRASE SIMPLE)
        NUMB
        (BUILD (MSI NUMBER) MSI-NUMBER 'SG)
        PRO-TYPE
        NIL
        WORDS
        '(D- GELB HAUS)
        ATTRIBUTE
        NIL)NIL


                ***     Partnermodell     ***


                 (RASEN PPKW1 9 40)
                 (GOAL VOR PPKW1 PHAUS-3 27 40)
                 (SRC NEBEN PPKW1 PHAUS-1 3 10)
                 (UEBERHOLEN PPKW1 PLKW1 (1 9) (15 22))
                 (LOC AUF PPKW1 PSCHLUETERSTRASSE 3 40)
                 (KOREF PLKW1 LKW1)
                 (KLASSE PLKW1 LKW)
                 (FAHREN PPKW1 1 40)
                 (RICHTUNG IN/ RICHTUNG PPKW1 HALLERPLATZ 1 40)
                 (KOREF PPKW1 PKW1)
                 (KLASSE PPKW1 PKW)
                 (FARBE PPKW1 GELB)
```

Wir zeigen nun den von SUTRA aus den formalen Strukturen erzeugten Text:

[DSKLOG started: 3-29-86 6:08 PM on file (UM6N1 . VRB)]
10. ,ausgabe text
DIE SZENE ENTHAELT DREI BEWEGTE OBJEKTE: ZWEI PKWS UND EINEN LKW.
EIN GELBER PKW FAEHRT IN RICHTUNG HALLERPLATZ. DABEI UEBERHOLT ER DEN LKW AUF DER SCHLUETERSTRASSE. DER GELBE PKW RAST VON DER ALTEN POST VOR DAS GELBE HAUS. ER ERREICHT DIE HARTUNGSTRASSE. ER HAELT AN. ER HAELT.
EIN SCHWARZER PKW ERREICHT DIE SCHLUETERSTRASSE. ER NAEHERT SICH DEM LKW VON DER ALTEN POST. DER SCHWARZE PKW FAEHRT IN RICHTUNG HALLERPLATZ.
DER LKW FAEHRT VON DER ALTEN POST VOR DAS GRUENE HAUS. DABEI STOPPT ER VOR IHM. ER HAELT. ER FAEHRT IN RICHTUNG DAMMTOR WEITER. ER ENTFERNT SICH VON DEM GELBEN PKW. DER LKW HAELT AN. ER HAELT.
NIL
11. ,logout
[DSKLOG finished: 3-29-86 6:11 PM]

Anhang D

Erklärung einiger linguistischer Begriffe

In diesem Anhang sind die wichtigsten linguistischen Begriffe aufgeführt und erklärt, die im Text verwendet, jedoch nicht bei allen Lesern vorausgesetzt werden. Die Erklärung der Begriffe folgt im wesentlichen Lewandowski, Th., Linguistisches Wörterbuch 1-3. UTB Quelle & Meyer, Heidelberg, 3. Auflage, 1979-1980.

Anapher

Rückwärtsverweis im Text, Dialog. Z.B. Der Mann geht auf der Straße. *Er* bleibt stehen. *Sein* Hut wurde weggeweht.

Deixis

Hinweisfunktion der Pronomina (*ich, du; dieser, jener usw.*) und Adverbien (*hier, dort; heute, gestern usw.*) in bestimmten Kontexten oder entsprechender Situation. Wesentlich bei Deixis bzw. bei deiktischen Ausdrücken wie *ich, hier, jetzt* ist, daß sie nicht verstanden werden können ohne die konkrete Sprechersituation zu kennen, bei den Ausdrücken *ich, hier, jetzt* z.B. den Sprecher, den Ort des Sprechens sowie den konkreten Sprechzeitpunkt.

Deskription

In der vorliegenden Arbeit eine Beschreibung einer internen Systemvariablen, z.B. LKW1, durch einen natürlichsprachlichen Ausdruck wie, *der große LKW.*

Elision

Tilgung eines Ausdruckes, Wortes aus einem Oberflächensatz. Dies führt zur Ellipse (siehe unten).

Ellipse

Auslassung von Satzgliedern bzw. Redeteilen, die durch Kontext und Situation bedingt oder ermöglicht wird. Bei der Generierung von Ellipsen sollte sichergestellt werden, daß der Hörer den entstehenden Ausdruck noch verstehen kann.

Flexion

Wortabänderung, Beugung; Oberbegriff für Deklination, Konjugation und Komparation.

Fokus

Dieser Begriff hat bei Forschern aus der KI und der Linguistik schon zu vielerlei Mißverständnissen geführt, da seine Bedeutung in beiden Disziplinen genau vertauscht ist.
In der Linguistik unterscheidet man zwischen Thema und Rhema (häufig auch Thema und Kommentar) eines Satzes. Dabei ist das Thema die bekannte, gegebene Information und das Rhema bzw. der Kommentar, die im Satz ausgedrückte neue Information. Rhema und Kommentar werden in der Linguistik auch oft Fokus genannt. In der KI ist jedoch der Fokus das, was in der Linguistik dem Thema entspricht, also das, worüber gesprochen wird (siehe *Sidner 78*). In diesem Sinn wird der Begriff auch in der vorliegenden Arbeit verwendet.

Kasusrahmen

Alle zu einem Verb gehörigen bzw. von ihm regierten Tiefenkasus (siehe unten). Dabei wird angegeben, welche Tiefenkasus mit dem Verb stehen müssen (obligat sind), und welche mit ihm stehen können (optional sind).

Kennzeichnung

Eine K. ist ein natürlichsprachlicher Ausdruck, der ein Objekt (eine Entität) bezeichnet. Wir unterscheiden zwischen **definiten** und **indefiniten** Kennzeichnungen, die sich durch den Gebrauch des definiten Artikels (*der, die, das*) und des indefiniten Artikels (*ein, einer, eine, . . .*) unterscheiden.

Kohärenz

Unter Kohärenz versteht man den Zusammenhang oder die inhaltliche Zusammengehörigkeit von Einheiten eines gesprochenen oder geschriebenen Textes. Kohärenz ist nicht nur als eine Eigenschaft von Texten zu betrachten, sondern auch als Ergebnis kognitiver (konstruktiver) Prozesse des Hörers/Lesers, z.B. der Auflösung von Pronomen und anderer referierender Ausdrücke.

Kohyponym

Zwei Elemente, die einer gemeinsamen übergeordneten Klasse angehören, werden als Kohyponyme bezeichnet. Z.B. sind VW und BMW, wenn sie zur Klasse der Autos gehören, Kohyponyme.

Nominalphrase

Eine Phrase mit einem Nomen, z.B. *der Fußgänger, ein großer Fußgänger, Fußgänger.* Hier wird ebenfalls (siehe Kennzeichnung) zwischen **definiten** und **indefiniten** Nominalphrasen unterschieden, je nach Wahl des Artikels. Phrasen, in denen ein Nomen durch ein Pronomen ersetzt wurde (siehe Pronominalisierung), werden ebenfalls als Nominalphrasen bezeichnet, z.B. *er*.

Oberflächenkasus

Grammatische Kategorie des Nomens, die die syntaktische Rolle vor allem der Substantive kennzeichnet und die Beziehung zu anderen Wörtern des Satzes zum Ausdruck bringt. Im Deutschen werden Nominativ, Genitiv, Dativ und Akkusativ unterschieden. Bisher ist es nicht gelungen, bestimmte Kasusbedeutungen befriedigend festzulegen (siehe Tiefenkasus).

Präpositionalphrase

Eine Nominalphrase mit vorangestellter Präposition, z.B. *vor dem Fachbereich Informatik.*

Pronominalisierung

Ersatz von Nomina, Nominalphrasen, Sätzen oder Satzfolgen/Textstücken durch Pronomina. Kohärenz (siehe oben) bewirkende Substitution eines Nomens usw. des Vorgängersatzes durch ein Pronomen im Nachfolgesatz. Z.B. *Der gelbe VW fährt auf der Hartungstraße.* **Er** *hält an.*

Referenzierung

In der vorliegenden Arbeit wird darunter die Erzeugung von Kennzeichnungen und Nominalphrasen für interne Objektbezeichner, wie z.B. PKW1, verstanden.

Relativsatz

Ein durch ein Relativpronomen oder ein Relativadverb eingeleiteter Nebensatz. Ein **restriktiver Relativsatz** schränkt die Menge, über die eine Aussage gemacht wird, ein. Z.B. *Der Fußgänger,* **der an der Ampel steht,** *ist groß.*

Textsorte

Bezeichnung für sich (in verschiedener Hinsicht) unterscheidende Texte, Texttypen; Mengen von Texten mit bestimmten Eigenschaften. Intuitiv unterscheidet man z.B. Erscheinungsformen von Texten, wie *Abkommen, Argumentation, Brief, Gebrauchsanweisung, Predigt, . . .*

Tiefenkasus

Da Oberflächenkasus keine eindeutige Bedeutung zugewiesen werden kann, wurde von Fillmore (*Fillmore 68*) vorgeschlagen, von semantischen Kategorien auszugehen (den Tiefenkasus), die syntaktisch unterschiedlich repräsentiert sein können. Einem Tiefenkasus können demnach mehrere Oberflächenkasus entsprechen. Der Tiefenkasus **Agens**, der den Handelnden in einem Satz bezeichnet, kann z.B. im Nominativ und im Dativ auftreten, wie in **Peter** *besteigt den Berg* und *Der Berg wird von* **Peter** *bestiegen.* Tiefenkasus dienen dazu, semantisch relevante Beziehungen zwischen den Mitspielern eines Verbs zu repräsentieren.

Topikalisierung

Die inhaltlich-kommunikative Hervorhebung einer sprachlichen Einheit durch eine bestimmte Anordnung im Satz, z.B. dadurch, daß sie an die Spitze des Satzes gestellt wird.

Literaturverzeichnis

Abe et al. 81 : Abe, N., Soga, I., Tsuji, S., *A Plot Understanding System on Reference to both Image and Language.* IJCAI-81, 77-84.

Adorni et al. 81 : Adorni, G., Boccalatte, A., DiManzo, M., *Object Representation and Spatial Knowledge: An Insight into the Problem of Men-Robots Communication.* Proc. of the 7th Conference of the Canadian Man-Computer Communications Society, Waterloo, Ontario, Canada, 1981, 37-45.

Adorni et al. 83 : Adorni, G., DiManzo, M., Ferrari, G., *Natural Language Input for Scene Generation.* Proc. 1st European Conference of ACL, Pisa, 1983.

Allen 78 : Allen, J.F., *Recognizing Intention in Dialogue.* Ph.D. Thesis, Dept. of CS, University of Toronto, 1978.

Allen 81 : Allen, J.F., *A General Model of Action and Time.* Technical Report 97, University of Rochester, Rochester, NY, 1981.

Anderson 83 : Anderson, J.R., *The architecture of cognition.* Harvard University Press, Cambridge, Mass., 1983.

Appelt 82 : Appelt, D.E., *Planning Natural-Language Utterances to Satisfy Multiple Goals.* SRI International, Technical Note 259, Menlo Park, CA., 1982.

Austin 62 : Austin, J.L., *How to Do Things with Words.* Oxford University Press, New York, 1962.

Badler 75 : Badler, N.I., *Temporal Scene Analysis: Conceptual Description of Object Movements.* Report TR-80, Dept. of CS, University of Toronto, 1975.

Barrow et al. 77 : Barrow, H.G., Ambler, A.P., Burstall, R.M., *Some Techniques for Recognizing Structures in Pictures.* In: Aggarwal, J.K., Duda, R.O., Rosenfeld, A. (Hg.), Computer Methods in Image Analysis. IEEE Press, 1977, 397-425.

Barwise und Perry 83 : Barwise, J., Perry, J., *Situations and Attitudes.* Bradford Books, MIT Press, 1983.

Berwick 83 : Berwick, R.C., *Computational aspects of discourse.* In: Brady, M., Berwick, R.C. (Hg.), Computational Models of Discourse. MIT Press, Cambridge, Mass., 1983, 27-105.

Block 81 : Block, N. (Hg.), *Imagery.* MIT Press, Cambridge, Mass., 1981.

Bogges 79 : Bogges, L.C., *Computational Interpretation of English Spatial Prepositions.* University of Illinois, Urbana, 1979.

Bolc 84 : Bolc, L., *Natural Language Communication with Pictorial Information Systems.* Springer, Berlin/Heidelberg/New York, 1984.

Brockhaus-Wahrig 80 : Brockhaus-Wahrig, *Deutsches Wörterbuch, A-BT.* 18. Auflage, F.A. Brockhaus, Wiesbaden, Deutsche Verlagsanstalt, Stuttgart 1980.

Brockhaus-Wahrig 82 : Brockhaus-Wahrig, *Deutsches Wörterbuch, K-OZ.* 18. Auflage, F.A. Brockhaus, Wiesbaden, Deutsche Verlagsanstalt, Stuttgart 1982.

Brown 79 : Brown, G.P., *Toward a Computational Theory of Indirect Speech Acts.* MIT Techn. Report MIT/LCS/TR-223, 1979.

Bruce 72 : Bruce, B.C., *A Model for Temporal References and its Application in a Question Answering System.* Artificial Intelligence 3, 1972, 1-25.

Bruner und Postman 49 : Bruner, J.S., Postman, L., *On the Perception of Incongruity: A Paradigm.* Journal of Personality, XVIII, 1949, 206-223.

Bugelski und Alampay 61 : Bugelski, B.R., Alampay, D.A., *The role of frequency in developing perceptual set.* Canadian Journal of Psychology 15, 1961, 205-211.

Busemann 83 : Busemann, S., *Oberflächentransformationen bei der automatischen Generierung geschriebener deutscher Sprache.* Diplomarbeit, Fachbereich Informatik, Universität Hamburg, 1983.

Busemann 84a : Busemann, S., *Surface Transformations during the Generation of Written German Sentences.* In: Bolc, L. (Hg.), Natural Language Generation Systems. Springer, Berlin, 1984.

Busemann 84b : Busemann, S., *Topicalization and Pronominalization. Extending a Natural Language Generation System.* ECAI-84, 221-224.

Carnap 56 : Carnap, R., *Meaning Postulates.* In: Carnap, R., Meaning and Necessity. University of Chicago Press, Chicago, 1956, 222-229.

Carsten und Janson 84 : Carsten, I., Janson, T., *Überlegungen zur Evaluierung räumlicher Präpositionen anhand geometrischer Szenenbeschreibungen.* Studienarbeit, Fachbereich Informatik, Universität Hamburg, 1984.

Chafe 77 : Chafe, W.L., *Creativity in Verbalization and its Implication for the Nature of Stored Knowledge.* In: Freedle, R.O. (Hg.), Discourse Production and Comprehension. Ablex, Norwood, New Jersey, 1977.

Chafe 79 : Chafe, W.L., *The Flow of Thought and the Flow of Language.* In: Givòn, T. (Hg.), Discourse and Syntax. Academic Press, New York, 1979, 159-181.

Charniak und McDermott 85 : Charniak, E., McDermott, D., *An Introduction to Artificial Intelligence.* Addison-Wesley, 1985.

Clark und Marshall 81 : Clark, H., Marshall, C., *Definite reference and mutual knowledge.* In: Joshi, A.K., Sag, I., Webber, B. (Hg.), Elements of discourse understanding. Cambridge University Press, Cambridge, 1981.

Cohen 78 : Cohen, P., *On Knowing What to Say: Planning Speech Acts.* Techn. Report No. 118, University of Toronto, 1978.

Cohen und Perrault 79 : Cohen, P., Perrault, C.R., *Elements of a Plan Based Theory of Speech Acts.* Cognitive Science, Vol. 3, 1979, 177-212.

Collins und Quillian 72 : Collins, A.M., Quillian, M.R., *How to make a language user.* In: Tulving, E., Donaldson, W. (Hg.), Organization and Memory. Academic Press, New York, 1972.

Conklin und McDonald 82 : Conklin, E.J., McDonald, D.D., *Salience: The Key to the Selection Problem in Natural Language Generation.* Proc. of the 20th Annual Meeting of the ACL, University of Toronto, 1982,129-135.

Davey 78 : Davey, A., *Discourse Production. A Computer Model of Some Aspects of a Speaker.* Edinburgh University Press, 1978.

Derr und McKeown 84 : Derr, M.A., McKeown, K.R., *Using Focus to Generate Complex and Simple Sentences.* COLING-84, 319-326.

DiPrimio und Christaller 83 : DiPrimio, F., Christaller, T., *A Poor Man's Flavor System.* Techn. Report, ISSCO, Geneva, 1983.

Dressler 73 : Dressler, W., *Einführung in die Textlinguistik.* Konzepte der Sprach- und Literaturwissenschaft 13, 2. Auflage, Niemeyer, Tübingen, 1973.

Eriksson et al. 84 : Eriksson, O., Bengtsson, E., Jarkrans, T., Nordin, B., Stenkvist, B., *ILIAD - A high Level Dialogue System for Picture Analysis.* In: Bolc, L. (Hg.), Natural Language Communication with Pictorial Information Systems. Springer, Berlin/Heidelberg/New York, 1984, 255-327.

Fillmore 68 : Fillmore, C.J., *The Case for Case.* In: Bach, E., Harms, R.T. (Hg.), Universals in Linguistic Theory. Holt, Rinehart and Winston, New York, 1968, 1-88.

Fillmore 77 : Fillmore, C.J., *Scenes-and-frames Semantics.* In: Zampolli, A. (Hg.), Linguistic Structures Processing. North-Holland, Amsterdam, 1977, 55-81.

Gerling und Orthen 79 : Gerling, M., Orthen, N., *Deutsche Zustands- und Bewegungsverben.* Günter Narr Verlag, Tübingen, 1979.

Gibson 50 : Gibson, J.J., *The Perception of the Visual World.* Houghton Mifflin, Boston, Mass., 1950.

Gibson 66 : Gibson, J.J., *The Senses Considered as Perceptual Systems.* Houghton Mifflin, Boston, Mass., 1966.

Glass et al. 79 : Glass, A.L., Holyoak, K.J., Santa, J.L., *Cognition.* Addison-Wesley, Reading/Mass., 1979.

Goldman 75 : Goldman, N.M., *Conceptual Generation.* In: Schank, R.C. (Hg.), Conceptual Information Processing. North-Holland, 1975, 289-371.

Grice 75 : Grice, H.P., *Logic and Conversation.* In: Cole, P., Morgan, J.L. (Hg.), Speech Acts. London, 1975, 41-58.

von Hahn 79 : von Hahn, W., *Über Dialogkohärenz in Natürlichsprachlichen AI-Systemen.* Projektgruppe Simulation von Sprachverstehen, Universität Hamburg, Germanisches Seminar, Bericht Nr. 8, 1979.

von Hahn et al. 80 : von Hahn, W., Hoeppner, W., Jameson, A., Wahlster, W., *The Anatomy of the Natural Language Dialogue System HAM-RPM.* In: Bolc, L. (Hg.), Natural Language Based Computer Systems. Hanser/McMillan, München, 1980, 119-253.

Halliday 70 : Halliday, M.A.K., *Language Structure and Language Function.* In: Lyons, J. (Hg.), New Horizons in Linguistics. Penguin, Baltimore, 1970.

Hanson und Riseman 78 : Hanson, A.R., Riseman, E.M., *VISIONS: A Computer System for Interpreting Scenes.* In: Hanson, A.R., Riseman, E.M. (Hg.), Computer Vision Systems. Academic Press, New York, 1978, 449-510.

Herrmann und Deutsch 76 : Herrmann, T., Deutsch, W., *Psychologie der Objektbenennung.* Huber, Bern, 1976.

Herrmann und Laucht 76 : Herrmann, Th., Laucht, M., *On multiple verbal codability of objects.* Psychological Research, 38, 1976, 355-368.

Herskovits 85 : Herskovits, A., *Semantics and Pragmatics of Locative Expressions.* Cognitive Science 9, Nr. 3, 1985, 341-378.

Hoeppner 82 : Hoeppner, W., *ATN-Steuerung durch Kasusrahmen.* In: Wahlster, W. (Hg.), GWAI-82. Informatik Fachberichte 58, Springer, Berlin/Heidelberg/New York, 1982, 215-226.

Hoeppner et al. 83 : Hoeppner, W., Christaller, T., Marburger, H., Morik, K., Nebel, B., O'Leary, M., Wahlster, W., *Beyond Domain-Independence: Experience with the Development of a German Language Access System to Highly Diverse Background Systems.* IJCAI-83, 588-594.

Hovy 85 : Hovy, E.H., *Integrating Text Planning and Production in Generation.* IJCAI-85, 848-851.

Hußmann und Schefe 84 : Hußmann, M., Schefe, P., *The Design of SWYSS, a Dialogue System for Scene Analysis.* In: Bolc, L. (Hg.), Natural Language Communication with Pictorial Information Systems. Springer, Berlin/Heidelberg/New York, 1984, 143-201.

Jameson 80 : Jameson, A., *ATTACH: A Package for Accessing LISP Programs and Data from Disk.* Forschungsstelle für Informationswissenschaft und Künstliche Intelligenz, Universität Hamburg, Memo RPM-12, 1980.

Jameson et al. 80 : Jameson, A., Hoeppner, W., Wahlster, W., *The Natural Language System HAM-RPM as a Hotel Manager: Some Representational Prerequisites.* In: Wilhelm, R. (Hg.), GI-10, Jahrestagung Saarbrücken. Informatik Fachberichte 33, Springer, Berlin/Heidelberg/New York, 1980, 151-171.

Jameson und Wahlster 82 : Jameson, A., Wahlster, W., *User Modelling in Anphora Generation: Ellipsis and Definite Description.* ECAI-82, 222-227.

Johnson-Laird 83 : Johnson-Laird, P.N., *Mental Models.* Cambridge University Press, 1983.

Kahn 75 : Kahn, K.M., *Mechanization of Temporal Knowledge.* Technical Report MAC-TR-155, AI-Lab, MIT, Cambridge/MA, 1975.

Kay 79 : Kay, M., *Functional grammar.* Proc. of the 5th Annual Meeting of the Berkeley Linguistic Society, 1979.

Kuhn 79 : Kuhn, T.S., *Die Struktur wissenschaftlicher Revolutionen.* suhrkamp taschenbuch wissenschaft 25, 4. Auflage, Frankfurt/Main, 1979.

Katz und Fodor 63 : Katz, J.J., Fodor, J.A., *The structure of a semantic theory.* Language, 39, 1963, 170-210.

Lee und Fu 84 : Lee, Y.C., Fu, K.S., *Query Languages for Pictorial Database System.* In: Bolc, L. (Hg.), Natural Language Communication with Pictorial Information Systems. Springer, Berlin/Heidelberg/New York, 1984, 1-142.

LeFaivre 77 : LeFaivre, R.A., *FUZZY Reference Manual.* Rutgers University, Computer Science Department, März 1977.

Mann 83 : Mann, W.C., *An Overview of the Penman Text Generation System.* University of Southern California, Informatin Sciences Institute, Report ISI/RR-83-114, 1983.

Mann 84 : Mann, W.C., *Discourse Structures for Text Generation.* COLING-84, 367-375.

Mann und Moore 81 : Mann, W.C., Moore, J., *Computer Generation of Multiparagraph Text.* AJCL 7(1), 1981, 17-29.

Mann et al. 81 : Mann, W.C., Bates, M., Grosz, B., McDonald, D.D., McKeown, K.R., Swartout, W.R., *Text Generation: The State of the art and the literature.* University of Southern California, Information Sciences Institute, Report ISI/RR-81-101, 1981.

Mann und Matthiessen 83 : Mann, W.C., Matthiessen, Ch.M.I.M., *Nigel: A Systemic Grammar for Text Generation.* University of Southern California, Information Sciences Institute, Report ISI/RR-83-105, 1983.

Marburger und Novak 81 : Marburger, H., Novak, H.-J., *Auswertung von natürlichsprachlichen Entscheidungsfragen über Bewegungen in einer Straßenszene.* Diplomarbeit, Fachbereich Informatik, Universität Hamburg, 1981.

Marburger et al. 81 : Marburger, H., Neumann, B., Novak, H.-J., *Natural Language Dialogue about Moving Objects in an Automatically Analyzed Traffic Scene.* IJCAI-81, 49-51.

Marcus 80 : Marcus, M.P., *A theory of syntactic recognition for natural language.* MIT Press, Cambridge, 1980.

Matthiessen 81 : Matthiessen, C., *A Grammar and a Lexicon for a Text-Production System.* Proc. of the 19th Annual Meeting of the ACL, 1981.

Mauldin 84 : Mauldin, M.L., *Semantic Rule Based Text Generation.* COLING-84, 376-380.

McDonald 78 : McDonald, D.D., *Subsequent Reference: Syntactic and Rhetorical Constraints.* In: Waltz, D.L. (Hg.), TINLAP-2. 1978, 64-72.

McDonald 83 : McDonald, D.D., *Natural Language Generation as a Computational Problem: an Introduction.* In: Brady, M., Berwick, R.C. (Hg.), Computational Models of Discourse. MIT Press, Cambridge, Mass., 1983, 209-265.

McDonald und Conklin 82 : McDonald, D.D., Conklin, E.J., *Salience as a Simplifying Metaphor for Natural Language Generation.* AAAI-82, 75-78.

McDonald und Pustejovsky 85 : McDonald, D.D., Pustejovsky, J.D., *Description-Directed Natural Language Generation.* IJCAI-85, 799-805.

McKeown 80 : McKeown, K.R., *Generating Relevant Explanations: Natural Language Responses to Questions about Database Structure.* AAAI-80, 306-309.

McKeown 82 : McKeown, K.R., *The TEXT system for natural language generation: an overview.* Proc. of the 20th Annual Meeting of the ACL, University of Toronto, 1982, 113-120.

McKeown 83 : McKeown, K.R., *Focus Constraints on Language Generation.* IJCAI-83, 582-587.

McKeown 85 : McKeown, K.R., *Discourse Strategies for Generating Natural-Language Text.* Artificial Intelligence 27, 1985, 1-41.

Meehan 76 : Meehan, F., *The Metanovel: Writing Stories by Computer.* Ph.D. dissertation, Yale University, 1976.

Meehan 79 : Meehan, J., *The New UCI-LISP Manual.* LEA, Hillsdale, NJ, 1979.

Meehan 81 : Meehan, J., *TALE-SPIN.* In: Schank, R.C., Riesbeck, C.K. (Hg.), Inside Computer Understanding: Five Programs plus Miniatures. LEA, Hillsdale, New Jersey, 1981, 197-258.

Mellish 85 : Mellish, C., *Computer Interpretation of Natural Language Descriptions.* Ellis Horwood, Chichester, 1985.

Metzing 81 : Metzing, D., *Plädoyer für Kasus wiedereröffnet - Für die Künstliche Intelligenz?.* In: Pleines, J. (Hg.), Beiträge zum Stand der Kasustheorie. Narr, Tübingen, 1981, 193-212.

Miller 72 : Miller, G.A., *English Verbs of Motion: A case Study in Lexical Memory.* In: Melton, A.W., Martin, E. (Hg.), Coding Processes in Human Memory. Winston and Sons, Washington/DC, 1972, 335-372.

Miller und Johnson-Laird 76 : Miller, G.A., Johnson-Laird, P.N., *Language and Perception.* Cambridge University Press, Cambridge, Mass., 1976.

Montague 74 : Montague, R., *Formal Philosophy: Selected Papers.* Yale University Press, New Haven, 1974.

Moore 80 : Moore, R.C., *Reasoning about Knowledge and Action.* SRI International, Techn. Report No. 191, 1980.

Morik 82 : Morik, K., *Differenzstudie zu früheren sprachverarbeitenden Systemen der Bundesrepublik Deutschland.* Report ANS-6, Forschungsstelle für Informationswissenschaft und Künstliche Intelligenz, Hamburg, 1982.

Morik 84 : Morik, K., *Partnermodellierung und Interessensprofile bei Dialogsystemen der Künstlichen Intelligenz.* In: Rollinger, C.-R. (Hg.), Probleme des (Text-)Verstehens. Ansätze der Künstlichen Intelligenz. Sprache und Information 10, Niemeyer, Tübingen, 1984, 249-264.

Neumann 78 : Neumann, B., *Interpretation of imperfect object contours for identification and tracking.* ICPR-78, 691-693.

Neumann 84 : Neumann, B., *Natural Language Description of Time-Varying Scenes.* In: Waltz, D. (Ed.), Advances in Natural Language Processes. Volume 1 (in press); auch als FBI-HH-B-105/84, Fachbereich Informatik, Universität Hamburg, 1984.

Neumann und Novak 83a : Neumann, B., Novak, H.-J., *Natural Language Oriented Event Models for Image Sequence Interpretation: The Issues.* CSRG Techn. Note # 34, University of Toronto, 1983.

Neumann und Novak 83b : Neumann, B., Novak, H.-J., *Event Models for Recognition and Natural Language Description of Events in Real-World Image Sequences.* IJCAI-83, 724-726.

Neumann und Novak 86 : Neumann, B., Novak, H.-J., *NAOS: Ein System zur natürlichsprachlichen Beschreibung von zeitveränderlichen Szenen.* Springer, Informatik Forschung und Entwicklung 1, 1986, 83-92.

Novak 82 : Novak, H.-J., *On the Selection of Verbs for Natural Language Description of Traffic Scenes.* In: Wahlster, W. (Hg.), GWAI-82, Informatik Fachberichte 58, Springer, Berlin/Heidelberg/New York, 1982, 22-31.

Novak 83 : Novak, H.-J., *On Verbalizing Real-World Events: An Interface of Natural Language and Vision.* In: Neumann, B. (Hg.), GWAI-83, Informatik Fachberichte 76, Springer, Berlin/Heidelberg/New York, 1983, 100-107.

Novak 85 : Novak, H.-J., *A Relational Matching Strategy for Temporal Event Recognition.* In: Laubsch, J. (Hg.), GWAI-84. Informatik Fachberichte 103, Springer, 1985, 109-118.

Novak 86 : Novak, H.-J., *Generating a Coherent Text Describing a Traffic Scene.* COLING-86, 570-575.

Novak und Neumann 84 : Novak, H.-J., Neumann, B., *Szenenbeschreibung und Imagination in NAOS.* In: Rollinger, C.-R. (Hg.), Probleme des (Text -) Verstehens. Ansätze der Künstlichen Intelligenz. Sprache und Information 10, Niemeyer, Tübingen, 1984, 192-206.

Olson 70 : Olson, D.R., *Language and Thought: aspects of a cognitive theory of semantics.* Psychological Review 77 (1970), 257-273.

Olson 72 : Olson D.R., *Language Use for Communicating, Instructing and Thinking.* In: Freedle, R.O., Carroll, J.B. (Hg.), Language Comprehension and the Acquisition of Knowledge. Washington, 1972.

Okada 79 : Okada, N., *SUPP: Understanding Moving Picture Patterns Based on Linguistic Knowledge.* IJCAI-79, 690-692.

Okada 80 : Okada, N., *Conceptual Taxonomy of Japanese Verbs for Understanding Natural Language and Picture Patterns.* COLING-80, 127-135.

Parma et al. 80 : Parma, C.C., Hanson, A.R., Riseman, E.M., *Experiments in Schema-Driven Interpretation of a Natural Scene.* In: Simon, J.C., Haralick, R.M. (Hg.), Digital Image Processing. Reidel, Dordrecht, Holland, 1980, 303-334.

Pereira und Warren 80 : Pereira, F.C.N., Warren, D.H.D., *Definite clause grammars for language analysis - a survey of the formalism and a comparison with augmented transition networks.* Artificial Intelligence, 13, 1980, 231-278.

Pylyshyn 78 : Pylyshyn, Z., *What has language to do with perception? Some speculations on the lingua mentis.* In: Waltz, D.L. (Hg.), TINLAP-2. 1978, 172-179.

Reichman 78 : Reichman, R., *Conversational Coherency.* Cognitive Science 2, 1978, 283-327.

Reiter 77 : Reiter, R., *On Closed World Data Bases.* Department of Computer Science, University of British Columbia, Technical Report 77-16, Vancouver, Canada, 1977.

Retz-Schmidt 85 : Retz-Schmidt, G., *Script-Based Generation and Evaluation of Expectations in Traffic Scenes.* Fachbereich Informatik, Universität Hamburg, IFI-HH-M-136/85, 1985.

Rich 79 : Rich, E., *Building and Exploiting User Models.* Ph.D. Thesis, Carnegie-Mellon University, Report CMU-CS-79-119, 1979.

Rumelhart 75 : Rumelhart, D., *Notes on a schema for stories.* In: Bobrow, D., Collins, A. (Hg.), Representation and Understanding. Academic Press, New York, 1975, 211-236.

Schank 73 : Schank, R.C., *Identification of Conceptualizations Underlying Natural Language.* In: Schank, R.C., Colby, K.M. (Hg.), Computer Models of Thought and Language. Freeman, 1973.

Schank 75 : Schank, R.C. (Hg.), *Conceptual Information Processing.* North-Holland, Amsterdam/Oxford, 1975.

Schank und Abelson 77 : Schank, R.C., Abelson, R.P., *Scripts, plans, goals, and understanding.* LEA, Hillsdale, New Jersey, 1977.

Schipporeit 71 : Schipporeit, L., *Tenses and Time Phrases in Modern German.* Hueber, München, 1971.

Searle 69 : Searle, J., *Speech Acts: An Essay in the Philosophy of Language.* Cambridge University Press, Cambridge, 1969.

Sidner 78 : Sidner, C.L., *The Use of Focus as a Tool for Disambiguation of Definite Noun Phrases.* In: Waltz, D.L. (Hg.), TINLAP-2, Proc. of Theoretical Issues in Natural Language Processing-2, University of Illinois at Urbana-Champaign, July 25-27, 1978, 86-95.

Sidner 79 : Sidner, C.L., *Towards a computational theory of definite anaphora comprehension in English discourse.* Ph.D. dissertation, MIT AI Techn. Report No. TR-537, Cambridge, Mass., 1979.

Simmons und Slocum 72 : Simmons, R., Slocum, J., *Generating English discourse from semantic networks.* Comm. of the ACM, Vol. 15, 10, 1972, 891-905.

Thompson 77 : Thompson, H., *Strategy and Tactics: A Model for Language Production.* In: Papers from the 13th Regional Meeting, Chicago Linguistic Society, 1977.

Tsotsos 80 : Tsotsos, J.K., *A Framework for Visual Motion Understanding.* CSRG TR-114, University of Toronto, 1980.

Tsotsos 81 : Tsotsos, J.K., *Temporal Event Recognition: An Application to Left Ventricular Performance.* IJCAI-81, 900-907.

Tsotsos et al. 80 : Tsotsos, J.K., Mylopoulos, J., Covvey, H.D., Zucker, S.W., *A Framework for Visual Motion Understanding.* IEEE Trans. Pattern Analysis and Machine Intelligence PAMI-2, 1980, 563-573.

Tsuji et al. 77 : Tsuji, S., Kuroda, S., Morizono, A., *Understanding a Simple Cartoon Film by a Computer Vision System.* IJCAI-77, 609-610.

Ulmann 75 : Ulmann, G., *Sprache und Wahrnehmung: Verfestigen und Aufbrechen von Anschauungen durch Wörter.* Campus Verlag, Frankfurt/Main, 1975.

Wahlster 81 : Wahlster, W., *Natürlichsprachliche KI-Systeme: Entwicklungsstand und Forschungsperspektive.* In: Siekmann, J. (Hg.), GWAI-81, Informatik Fachberichte 47, Springer, Berlin/Heidelberg/New York, 1981, 50-68.

Wahlster 82 : Wahlster, W., *Natürlichsprachliche Systeme. Eine Einführung in die sprachorientierte KI-Forschung.* In: Bibel, W., Siekmann, J. (Hg.), Künstliche Intelligenz, Frühjahrsschule, Informatik Fachberichte 59, Springer, Berlin/Heidelberg/New York, 1982, 203-283.

Wahlster et al. 78 : Wahlster, W., Jameson, A., Hoeppner, W., *Glancing, Referring and Explaining in the Dialogue System HAM-RPM.* AJCL, Microfiche 77, 1978, 53-67.

Wahlster et al. 83 : Wahlster, W., Marburger, H., Jameson, A., Busemann, S., *Overanswering Yes-No-Questions: Extended Responses in a NL interface to a Vision System.* IJCAI-83, 643-646.

Waltz 78 : Waltz, D.L., *TINLAP-2.* Proc. of Theoretical Issues in Natural Language Processing. University of Illinois at Urbana-Champaign, 1978.

Waltz 81 : Waltz, D.L., *Toward a Detailed Model of Processing for Language Describing the Physical World.* IJCAI-81, 1-6.

Waltz und Bogges 79 : Waltz, D.L., Bogges, L.C., *Visual analog representation for natural language understanding.* IJCAI-79, 926-934.

Warren und Warren 70 : Warren, J.M., Warren, R.P., *Auditory illusions and confusions.* Scientific American 223, 1970, 30-36.

Webber 78 : Webber, B., *Description Formation and Discourse Model Synthesis.* In: Waltz, D.L. (Hg.), TINLAP-2. 1978, 42-50.

Weber 83 : Weber, G., *Untersuchungen zur mentalen Repräsentation von Bewegungsverben: Merkmale, Dimensionen und Vorstellungsbilder.* Dissertation, Universität Braunschweig, 1983.

Weinreb und Moon 81 : Weinreb, D., Moon, D., *Lispmachine Lisp Manual.* MIT Press, Cambridge, Mass., 1981.

Wilensky 78 : Wilensky, R., *Understanding Goal-Based Stories.* Yale University Research Report No. 140, 1978.

Wilensky 81 : Wilensky, R., *PAM.* In: Schank, R.C., Riesbeck, C.K. (Hg.), Inside Computer Understanding: Five Programs plus Miniatures. LEA, Hillsdale, New Jersey, 1981, 136-196.

Winograd 78 : Winograd, T., *On primitives, prototypes, and other semantic anomalies.* In: Waltz, D.L. (Hg.), TINLAP-2. 1978, 25-32.

Wong 75 : Wong, H.K.T., *Generating English Sentences from Semantic Structures.* University of Toronto, Techn. Report No. 84, 1975.

Wunderlich 70 : Wunderlich, D., *Tempus und Zeitreferenz im Deutschen.* Hueber, München, 1970.

Yokota et al. 84 : Yokota, M., Taniguchi, R., Kawaguchi, E., *Language-Picture Question-Answering through Common Semantic Representation and its Application to the World of Weather Report.* In: Bolc, L. (Hg.), Natural Language Communication with Pictorial Information Systems. Springer, Berlin/Heidelberg/New York, 1984, 203-253.

Yuille 83 : Yuille, J.C. (Hg.), *Imagery, Memory and Cognition.* LEA, Hillsdale, New Jersey, 1983.

Schlagwortverzeichnis

Band 97: H. Willmer, Systematische Software- Qualitätssicherung anhand von Qualitäts- und Produktmodellen. VII, 162 Seiten. 1985.

Band 98: Öffentliche Verwaltung und Informationstechnik. Neue Möglichkeiten, neue Probleme, neue Perspektiven. Proceedings, 1984. Herausgegeben von H. Reinermann, H. Fiedler, K. Grimmer, K. Lenk und R. Traunmüller. X, 396 Seiten. 1985.

Band 99: K. Küspert, Fehlererkennung und Fehlerbehandlung in Speicherungsstrukturen von Datenbanksystemen. IX, 294 Seiten. 1985.

Band 100: W. Lamersdorf, Semantische Repräsentation komplexer Objektstrukturen. IX, 187 Seiten. 1985.

Band 101: J. Koch, Relationale Anfragen. VIII, 147 Seiten. 1985.

Band 102: H.-J. Appelrath, Von Datenbanken zu Expertensystemen. VI, 159 Seiten. 1985.

Band 103: GWAI-84. 8th German Workshop on Artificial Intelligence. Wingst/Stade, October 1984. Edited by J. Laubsch. VIII, 282 Seiten. 1985.

Band 104: G. Sagerer, Darstellung und Nutzung von Expertenwissen für ein Bildanalysesystem. XIII, 270 Seiten. 1985.

Band 105: G. E. Maier, Exceptionbehandlung und Synchronisation. IV, 359 Seiten. 1985.

Band 106: Österreichische Artificial Intelligence Tagung. Wien, September 1985. Herausgegeben von H. Trost und J. Retti. VIII, 211 Seiten. 1985.

Band 107: Mustererkennung 1985. Proceedings, 1985. Herausgegeben von H. Niemann. XIII, 338 Seiten. 1985.

Band 108: GI/OCG/ÖGJ-Jahrestagung 1985. Wien, September 1985. Herausgegeben von H. R. Hansen. XVII, 1086 Seiten. 1985.

Band 109: Simulationstechnik. Proceedings, 1985. Herausgegeben von D. P. F. Möller. XIV, 539 Seiten. 1985.

Band 110: Messung, Modellierung und Bewertung von Rechensystemen. 3. GI/NTG-Fachtagung, Dortmund, Oktober 1985. Herausgegeben von H. Beilner. X, 389 Seiten. 1985.

Band 111: Kommunikation in Verteilten Systemen II. GI/NTG-Fachtagung, Karlsruhe, März 1985. Herausgegeben von D. Heger, G. Krüger, O. Spaniol und W. Zorn. XII, 236 Seiten. 1985.

Band 112: Wissensbasierte Systeme. GI-Kongreß 1985. Herausgegeben von W. Brauer und B. Radig. XVI, 402 Seiten, 1985.

Band 113: Datenschutz und Datensicherung im Wandel der Informationstechnologien. 1. GI-Fachtagung, München, Oktober 1985. Proceedings, 1985. Herausgegeben von P. P. Spies. VIII, 257 Seiten. 1985.

Band 114: Sprachverarbeitung in Information und Dokumentation. Proceedings, 1985. Herausgegeben von B. Endres-Niggemeyer und J. Krause. VIII, 234 Seiten. 1985.

Band 115: A. Kobsa, Benutzermodellierung in Dialogsystemen. XV, 204 Seiten. 1985.

Band 116: Recent Trends in Data Type Specification. Edited by H.-J. Kreowski. VII, 253 pages. 1985.

Band 117: J. Röhrich, Parallele Systeme. XI, 152 Seiten. 1986.

Band 118: GWAI-85. 9th German Workshop on Artificial Intelligence. Dassel/Solling, September 1985. Edited by H. Stoyan. X, 471 pages. 1986.

Band 119: Graphik in Dokumenten. GI-Fachgespräch, Bremen, März 1986. Herausgegeben von F. Nake. X, 154 Seiten. 1986.

Band 120: Kognitive Aspekte der Mensch-Computer-Interaktion. Herausgegeben von G. Dirlich, C. Freksa, U. Schwatlo und K. Wimmer. VIII, 190 Seiten. 1986.

Band 121: K. Echtle, Fehlermaskierung durch verteilte Systeme. X, 232 Seiten. 1986.

Band 122: Ch. Habel, Prinzipien der Referentialität. Untersuchungen zur propositionalen Repräsentation von Wissen. X, 308 Seiten. 1986.

Band 123: Arbeit und Informationstechnik. GI-Fachtagung. Proceedings, 1986. Herausgegeben von K. T. Schröder. IX, 435 Seiten. 1986.

Band 124: GWAI-86 und 2. Österreichische Artificial-Intelligence-Tagung. Ottenstein/Niederösterreich, September 1986. Herausgegeben von C.-R. Rollinger und W. Horn. X, 360 Seiten. 1986.

Band 125: Mustererkennung 1986. 8. DAGM-Symposium, Paderborn, September/Oktober 1986. Herausgegeben von G. Hartmann. XII, 294 Seiten, 1986.

Band 126: GI-16. Jahrestagung. Informatik-Anwendungen – Trends und Perspektiven. Berlin, Oktober 1986. Herausgegeben von G. Hommel und S. Schindler. XVII, 703 Seiten. 1986.

Band 127: GI-17. Jahrestagung. Informatik-Anwendungen – Trends und Perspektiven. Berlin, Oktober 1986. Herausgegeben von G. Hommel und S. Schindler. XVII, 685 Seiten. 1986.

Band 128: W. Benn, Dynamische nicht-normalisierte Relationen und symbolische Bildbeschreibung. XIV, 153 Seiten. 1986.

Band 129: Informatik-Grundbildung in Schule und Beruf. GI-Fachtagung, Kaiserslautern, September/Oktober 1986. Herausgegeben von E. v. Puttkamer. XII, 486 Seiten. 1986.

Band 130: Kommunikation in Verteilten Systemen. GI/NTG-Fachtagung, Aachen, Februar 1987. Herausgegeben von N. Gerner und O. Spaniol. XII, 812 Seiten. 1987.

Band 131: W. Scherl, Bildanalyse allgemeiner Dokumente. XI, 205 Seiten. 1987.

Band 132: R. Studer, Konzepte für eine verteilte wissensbasierte Softwareproduktionsumgebung. XI, 272 Seiten. 1987.

Band 133: B. Freisleben, Mechanismen zur Synchronisation paralleler Prozesse. VIII, 357 Seiten. 1987.

Band 134: Organisation und Betrieb der verteilten Datenverarbeitung. 7. GI-Fachgespräch, München, März 1987. Herausgegeben von F. Peischl. VIII, 219 Seiten. 1987.

Band 135: A. Meier, Erweiterung relationaler Datenbanksysteme für technische Anwendungen. IV, 141 Seiten. 1987.

Band 136: Datenbanksysteme in Büro, Technik und Wissenschaft. GI-Fachtagung, Darmstadt, April 1987. Proceedings. Herausgegeben von H.-J. Schek und G. Schlageter. XII, 491 Seiten. 1987.

Band 137: D. Lienert, Die Konfigurierung modular aufgebauter Datenbanksysteme. IX, 214 Seiten. 1987.

Band 138: R. Männer, Entwurf und Realisierung eines Multiprozessors. Das System „Heidelberger POLYP". XI, 217 Seiten. 1987.

Band 139: M. Marhöfer, Fehlerdiagnose für Schaltnetze aus Modulen mit partiell injektiven Pfadfunktionen. XIII, 172 Seiten. 1987.

Band 141: E. G. Schukat-Talamazzini, Generierung von Worthypothesen in kontinuierlicher Sprache. IX, 142 Seiten. 1987.

Band 142: H.-J. Novak, Textgenerierung aus visuellen Daten: Beschreibungen von Straßenszenen. XII, 143 Seiten. 1987.